U0597037

安徽省高等教育振兴计划高校思想政治教育综合改革计划

"基础"课教学体系研究工作室(szzgjh1-1-2017-24)阶段成果

百人学术文库

现实关切的学理回应

——"思想道德修养与法律基础"疑问与解答

XIANSHI GUANQIE DE XUELI HUIYING

王习胜　王　艳 / 主编

中国书籍出版社
China Book Press

图书在版编目（CIP）数据

现实关切的学理回应："思想道德修养与法律基础"
疑问与解答/王习胜，王艳主编. —北京：中国书
籍出版社，2018.1
ISBN 978－7－5068－6653－8

Ⅰ. ①现…　Ⅱ. ①王…②王…　Ⅲ. ①思想修养—高
等学校—教学参考资料②法律—中国—高等学校—教
学参考资料　Ⅳ. ①G641.6②D920.4

中国版本图书馆 CIP 数据核字（2018）第 016505 号

现实关切的学理回应："思想道德修养与法律基础"疑问与解答

王习胜　王　艳　主编

责任编辑	毕　磊
责任印制	孙马飞　马　芝
封面设计	中联华文
出版发行	中国书籍出版社
地　　址	北京市丰台区三路居路 97 号（邮编：100073）
电　　话	（010）52257143（总编室）　　（010）52257140（发行部）
电子邮箱	chinabp@ vip. sina. com
经　　销	全国新华书店
印　　刷	三河市华东印刷有限公司
开　　本	710 毫米×1000 毫米　1/16
字　　数	260 千字
印　　张	14.5
版　　次	2018 年 3 月第 1 版　2018 年 3 月第 1 次印刷
书　　号	ISBN 978－7－5068－6653－8
定　　价	58.00 元

版权所有　翻印必究

高校思想政治工作要在"思想"深处着力

（代序）

对于从事高校思想政治工作者来说，将习总书记在全国高校思想政治工作会议上的讲话理解为高校思想政治理论课改革和发展的指导思想、新形势下高校思想政治工作的纲领性文献、我国高等教育改革又一次理论创新，乃至是党中央治国理政的新理念、新思想和新战略的一部分等均无不妥，而且这些理解对于我们真正地学深悟透习总书记的讲话精神也是十分有益的，但后续的问题是如何将我们的领悟落到工作的实处，在高校思想政治实践工作中取得应有的突破和成效，这就需要我们积极探寻并准确把握高校思想政治工作的问题所在，尤其是制约着我们提升工作效果的瓶颈之所在，在弄清楚问题之瓶颈是什么和为什么的基础上，在瓶颈性问题上进行攻关和突破，才能充分呈现我们对习总书记的讲话精神由学到做、由知到行的根本遵循。

一、高校思想政治工作根本上是要做人的"思想"工作

高校思想政治工作应该有其不可推卸的、必须承担责任的特定内容的工作。众所周知，高校思想政治工作有很多事情是应该做、必须做而且是可以做的，比如，校园文化建设问题、校园环境营造问题、教育教学管理制度的改革和创新问题等，但说到底，高校思想政治工作是要做"人"的工作，而且不是一般意义上的关涉"人"的生存环境或生活条件方面的外在性工作，在更为直接的意义上是做"人"自身的工作。即便是做"人"自身的工作，这里的内容也十分复杂。以最为简略的方式说，"人"自身至少包含三个层面的工作，即人的肌体保健工作、心理养护工作和思想关怀工作。这三个层面的工作都是极其复杂的，都有足够人们为之奋斗终生的内容和任务。但是，这三个层面的工作却又有不同的分工，相应地也形成了做"人"的工作的不同领域及其职责：解决人的肌体保健工作是医学的领域，是医生的工作职责；解决人的心理养护工作是心理学的领域，是心理医生的工作职责；在不严格的意义上，即在不讨论宗教信仰问题和神职人员的职责的前提下，我们

认为,解决人的思想问题应该思想政治工作的独特领域,是思想政治工作者的工作职责。在高校这个独特的社会组织领域,解决教育对象的思想问题应该是高校思想政治工作者不可推卸的职责。因此,高校思想政治工作尽管有很多工作应该做、必须做而且也可以做,但其工作的重心或者说其职责所在则在于解决教育对象的"思想"问题。

"思想"问题是由多因素合成的,是有层次性的。通俗地说,教育对象的"思想"问题就是其思想观念的问题,而思想观念也是极为复杂的问题,一种思想或观念往往是多种相关要素合成之后的整体表达。这是因为广义的"思想"是包含知、情、意、信等多个层面内容的。"知"是对思想对象的认知或认识,是形成思想观念的起始阶段。辩证唯物主义认识论告知我们,没有对思想对象的认知或认识就不可能形成关于思想对象的观念,即便是错误的思想观念也是对思想对象歪曲的认识;"情"是对思想对象的人或事的情感和情绪,是对思想对象所持有的态度倾向;"意"是意识和意志力,是对思想对象的自觉与行为倾向性的内在冲动力;"信"是信念和信仰,思想观念中的核心内容,是一种经过思想者体认之后对人或事、己或他、国或家等价值取向的持有,常常是以世界观、人生观和价值观的不同形态而存在或被表达[①]。

"思想"世界难免会出现矛盾或困惑,"想通了""理顺了"应该是思想问题是否被解决的评判标准。正是因为"思想"是多要素的合成,所以在做人的思想工作中,我们并不难以区分教育对象对教育效果的反应。比如,对于思想中的"是什么"的认知困惑问题,"思想"工作做得好的效果应该是教育对象知道其"知道了";对于"如何是好"等情感、情绪乃至意识、意志性等困扰问题,"思想"工作做好的效果应该是教育对象感觉到自己感受"好多了",而对于信念和信仰的迷茫问题,"思想"工作做好的效果应该是教育对象感悟到自己终于"想通了"。因此,做人的"思想"工作,表面上看似乎是对教育对象的某种观点或观念进行引导或矫正,实际上却并不能够轻易获得教育者所期待的效果,因为把教育者的思想观念"装"入教育对象的大脑之中,并与其此前的思想观念不发生"排异反应",使其内化于心而外化于行,这远远不是一个物理的或化学的嫁接、反应过程,或是医学中的手术切除更换过程。做人的思想工作如果不能获得教育对象的愿意认知和乐于接受,那么,不论教育者自身的思想观念有多么先进,也难以浸入教育对象的思想世界,融入他们的思想观念之中,更不可能成为他们所坚持的信念或信仰并外化为教育者所期待的行动。

---

① 王习胜:《思想分析的层面与方法》,《贵州师范大学学报》(社科版),2015 年第 4 期。

习总书记在全国高校思想政治工作会议上明确地指示我们，"思想政治工作从根本上说是做人的工作"①，我们应该进一步思考"做人的工作"的根本点在哪里。显然，这个根本点应该在人的"思想"，也就是要解决人的思想问题。也许正是如此，我们党历来重视做人的思想工作，而且特别强调解决思想问题的方法方式，比如，毛泽东同志曾说过，解决人的思想问题"企图用行政命令的方法，用强制的方法……不但没有效力，而且是有害的"②。再有，胡锦涛同志指出，思想政治工作"必须坚持以人为本。既要坚持教育人、引导人、鼓舞人、鞭策人，又要做到尊重人、理解人、关心人、帮助人"③。党的十七大和十八大报告都曾明确提到，思想政治工作应该"加强人文关怀、注重心理疏导"等。我们认为，党和国家领导人对解决人的"思想"问题的这些重要指示，都是在强调"思想"工作在思想政治工作中的根本性地位。所以，我们有理由说，高校思想政治工作本质上是做人的工作，在更为根本上是要做人的"思想"工作，主要是做人的思想观念工作，简略地说，就是做人的世界观、人生观和价值观方面工作，是帮助教育对象把守其人生"总开关"的工作。这项工作做得好不好，有没有实效，乃至效果程度如何等，本质上反映着高校思想政治工作的水平和效果。反之，高校思想政治工作如若要在效果方面获得实质性的提升或突破，就必须抓住教育对象"思想"问题这个牛鼻子。

二、高校思想政治工作的瓶颈是"思想"上的接受与认同

从字面理解"高校思想政治工作"，就是高校开展的"思想"工作与"政治"工作的叠加，其实，它所涉及的工作范围远比字面理解要宽泛得多，其工作内容既包含了抽象却又不能抽离的世界观、人生观和价值观等形上问题，又包含了具体得不能再具体的教育对象的个性心理与人际关系问题，学习态度与生活状况问题，以及他们对国情、民情和社情的认知倾向与价值判断等问题，其事务可谓千头万绪，却又件件不能轻视。如前文所论，在这千头万绪之中"牵一发而动全身"的根本问题，影响工作实效实质性提升的"瓶颈"却是"思想"问题。"思想"问题之所以是高校思想政治工作的根本问题，乃至是当前提升其工作实效性的瓶颈问题，是与高校及其教育对象的诸多特殊性分不开的。

---

① 吴晶、胡浩：《习近平在全国高校思想政治工作会议上强调　把思想政治工作贯穿教育教学全过程开创我国高等教育事业发展新局面》，http://news.163.com/16/1208/20/C7PQUSRI00014JB5。

② 《毛泽东文集》（第七卷），人民出版社，1999年版，第209页。

③ 胡锦涛：《坚持用"三个代表"重要思想统领宣传思想工作　为全面建设小康社会提供科学理论指导和强大舆论力量》，人民日报，2003－12－08第1版。

首先，与高校知识生产的特殊性分不开。人们经常把大学敬称为知识的殿堂，视为是探索真理的地方。的确，高校是传授高深知识的地方，是知识再生产的地方，也是追求揭示事物本质和规律之真理的地方。但是，有些人在知识与真理的认识上却存在着偏颇，误将高校传授和生产的知识看成是纯粹的"客观知识"，是没有价值预设、不持立场态度地对事物或事件的客观描述，而要获得这种独立存在的客观知识，他们试图要保持价值中立，回避政治，拒斥意识形态的影响。因此，高校思想政治工作如果不能有效地纠正这种失之偏颇的知识观念，就不可能将思想政治工作做好并提升其工作的实效。

其次，与高校人员素养的特殊性分不开。高校是知识分子聚集的地方，是人才汇聚的地方，是"思想"与"思想"碰撞的地方。相对于其他社会群体，高校思想政治工作对象的文化素养普遍较高，较高的文化素养也决定了高校思想政治工作的对象凡事都爱提出自己的看法，坚持自己的主见，倾向于自己认定的道理，不轻易接受他人给定的结论，更难以心悦诚服地认同他人的思想观念。而"象牙塔"的生活环境又容易造成一些人考虑问题时常常脱离实际情况，易将问题的性质极端化，将问题的解决理想化，高校思想政治工作如果不能做通那些"固执己见"者的思想，就不可能将思想政治工作做好并提升其实效。

再次，与高校思维方式的特殊性分不开。知识生产需要思维方式求变创新，而较高的文化素养又使得这种思维方式具有实现的可能性，所以，高校教育教学历来鼓励教育对象不唯书，不唯上，不迷信权威，倡导反思，支持批判，倾向奉行康德哲学的教义——"只有经得起理性的自由、公开检查的东西才能博得理性的尊敬"[1]。因此，高校思想政治工作如果经不起教育对象的反思和追问，没有充分的合法性、合理性或正当性的理由，仅仅依靠结论灌输和行为训导是不可能将工作做好并提升其实效的。

故而，我们能不能准确抓住并较好地解决高校思想政治工作中的"思想"问题，不仅关涉到我们是否真正学深悟透了习总书记讲话精神的问题，还必然地关涉到我们能不能清楚地把握高校思想政治工作的三个"根本"问题，即能不能把握高校"为谁培养人"的根本目的问题，能不能把握高等教育"为谁服务"的根本方向问题，能不能把握高校"为什么要立德树人"的根本任务问题。从当前高校思想政治工作的状况来看，这个问题无疑也是提升其工作实效性的瓶颈问题。

---

① 约翰·华特生：《康德哲学原著选读》，华中师范大学出版社，2000年版，第1页。

三、突破高校思想政治工作之"思想"瓶颈的思路

近些年来，全国高校大大改善了教育教学的物质条件，也非常重视教育对象的心理健康问题，思想政治工作者与教育对象之间的关系日益密切，思想政治工作的亲和力也得到了较大提升，正是这些努力使得高校作为特殊的"思想"场所的工作呈现出稳步推进、有序发展的良好态势，那么，高校思想政治工作如何在"思想"这个根本问题上进一步深化和拓展，进而突破影响其工作实效性提升的瓶颈呢？笔者认为，工作的思路应该作这样的调整，即由普遍性的、解释性的思想教育向特殊性的、解答性的思想关怀推进，由单向"灌输"用力向"四度"合力拓展。

其一，从思想政治工作对象方面说，要由"面"向"点"深入。高校思想工作需要面对众多教育对象，需要做"面"上的工作。比如，马克思主义理论的学习、党的方针政策的讲解、时事情况的通报、法律法规的学习、校规校纪的告示等，"面"上工作能够使教育对象"思想"中的共性问题得到共同性的解决，这是必要的。但是，每个教育对象又是独立的"思想者"，有自己独特的"思想"，有其"思想"形成和发展的特殊因由。因此，要真正做到"围绕学生、关照学生、服务学生"，就必须精准地了解学生，要准确地知道他们在"思"什么、"想"什么。只有我们的思想政治工作能够深入到具体人的具体的思想问题之中，才能将尊重人、理解人和关心人做实做好。

其二，从"思想"教育的内容方面说，要由"解释"向"解答"深入。思想政治理论课的课堂教学、党的方针政策的宣讲等，在教育的形式上并不仅仅是"解释"的，也会有"解答"，不过这里的解答大多数是思想政治工作者的自我设问之解答，缺少的是对教育对象自己的、困惑其思想的问题之解答。思想关怀层面的思想解答，是在了解教育对象思想困惑的问题是什么，并在此基础上给予针对性的解答。显然，这里的思想问题给出者不是思想政治工作者而是教育对象。与其说思想政治工作者在解答教育对象的思想问题，毋宁说是在帮助教育对象解除他们"百思不得其解"的思想困苦，这是人文关怀之思想层面意义上的"帮助人"。当然，高校思想政治工作者所作的解答，应该是深度契合思想政治工作目的和宗旨的解答。

其三，从思想政治工作致力取向方面说，要由单向"灌输"用力向"四度"合力拓展。高校思想政治工作事多面广，件件都要重视用力。仅就解决教育对象"思想"问题而言，这是一项不论多么高端的人工智能也难以胜任的特殊性工作，换句话说，单向度地"灌输"用力、程序性地管理操作是不可能解决好教育对象"思想"问题的，这项工作需要思想政治工作者练就教育家循循善诱的"温度"、政治家顶层设计的"高度"和思想家洞观本质的"深度"去开展工作。笔者认为，如果我们的思想政治工作者能够练就出这样的"三度"，进而以"思想"的深度和"教育"的

温度支撑工作任务中的"政治"高度,那么教育对象行为正确的"向度"便有了根本的保证。实现了"四度"融合之后的高校思想政治工作,其"思想"瓶颈便不难被突破,其实效性也会得到较大的提升。

现在呈现在读者面前的这本《现实关切的学理回应》,是安徽师范大学马克思主义学院"基础"课教学科研团队的作品,这个作品虽与高校思想政治工作的目的和任务相距较大,但与其基本精神是一致的。它是力图从"基础"课教育教学对象所思所想的"思想"问题出发,尽其所能地就大学生困惑的思想问题给予分析和解答。这项工作的成效究竟如何,需要思想政治工作的实践检验,更需要学界同仁的评判和帮助。我们期待的是这项工作能够得到高校思想政治工作从业者应有的和持续的关注,我们希望的是大家都能积极地为提升高校思想政治工作的有效性和实效性献计献策、尽心尽力。如此,不仅能够讲好"思想道德修养与法律基础"课程,乃至讲好所有思想政治理论课程,做好高校思想政治工作,更能够让我们的教育对象和服务对象能够得到实实在在的关怀和帮助,从而大大提升他们从我们的思想政治工作中得到的"获得感"。

（作者王习胜系安徽师范大学马克思主义学院教授、博士生导师,安徽省高校思想政治理论课教学指导委员会"基础"课程组副主任）

目　录
CONTENTS

1

国外大学生也上思想政治理论课吗？

在我国的学校教育中,思想政治教育具有重要的地位,而政治类课程是学校进行思想政治教育的主渠道。从小学、初中的思想品德课,到高中的思想政治课,乃至大学本科和研究生阶段的思想政治理论课,我们一直在学校接受着系统的思想政治教育。有些人认为,只有我们国家才这样"大张旗鼓、铺天盖地"地进行思想政治教育,特别是包括"思想道德修养与法律基础"在内的大学思想政治理论课都是中国特色的思想政治类课程。有的同学也会有这样的疑问,西方发达国家的大学也上思想政治理论课吗? 世界上其他国家的高校也对学生进行思想道德教育吗? 要弄清楚这个问题,首先要明确思想政治教育及其课程到底是什么?

一、思想政治理论课的课程性质

目前,对于"思想政治教育"的内涵,学界大多认同张耀灿先生所做出的界定:"思想政治教育是指一定的阶级、政党、社会群体按照一定的思想观念、政治观念、道德规范,对其成员施加有目的、有计划、有组织的影响,使他们形成符合一定社会、一定阶级所需要的思想品德的社会实践活动"。[①] 显然,思想政治教育是人类阶级社会一项普遍的教育实践活动。虽然思想政治教育的内容广泛、形式多样,但主要动机和目的是一样的,都是在统治阶级领导下进行主导思想意识(或称主流文化)的灌输和规范行为的教化,这对于巩固政权、维护社会稳定、促进社会发展、培养合格的建设者和接班人有重要的作用。

思想政治教育和我们通常所说的"德智体美劳全面发展"中的"德育"是不是一回事呢? 德育一般有广义和狭义之分,"从广义上看它包括政治教育,即政治方向和态度的教育;思想教育,即世界观和方法论的教育;道德教育,即人的行为准则或道德规范的教育。从狭义上看,它指的是道德教育。"[②]在实际工作中,德育较

---

① 张耀灿等:《现代思想政治教育学》,人民出版社,2003 年版,第 6 页。
② 张念宏:《教育学辞典》,北京出版社,1987 年版,第 431 页。

多地在广义上使用。教育部(原国家教育委员会)1995年11月颁布的《中国普通高等学校德育大纲》规定:德育即思想、政治和品德教育。对于德育概念的广义理解,其外延已经与思想政治教育的外延重合。思想政治教育也是"以政治思想教育为重点的,思想教育、道德教育和心理教育综合教育实践。"①广义的德育与思想政治教育所研究的内容基本上是一致的,都是研究如何对人们进行政治教育、思想教育、道德教育,其主要目的都是培养符合一定社会或阶级所需要的合格的人才。二者最大的不同在于:"思想政治教育是一项教育实践活动,它泛指一切对人的思想政治品德发生影响的活动,而德育则是限于学校范围的思想政治教育,与智、体、美、劳诸育并列。"②由于西方国家大都没有明确的思想政治教育概念,所以我们在考察国外大学生是否上思想政治理论课时,要把广义的德育及其课程纳入其中。

思想政治理论课程是指社会或政府运用一定的思想观念、政治观点、道德规范,以思想政治教育为核心与重点,对其成员施加有目的、有计划、有组织的影响,使他们形成符合一定社会的思想品德要求的教学活动方式。③ 在我国,高校思想政治理论课是大学生思想政治教育的主渠道。从课程类型来看,思想政治理论课程属于一种学科课程,也就是以学科知识或理论知识为基础建立起来的课程;从课程性质来看,思想政治理论课是德育课程,是直接对学生进行马克思主义理论与思想品德教育的课程。国外高校很少用思想政治理论课程这个名称,但许多国家仍采取各种各样的方法和措施,在高校进行着实质性的思想政治理论的教学和课程建设,灌输其国家的主流的意识形态、社会观、政治观、价值观,并通过思想政治理论课程的实施来实现培养人、教育人的目标。思想政治理论课程在不同的国家和地区,其名称和设置都有所不同,比如有的叫通识课程、有的叫博雅教育、有的叫公民教育,但实质及性质都是相同的,都是为社会制度的稳定和发展服务的。

二、其他国家思想政治理论课的主要内容

世界各国高校都进行思想政治教育,这是首先由思想政治教育的本质和功能所决定的。因为任何国家和社会都要有它的道德和行为准则,才能形成共同的理想和信念,才能培养其建设者和接班人。实际上,"一切国家的统治阶级要维护其统治地位,总是坚持用自己的意志去培育人,运用种种手段,宣传各种有利于加强

---

① 陈秉公:《思想政治教育学原理》,辽宁人民出版社,2001年版,第3页。
② 陈立思:《当代世界的思想政治教育》,中国人民大学出版社,1999年版,第2页。
③ 倪愫襄:《高校思想政治理论课程的国际视野》,中国社会科学出版社,2013年版,第1页。

其统治的观点、理念，以期使教育对象认同其政治思想。所以，思想政治教育不仅中国有、外国也有，各个历史阶段不同国家都有。"①诚然，西方一些国家不大使用"思想政治教育"的概念，但在公民教育、道德教育、情感教育、价值观教育、宗教教育等名目下，却从事了大量实质性的思想政治教育工作。

世界各国都非常重视大学生的思想政治教育，只是名称和内容各有不同罢了。在我国思想政治教育有统一的概念，是一门独立的学科。把它作为一门独立的学科。严格地说，西方没有类似我国这样较独立完整的德育理论，但无论过去还是现在，针对学生进行的思想、政治与道德教育的理论、思想和活动非常活跃。其一，各国对思想政治教育或德育课程的称谓不一。美国、法国称为"公民教育"，英国、加拿大和德国称作"政治教育"，西班牙称之"共处之道的教育"，日本称之为"社会科"和"道德时间"，新加坡称作"生活教育"。② 其二，各国思想政治教育或德育课程的设置也不尽相同。美国思想、道德教育渗透于历史学、政治学、经济学、心理学等学科之中，常常与宗教信仰结合在一起。俄罗斯高校的思想政治理论课程分为公民教育和社会科学教育两大类，囊括法制教育、经济教育、家庭伦理教育的内容。日本学校的开设"教养"课程，"不仅对日常生活的思考和行为予以指导，而且培养作为一个人应具备的对人生和世界的基本态度。当然，其中也包含对善恶的认识和判断能力"。③ 德国学校则在普通高等教育的教学计划中安排了政治教育、和平教育和环保教育等方面的德育内容。下面我们就以世界上经济最发达的国家——美国和世界上最老牌的资本主义国家——英国为例具体来看一下国外高校是怎样开设思想政治教育类课程的。

美国一向喜欢标榜自己是一个民主自由的国家。有些人就天真地以为，美国是一个绝对自由的国家，在美国真是可以想说什么就说什么，想干什么就干什么，自己不需要也不允许别人来"教育"、"引导"，也没有这样的人或者组织、机构来履行"教育"、"引导"的职责，所以美国高校不存在任何意义的思想政治理论课程。由于美国大学至今仍没有一个统一表述的德育目标，也没有采用"德育"或"思想政治教育"这一概念，当然也没有统一的思想政治教育机构，以致不少人对美国高校是否有思想政治教育心存疑虑。著名的思想政治教育家郑永廷先生早在 1990 年就撰文回答了这一问题，认为美国的思想政治教育是"无其名而有其

① 教育部社会科学研究与思想政治工作司组编：《比较思想政治教育学》，高等教育出版社，2001 年版，第 5 页。

② 李义军：《西方国家学校思想政治教育的几个特点》，《思想理论教育导刊》，2005 年第 7 期。

③ 参见东京大学网站 www.u-tokyo.ac.jp/jpn.kyoyo/mokuteki.html。

实",并引用美国教育部国际研究学院院长的说法:"我们学校的任务就是教学生政治社会化技术,或者叫公民技术。中国叫德育或思想政治教育,我们叫公民教育,叫作政治社会化。"①美国虽然没有明确采用思想政治理论课程或德育课程的概念,但从美国政府、美国社会到美国学校都十分重视思想政治理论课程建设。

在美国,高校的思想政治理论课程主要是以通识课程来展开的,通识课程在美国是针对高校学生开设的关于人类生活的、道德的教育,灌输关于好公民的态度和理念的教育。在耶鲁大学,学生毕业学分要求修习36门课,其中12门为分类必修通识课程,共分4类。除第四类属于自然科学的范畴,其他三类都属于人文教育的科目。哲学、宗教、政治科学、心理学、社会学等课程实际上承担了思想政治课程的任务。耶鲁大学始终主张对学生进行博雅教育,学校只是为学生提供选课的指导,但并不指定具体选修课程,这也是美国大学的共同特点。② 美国是一个多元化、"自由化"的国家,每个学校设置的课程也体现出完全自主和多样化的色彩。但一般说来,每个高校几乎都设置类似我国思想政治理论课程性质的通识课程,如美国历史、哲学、宗教、世界文化、美国文化等课程。在哥伦比亚大学,西方思想史、美国现代文明、政治哲学等都是本科的必修课;学生如果拿不到政治科目的学分,别的科目学分再高也拿不到学位。③

英国高校思想政治理论课程根据学生的心理发展特征进行设置,注重学生的道德认知和激发,循序渐进、由此及彼、由表及里,全力训练学生的道德能力。在思想政治理论课程设置上,英国高校普遍开设伦理道德课、宗教教育课等通识课程(General Courses),教学对象是全校各个年级、各个院系的本科生和研究生,学生自愿选修,以正式授课(包括大型讲座 Lecture、小班课程 Class)和研讨会(Seminar)等方式进行。学期结束前还要提交课程论文或参加课程考试。英国高校思想政治理论课程主要通过伦理道德课、宗教教育课程、人文社会科学课程来进行。一些大学相继成立了专门性的道德教育研究机构,如牛津大学的"道德发展课题组",莱斯特大学的"社会道德教育中心"等,这些机构大多得到官方资助,不仅研究有关道德和道德教育的重大理论问题,还为学校和社区编写道德教育计划教材,进行师资培训。此外,英国高校也十分注重课外活动中的思想政治理论课程功能(第二课堂)。学校经常组织集体活动,如各种集会、宗教活动,如牛津大学学

① 郑永廷:《美国学校的政治观及价值观教育》,《思想教育研究》,1990 年第 5 期。
② 张寿松:《大学通识教育课程论稿》,北京大学出版社,2005 年版,第 98 页。
③ 江晓晖:《美国大学生思想政治教育方法的特点及启示》,载《淮海工学院学报》(社会科学版),2010 年第 6 期。

生会和学生基督教社团(Graduate Christian Union)组织的隔周一次的"祷告与《圣经》学习"(Prayer and Bible Studies)及有关基督教信仰(Christian Faith)的学生论坛,各种俱乐部活动、学生会活动,教育学生积极与人接触和承担社会责任,参与社区活动,使学生逐步懂得公民的权利和义务,促进道德意识的形成。①

三、正确认识思想政治理论课

事实上,各国对于高校思想政治教育类课程的重视,也是在总结吸收自身发展的经验教训基础上形成的。我们同样以美国为例,在传统德育中,美国教育部门长期把以拯救灵魂和培养良好行为的宗教教育放在重要位置,并把它作为道德教育、伦理和价值取向的基础。二战后,这种宗教色彩的道德教育一度被削弱。尤其是20世纪50年代,苏联人造卫星的成功升天,美国朝野认识到了国家危机,进行了一场教育改革。由于技术至上主义和学历主义教育倾向的影响,这场改革的结果是道德教育的地位被"教育内容现代化"、知识分数的绝对化取代了。最终的影响是不断发达的教育却没有培养出理想的公民,反而造就了"迷茫的一代"。当时一份关于学校思想品质状况的调查表明,20世纪80年代美国研究生入学的主要动机是:赚钱发财、扬名天下、统治他人,而以献身社会、治理环境污染、改善种族关系为目的的学生寥寥无几。② 在这种背景下,思想道德教育引起美国公众和政府的重新重视。1987年,美国总统里根在国情咨文中提出,学校要培养以爱国、修养、恢复伦理道德、纪律等为主要内容的"国民精神"。围绕这一总的目标,美国各大学纷纷制定各自的具体教育目标,爱国教育、法制教育、文明史教育、价值观教育以及心理教育成为高校思想政治理论课程的重要内容。乔治·布什担任总统时,制定《2000教育目标:美国教育法》,强调"必须把道德价值观的培养和家庭参与重新纳入教育计划"。克林顿就任总统后,也制定《2000教育目标:美国教育法》,认为"要恢复国际竞争力,必须从培养人开始"③。哈佛大学根据其核心指导原则,开设了包括科学、历史、文化与艺术、外国文化、社会分析和道德推理等六项核心课程,其中社会分析、道德推理两项就开设了20余门课程,涉及大量资本主义精神和西方主流意识形态的内容。

综上可见,国外大学不仅开设思想政治类课程,而且在教育的方式上,国外高

---

① 骆郁廷:《高校思想政治理论课程论》,武汉大学出版社2006年版,第319-326页。
② 李义军:《西方国家学校思想政治教育的几个特点》,《思想理论教育导刊》,2005年第7期。
③ 戴艳军:《思想政治教育案例分析》,高等教育出版社2001年版,第252页。

校的思想政治教育普遍由灌输式转向灌输与渗透式相结合,呈现出教育的隐蔽性;在功能上,国外高校思想政治教育更加重视其政治功能,倡导爱国主义,传播灌输本阶级的意识形态。尽管各国高校关于思想政治理论课的称谓和课程设置不尽相同,但目的却大体一致,就是通过显性和隐性的教育,使大学生关心和认同社会,参与社会事务,以国家利益为重,增强对社会、国家的责任感,成为社会稳定和发展的积极因素,并为国家的既定目标去努力奋斗。由此可见,在我们社会主义国家的大学讲堂里,开设具有中国特色的思想政治理论课程,不仅不是什么例外的事情,而是十分普遍和必要的事情。

"基础"课就是"洗脑"的政治课吗？

　　"思想道德修养与法律基础"课(以下简称"基础"课)是高校大一新生入学后必修的一门公共基础课。作为高校思想政治理论课中的一门课程，它旨在通过马克思主义的世界观、人生观、价值观以及道德观、法律观教育，引导大学生提高思想道德素质和法律素质。因其有一定的政治性，因而被部分人认为是"洗脑"的政治课，加之为某些不良用心的人所散播，这一言论遭到热议，部分大学生甚至少数教师也接受并认同这一观点。"谣言止于智者"，全面剖析这一言论，我们要弄清楚何为"洗脑"以及"基础"课的课程性质是什么。

　　一、何为"洗脑"
　　"洗脑"，顾名思义，是用一切手段向人们灌输一定的思想认识的行为。由于这种"思想认识"符合操纵者个人的利益和意愿，因此，"洗脑"就其本质而言，多是虚假甚至错误的思想认识的灌输。既然是虚假、错误的灌输，那么这种行为必然是有些人的蓄意所为，这一行为背后多具有不良的动机，这一行为对受众来说，多会导致不良甚至恶劣的后果。由此可见，在这一现象中，"灌输"只是其中的过程和途径，区分是否洗脑的关键不在于是否"灌输"，而在于灌输的思想认识是否符合科学发展的规律，是否符合事实的真相。如果是"符合"的，则是正常的宣传教育过程；如果是"不符合"的，不论其形式如何花哨，也改变不了其虚假的本质和"洗脑"的真容。
　　"洗脑"的上述内涵和本质决定了它常常是某种宗教团体甚至传销组织或黑暗势力等使用的"术语"和手段。如在传销组织中，为实现对组织内成员进行诈骗，谋取人们的财物，传销者往往会利用各种手段对其成员灌输错误的"价值观"，颠覆人们的价值认知结构，如此反复，致使被洗脑者积极主动上交财物，甚至广为联络亲人好友加入其组织从事类似活动。由此可见，"洗脑"是整个传销活动中关键的环节，认识到了"洗脑"的虚假本质和险恶用心，我们自然也就不容易被洗脑，不容易受到传销组织的侵扰和伤害。

有些人将洗脑与宣传教育尤其是国家层面的宣传教育联系起来始于20世纪初期。随着第一个社会主义国家的建立,西方某些国家政界和宣传界出于意识形态斗争的需要,通常借用"洗脑"这一术语用来指称社会主义国家所进行的宣传教育活动,凡是接受共产主义世界观的人,他们则贬斥为"被洗脑"。其实,人类自从有自我意识起,便存在试图改变他人思想的行为,国家层面的"教化"、学校层面的"教育"都是改造思想、改善认知的体现。毛泽东早在抗战时期就曾指出,"学校的一切工作都是为了转变学生的思想"①,新中国成立后他又指出"我们的教育方针,应该使受教育者在德育、智育、体育几方面都得到发展,成为有社会主义觉悟的有文化的劳动者"②,然而,"觉悟"和"文化"不是学生头脑中所固有的,也不能从天上掉下来,也只能通过教育的方式来获得。同时,也正是通过这种思想教育、教化方式,民族文化得以传承、社会共识得以形成、国家意志得以体现。这是阶级社会中,这是任何一个国家的通行做法。因此,也就不难看出,西方资本主义国家针对社会主义国家的宣传教育,妄称其为"洗脑",实际是对社会主义国家和社会主义制度的攻击,是其在意识形态宣传教育领域双重标准的具体体现。

二、"基础"课的课程性质

了解了"洗脑"的这一本质,我们也就明白了所有与我们的政治教育、意识形态宣传相关的内容,在西方国家看来都是洗脑。我们大一新生所开设的"基础"课,由于传递的是马克思主义的立场、观点和方法,肩负着培养社会主义事业的建设者与接班人的责任和使命,带有一定的政治色彩,因而也难逃被"别有用心"的人曲解的命运,这不足为奇。他们正是抓着社会主义意识形态传播的形式,加以大肆曲解,导致部分人被迷惑。如上文所述,如若我们对"洗脑"的本质属性有清晰的把握和清醒的认识,我们自然也能看穿其惯用伎俩,看透其散播贬斥我国主流意识形态话语的用心,从而保持应有的清醒认识和坚定的政治立场。

同时,在现实"基础"课教学中,由于个别教师在讲授中存在内容僵化、方法老套等问题,加之部分大学生对"政治课"缺乏兴趣,还有部分大学生思想上容易被一些新奇的观点所误导等原因,"基础"课就是"洗脑"的政治课的"谣言"在部分学生中有了市场。然而,"基础"课仅仅是一门政治课吗?或者说"基础"课只具有其政治性吗?进一步说,"政治性"就一定是要被拒斥的"洗脑"吗?这个问题需要我们做进一步的说明。

---

① 《毛泽东同志论教育工作》,人民出版社,1992年版,第62页。
② 《毛泽东文集》(第7卷),人民出版社,1999年版,226页。

"思想道德修养与法律基础"课,从其名称就可以看出,是帮助大学生提高思想道德素质和法律素质的课程。人的素质是多方面的,仅就思想道德素质而言,它既包括道德素质,又包括思想政治素质。道德素质注重的是人的道德品质的培养,早在《大学》中就指出"大学之道,在明明德,在亲民,在止于至善"①。古往今来,人生之大学,其首要宗旨即在于弘扬光明正大的品德,在于使人弃旧图新,在于使人达到最完善的境界。思想政治素质在当下则更为注重马克思主义的科学信仰以及树立中国特色社会主义的共同理想的教育。青年大学生是社会主义建设事业的建设者和接班人,在大学伊始,开设"基础"课是提高其自身政治素质、实现其思想健康发展、防止其被西方敌对势力所利用的需要,也是作为国家主流意识形态得到社会成员认同、形成国家凝聚力和向心力的需要。在西方资本主义国家也有类似的课程,只是在课程的名称、教育教学的形式方面不同,更为不同的当然是"为谁教育""为谁培养人"的根本目的。

然而,就人的成长成才而言,综合素质素养的提升,根本上还离不开世界观、人生观、价值观的保障。在大学生成长成才的道路上,我们会面对很多这样的问题,如怎样处理好学习与工作、理想与现实、个人与集体、竞争与合作、权利与义务、自由与纪律、友谊与爱情等的关系,怎样做人,做一个什么样的人,怎样生活才能有意义、有价值,等等。这一系列的人生课题都是摆在大学生前进路上的重要问题,等待大学生去思考和选择。如果大学生的思想状况出了严重的偏差,这不仅会给他人带来严重的后果,对其自身而言也会造成无法挽回的痛苦,其人生实践能否取得成就,并且这个成就能否被社会认可和接受,其结果是显而易见的。这就要求大学生进一步了解人自身的本质与发展,了解人类社会的发展规律与走向,了解中国特色社会主义建设的基本路线和大政方针,等等。在大学阶段,只有通过开设相关课程,给予大学生正确的思想教育和引导,才能给他们在成长成才的道路上提供思想上的保障,大学生们才能站在历史发展的制高点,高瞻远瞩,做出顺应历史发展潮流的正确选择。"思想道德修养与法律基础"课程广泛地涉及上述理论问题,并结合社会现实给大学生以直观的回应,其鲜明的理论观点、生动的思想引领凸显了本课程的思想性、知识性、实践性等特征。

理论的目的在于为实践提供指引,思想引领也只有在实践中才能得以彻底实现,大学生思想道德和法律素养的内化与外化也离不开实践,这也就决定了"基础"课是一门致力于知行统一的综合性课程。它要求大学生不仅要想清楚、看明白,还要做彻底;不仅教给大学生"是什么"的知识,更教给大学生"为什么"和"怎

---

① 《礼记·大学》。

么做"的理由和方法,正是通过这种理论的传授、现象的剖析、情感的培养和意志的训练,大学生的能力才能得以提升、立场得以坚定、方法得以领悟,从而实现了素养的整体改观。因此,单纯地认为"基础"课就是"洗脑"的政治课、政治课就要拒斥的观点,既没有认清"洗脑"的本质内涵,也没有正确地认识到政治的必要性,当然,更没有认识到"基础"课开设的价值和意义。

"基础"课与其他课程有什么不同?

"思想道德修养与法律基础"课是高校思想政治理论课的重要组成部分,旨在通过社会主义思想教育、政治教育、道德教育和法制教育,帮助学生增强社会主义思想政治和道德法制观念,提高思想道德素质,解决成长成才过程中遇到的实际问题。[①] 简言之,"基础"课就是用马克思主义理论指导大学生成长成才的课程。与其他课程相比,"基础"课究竟有什么不同呢? 为了清楚地回答这一问题,首先要廓清前提,即明确其他课程是哪些课程。我们可以选择中学政治课、大学专业课程和其他政治理论课程作为参照系,通过对比,阐明"基础"课的不同之处,即较强的理论性与系统性,鲜明的政治性与价值性,突出的实践性与应用性。

一、较强的理论性与系统性

我们从小到大都在上政治课,对于政治课并不陌生,同学可能会发现,大学的"基础"课好像以前学过了,尤其在教育教学的主题上与初中的思想品德课、高中必修的文化生活、政治生活以及选修的生活中的法律常识、公民道德和伦理常识差不多。于是,一些同学想当然的认为,"基础"课就是老生常谈,是对中学政治课某些内容的重复和强调,都是政治宣传、政治说教课程。虽然"基础"与中学政治课在内容上有很大的关联性,主题看似相同,实际上差别却颇大。如果说中学的政治课主要是关于思想政治的常识或知识(如哲学常识、经济常识、法律常识、公民道德和伦理常识等)的话,那么到了大学则上升为系统的理论。中学政治课中涉及的哲学常识、公民道德、文化生活、法律常识是立足于中学生的发展需要,侧重于把观点的阐述寓于现实生活中,通过具体例证告诉中学生应该怎么做。而大学阶段的"基础"课在内容上更加侧重于理论的学习与思考,结合大学生的成长过

---

① 中共中央宣传部　教育部关于印发《＜中共中央宣传部　教育部关于进一步加强和改进高等学校思想政治理论课的意见＞实施方案》的通知,中华人民共和国教育部网站 http://www.moe.edu.cn/s78/A13/sks_left/s6387/moe_772/tnull_10378.html

程,直面大学生普遍关心的人生、道德、法律等问题,在理论上系统地解答其思想困惑,在实践上帮助其树立正确的人生观、价值观、政治观、道德观和法制观。

相对于中学政治课,大学的思想政治理论课的理论性增强了,这也是其名称的应有之义。理论和常识、知识的主要区别在于:不仅要知其然还要知其所以然;不仅要从正面理解还要从反面进行反思;不仅要知道结论还要知道其产生过程;不仅具有特殊性而且具有普适性。

就道德教育来说,中学阶段重在强调怎么做,突出道德的规范作用,侧重培养形成良好的习惯。正如黑格尔所言,熟知并非真知。大学的"基础"课不再停留于知其然的阶段,还要知其所以然,侧重于回答为什么要这样做。比如,就道德而言,要弄清楚道德在理论上的三部曲,即"为什么讲道德""要讲什么道德""怎样讲道德"。在阐明理论普适性的基础上,结合社会热点问题和学生思想实际,系统地回答大学生在讲道德中遇到的一系列困惑,诸如"跌倒老人该不该扶","道德是必需品还是奢侈品","道德是一种需求吗"等等。同时,还要让学生自己意识到,道德问题是每个人都不能回避的一个人生大问题。道德对于个人来说,已经不仅仅是一个如何被他人看待或评价的问题,而且还是一个制约着个体发展的问题,因此要自觉地加强道德修养。

总之,"基础"课有较为系统的理论体系,有相对独立的研究领域,立足于培养和提升大学生的思想、政治、道德、法律和心理等综合素质。从人的认知发展规律来说,大学的"基础"课是对中学政治课内容的理论化和系统化;从学生个体身心发展规律来看,"基础"课立足于大学生成长发展的需要,也对高中政治课提升和拓展。

二、鲜明的政治性与价值性

学校教育要为一定社会的政治、经济和文化制度服务,这是教育的基本任务和普遍规律。我国的国家性质决定了高校的任务是培养中国特色社会主义事业的合格建设者和可靠接班人。正如习总书记所强调的,"我们的高校是党领导下的高校,是中国特色社会主义高校。办好我们的高校,必须坚持以马克思主义为指导,全面贯彻党的教育方针。"[①]从指导思想上,高校思想政治工作具有意识形态的基本属性,必须旗帜鲜明、立场分明。[②] 作为思想政治工作主渠道的思想政治理

---

① 习近平:把思想政治工作贯穿教育教学全过程,新华网,2016 年 12 月 8 日。http://news. xinhuanet. com/politics/2016－12/08/c_1120082577. htm
② 陈宝生:切实推动高校思想政治工作创新发展,光明日报,2017 年 8 月 4 日。

论课亦是如此。从课程设置的目的上，"基础"课体现了国家培养人才的政治要求，旨在帮助大学生树立中国特色社会主义共同理想和共产主义远大理想，树立坚持党的基本路线不动摇的信念，其政治性不言而喻。从课程的内容上，"基础"课体现着教育的政治性，即其道德教育与法律教育都具有社会主义的性质。无论是马克思主义指导思想、中国特色社会主义共同理想，以爱国主义为核心的民族精神和以改革创新为核心的时代精神，还是社会主义法制观教育都集中体现了社会主义意识形态的性质和价值导向。

思想政治理论课具有双重属性：既是一门学科，又是意识形态；既是知识体系，又是价值观念。相对于大学里专业知识性的课程，"基础"课属于价值性的课程，其有鲜明的政治性、意识形态性。知识和价值的主要区别有，知识回答"是什么"的实然问题，价值回答"怎么样"的应然问题；知识是用事实判断来评价，其评价标准是唯一的，即对错、真假；价值评价却是多元的，其评价标准多为好坏或善恶等。高校思想政治理论课虽是以知识作为载体，但更主要的是通过这些知识培养学生的理性思维和价值分析的能力。"基础"课重在培养学生的政治行为能力、道德行为能力和法律思维方式。通过开展马克思主义的人生观、价值观、道德观、法制观教育，引导大学生树立崇高的理想信念，形成正确的政治意识和政治立场，自觉遵守社会主义道德，努力提高自身的道德素质；通过开展社会主义法制教育，引导学生把握社会主义法治的基本精神和法律规定，树立法制观念，提高法律意识，维护自身的合法权益以及法律的权威。

作为高校思想政治工作的主渠道，思想政治理论课"宏观上是回答为谁培养人、培养什么样的人、怎样培养人的问题"[1]。"基础"课的主要任务总的说来就是引导学生学会在社会主义国家怎样做人、做什么样的人。[2] "基础"课是一门帮助我们学会怎样"做人"的课程，引导大学生的人生发展的课程。人的一生主要是学会做两件事，一是"做人"，二是"做事"。大学里的专业课程都是"全面发展"中的智与体，主要是为解决怎样"做事"的。而包括"基础"课在内的思想政治理论课则是"德"，主要是解决怎样"做人"的问题，即做人的知识、品格和能力。其实，人的一生中"做人"和"做事"两种学问一个都不能少，只会做人，不会做事，往往表现为心有余力不足，只能做一个无用的好人。相反，只会做事，不会做人，就会成

---

[1] 习近平：把思想政治工作贯穿教育教学全过程，新华网，2016 年 12 月 8 日。http://news. xinhuanet. com/politics/2016 - 12/08/c_1120082577. htm

[2] 引自刘书林主持的国家级精品课程《思想道德修养与法律基础》的课程介绍，精品课程网，http://course. jingpinke. com/details？ uuid = de6d7063 - 1237 - 1000 - b8c6 - 144ee02f1e73

为可恶的能人。事实上，做人和做事绝不是彼此独立、互不相干，而是相互统一的。一个不会做事的人，谈不上是什么好人，而一个不会做人的人，也很难把事情做好。"基础"课之所以有助于我们"做人"，还在于它还是探讨"人生哲理"的课程，着重探讨人性、人的本质、人的价值、人的理想信念等深邃的哲理。这些哲理不同于一般的人生道理，而是指关于人生的带有根本性的、具有普遍意义的深刻道理。作为一门教导学生如何做人的课程，"基础"课是一门价值性的课程，这是它有别于高校其他课程的重要特征。

三、突出的实践性与应用性。

依照高校思政课建设 05 方案，我国现行高校思想政治理论课包括 4 门必修课程。其中"马克思主义基本原理"课程重在阐明什么是马克思主义，主要讲授马克思主义的世界观和方法论，帮助学生从整体上把握马克思主义的立场、观点、方法。"毛泽东思想和中国特色理论体系概论"课程需要系统地讲授中国化的马克思主义理论，重在阐明为什么马克思主义要中国化，什么是中国化的马克思主义，帮助学生坚定在党的领导下走中国特色社会主义道路的理想信念。"中国近现代史纲要"课程主要是讲授中国近代以来抵御外来侵略、争取民族独立、实现人民解放的历史，帮助学生了解国史、国情，深刻领会历史和人民是怎样选择了马克思主义，选择了中国共产党，选择了社会主义道路。"思想道德修养与法律基础"课程主要是进行社会主义思想教育、政治教育、道德教育和法制教育，帮助学生提高思想道德素质，解决其成长成才过程中遇到的人生意义和价值选择等实际问题。这4 门课是一个有机的整体，"原理"课的基础性、学理性较强，"概论"课的时代特色鲜明，"纲要"课以历史的深度和厚重见长，"基础"课则注重应用性和实践性。它们充分体现了历史和逻辑的统一，抽象和具体（包括理论具体和历史具体）的统一，理论和实践的统一。

相对于其他三门思想政治理论课程，"基础"课的内容与大学生的日常生活、人生意义的抉择等密切相关，具有突出的实践性和应用性。这门课程讨论的人生道理和规范，不仅需要我们知晓和理解，更要付诸行动和践行，既要坐而论道，又要起而躬行。这门课程的学习和思考不仅要有应然思维（理想性和必要性），更要有实然思维（现实性、可行性和可能性）。微观上"基础"课以学生的成长成才为中心，围绕大学生的适应和发展两大问题，为学生解答人生应该在哪儿用力、对谁用情、如何用心、做什么样的人的过程，并及时回应学生在学习生活和社会实践乃至影视剧作品、社会舆论中所遇到的人生困惑。

就人生观教育而言，大学生的人生观、价值观的形成，既是一个通过理性思考才能解决的问题,又是一个通过亲身实践才能确立的问题。对大学生而言,对人生问题的思考,不是一个纯粹抽象的理论问题,不是一个可有可无的问题,而是与未来生活状况有着密切联系的实践问题。人生观的教育要从学生的生活实际、从学生的思想困惑出发,从俗世的问题入手,把听起来比较空洞的人生观、价值观问题转化成为学生容易感受的感性生活,让学生们在比较中选择和认清问题的本质,逐步树立正确的理想信念。

就道德教育而言,道德修养贵在自觉,提高修养的根本途径是实践。"基础"课强调的是引导大学生通过"知""行"统一进行自我修养。课堂上的理论讲授是为了澄清对道德问题的基本认识,解决学生的道德认知困惑,但仅有认识是不够的,关键是如何把外在的"道"的知识内化为自身修养的"德",如何在道德价值冲突面前做出合理的抉择,化理论为方法,化理论为德性。这一过程需要大学生在日常生活中积极实践,这才是道德教育的最终目的。

"基础"课中的法制教育,不是要把大学生培养成掌握系统法学知识,并运用法律知识解决实际问题的法律专业人才,而是为了增强大学生的法制观念,提高大学生的法律意识,培养大学生的法律思维,最终是要培养大学生具有坚定的法律信仰。所以传授法律知识是手段,提高法律意识、培养法律思维和法律信仰才是目的。具体来说,着重在涉及"法"的问题上,帮助大学生释疑解惑,提高大学生对社会主义法律制度的理性认识,增强他们对建设社会主义法治国家的信心,同时引导他们通过合法途径正确处理在政治权利与自由、受教育权、财产权和人身权等方面的法律难题。

综上可见,与中学政治课相比,"基础"课具有较强的理论性和系统性;与大学的专业课相比,"基础"课具有鲜明的政治性和价值性;与其他政治理论课相比,"基础"课具有突出的实践性和应用性。

2

现在还有必要讲共产主义理想吗？

人们在确立理想和追求理想的过程中，往往会感受到理想与现实之间的差距，尤其是涉及远大的共产主义理想的时候，人们更容易产生困惑。共产主义理想遥远而崇高，现实生活复杂而多变，社会上拜金主义、实用主义、个人主义等不良社会思潮盛行，腐蚀着一些人，尤其是青年大学生的理想信念。有的人对共产主义理想失去信心和热情，不禁要问："现在还有必要讲共产主义理想吗?"其实，答案是肯定的，现在不仅有必要讲共产主义理想，还要理直气壮地大力宣传共产主义理想。具体原因如下：

一、共产主义理想是人类追求美好社会愿望的科学体现

共产主义理想作为对未来社会的美好憧憬和追求，并不是马克思和恩格斯独创的，而是有着深远历史渊源的全人类的共同梦想。如，中国儒家经典《礼记·礼运》中描绘的"大道之行，天下为公"的"大同世界"；古希腊柏拉图创作的《理想国》，表达了对包括公有制在内的理想社会的向往。在人类历史上，历时200万年以上的漫长原始社会是实行的就是初级的公有制的社会。"共产主义理想的孕育是在原始社会"，"正是这一漫长的共产主义童年，给人类心中埋下了一颗共产主义理想的种子。"①"共产主义理想是人类的未来，但它同时体现了人类对原始家园的思归"，"追求和实现共产主义理想，既是人类走向未来新生活的要求，也是人类回归故土家园的渴望。"②在人类历史上不同的发展时期，共产主义理想呈现出不同的历史形态，但是从来没有缺席过。尤其是在人们受剥削和压迫的阶级社会里，人们对共有、公平、和平与友爱的理想社会的追求更为强烈。只是由于统治者的压迫，他们把共产主义理想幻化并隐藏于对宗教天国的向往之中或寄托于文艺

---

① 刘建军：《论共产主义理想的历史形态》，《中共杭州市委党校学报》，2016年第5期。
② 刘建军：《实现共产主义是人类在更高层次上回归故乡》，《思想理论教育导刊》，2016年第7期。

作品的创作中。如德国革命神甫托马斯·闵采尔主张基督教共产主义；洪秀全领导的农民起义，则是要在地上建成"有田同耕，有饭同食，有衣同穿，有钱同使，无处不均匀，无人不饱暖"的太平天国；东晋时期的陶渊明，在其《桃花源记》中描述了一处世外桃源的理想社会。16世纪英国人托马斯·莫尔写的《乌托邦》，其中也是对理想社会的描述。莫尔之后，欧洲出现了很多空想社会主义者，他们都表达了对公有制、按需分配、人人平等相爱、公平公正等共产主义理想的向往和追求。可以说，"19世纪三大空想社会主义者圣西门、傅立叶和欧文的思想是以资本主义的发展为基础，反映出共产主义思想是从资本主义社会的内部生发和升华出来的，人类现代文明的内生因素和未来的梦想！"[1]

　　上述这些关于共产主义理想的描述因缺乏科学的推论和实践的基础，具有主观性和幻想性。不论是中国自古以来提出的"大同世界"的理想，还是近代以来西方空想社会主义者提出的种种构想，都没有揭示出人类社会发展的规律，都是带有幻想和神秘色彩的不科学的设想。只有共产主义才是最科学、最理想的社会制度，符合人类历史发展规律，为无产阶级和追求进步的人们指明了方向。而马克思恩格斯创立了马克思主义理论，揭示了人类社会形态的发展规律，为共产主义理想找到了科学的历史定位。共产主义社会形态是资本主义的替代者，是比资本主义更为先进的社会形态，克服了资本主义社会的固有缺陷和矛盾，拥有资本主义所没有的优越性和新特点，并且共产主义理想一定能够实现。共产主义理想反映了人类社会自古以来就孜孜以求的美好社会，而且是对理想社会追求的最科学的呈现，符合人们的愿景和根本利益，是人类历史上最科学、最崇高的理想。马克思主义所描绘的共产主义社会的特征是物质财富极大丰富，人民精神境界极大提高，每个人自由而全面的发展。"代替那存在着阶级和阶级对立的资产阶级旧社会的，将是这样一个联合体，在那里，每个人的自由发展是一切人的自由发展的条件。"[2]没有阶级剥削，没有战争，没有贫困，"各尽所能，按需分配"，每个人都能自由而全面地发展，社会实现真正的和谐。这样的社会才是符合所有人根本利益的社会，迄今为止最美好的社会制度。有史以来，古今中外，人们对美好生活和理想社会的向往和追求从未间断，这是人类共同的梦想所在；而共产主义就是人类最美好的社会制度，是马克思主义最崇高的社会理想。在今天，我们理应坚持和追寻这个目标，并为之奋斗终生。

---

① 刘建军：《论共产主义理想的历史形态》，《中共杭州市委党校学报》，2016年第5期。
② 《马克思恩格斯选集》第1卷，人民出版社，2012年，第422页。

二、共产主义理想为社会主义现代化建设提供精神支柱和前进动力

理想像海上的明灯,当人生的小船四处漂泊找不到港湾时,明灯可以指路,给人生带来希望和坚持下去的勇气。社会主义现代化建设是当前中国最大的实践,需要全体中国人民的共同努力;但是社会主义现代化建设任务重,历时长,遇到的困难和问题繁多,需要共产主义理想的指引和支撑。所以,社会主义现代化的建设者,尤其是中国共产党党员,更应该树立共产主义的崇高理想,为实现共产主义而不懈奋斗。基于此,习近平总书记指出,"理想信念就是共产党人精神上的'钙',没有理想信念,或理想信念不坚定,精神上就会'缺钙',就会得'软骨病'"。① 中国共产党党员是中国工人阶级的先锋战士,实现共产主义是共产党最崇高的社会理想。《中国共产党章程》中明确指出,"党的最高理想和最终目标是实现共产主义"。作为中国特色社会主义现代化建设事业的领导者和推动者,共产党人更应该坚定共产主义的理想,补足精神上的"钙",担当其历史重任。

理想信念对人生至关重要,为人生指明奋斗的目标和前进的方向。理想信念还是人生的精神动力和精神支柱,推动着个人不断前行。尤其是在遇到苦难和打击时支撑和鼓励着我们坚持下去。同样,中国社会主义现代化建设与发展也需要理想信念的指引、支撑和推动作用。因为社会是由个人组成的,只有每个人都有崇高的共产主义理想,人类才会进入更美好的生活。而共产主义是一种理想,也是一种制度,而且是人类历史上最美好的社会制度。明白这个道理有利于增强我们的理论自信、制度自信、道路自信和文化自信,增强实现共产主义的信心和毅力。当前社会,拜金主义和实用主义盛行,有人认为,讲远大的共产主义理想没有用,不如脚踏实地干活实在。脚踏实地固然要有,理想信念也绝不能缺少,远大的共产主义理想能带来崇高的精神境界和强大的精神动力。共产主义远大理想在中国抗战时期和新中国成立初期都体现出了巨大的精神力量,那时候的中国人民比现在贫穷,文化程度比现在低下,但是他们坚信共产主义理想并为之奋斗,产生了令人难以置信的爆发力。邓小平同志就曾明确指出,"在我们最困难的时期,共产主义的理想是我们的精神支柱,多少人牺牲就是为了实现这个理想"。② 今天,中国特色社会主义现代化建设同样也离不了共产主义理想的精神支撑和推动作用。

三、共产主义理想为中国特色社会主义共同理想指明方向

这主要是从共产主义远大理想和中国特色社会主义共同理想的关系角度来

---

① 《习近平谈治国理政》,外文出版社,2014 年,第 15 页。
② 《邓小平文选》第 3 卷,人民出版社,1993 年,第 110 页。

讲的。实现共产主义是马克思主义最崇高的社会理想,也是中国共产党的最高理想。但共产主义最高理想的实现是一个长期性、曲折性和艰巨性的过程。这个过程可以分为不同的阶段,而在不同历史阶段又可以存在不同的阶段性理想。当前,中国特色社会主义共同理想就是阶段性理想,也是全国各族人民的共同理想。中国特色社会主义共同理想的内容是在中国共产党的领导下,坚持和发展中国特色社会主义,实现中华民族伟大复兴。共产主义远大理想和中国特色社会主义共同理想是最终理想和阶段性理想的关系。从社会历史发展阶段来看,社会主义阶段是共产主义阶段的初级时期,而当前中国正处于社会主义初级阶段,从社会主义初级阶段到共产主义的最终实现可能还要经历几个或者更多个阶段,这意味着还会出现更多个阶段性理想。阶段性理想是实现共产主义理想过程中的产物,也是必经的阶段。所以,中国特色社会主义共同理想是实现共产主义理想的前期阶段性理想,为共产主义的实现奠定基础。同样,用发展的眼光来看,就会明白,共产主义理想是中国特色社会主义理想的最终目标和发展方向。中国特色社会主义建设事业需要始终坚持共产主义理想,要用共产主义理想指明方向。离开了共产主义,社会主义就失去了存在的意义,中国特色社会主义要始终坚持社会主义原则,牢牢抓住实现共产主义理想的大方向不能变。只有这样,我们才能在纷繁复杂的国际大环境下挺住压力,明确方向,坚守阵地,稳定发展。而不是受某些不良思想的影响,拿中国暂时的问题和不足与西方资本主义国家发展了几百年的物质成果相比较,认为中国社会主义不如西方资本主义,或者认为中国要走资本主义道路。所以说,坚持共产主义理想为中国特色社会主义共同理想指明方向。

当然,对共产主义理想历史方位的定位,要处理好现实紧迫性和终极目的性的关系。首先,共产主义理想所代表的社会形态,是替代资本主义社会的形态,甚至会出现与资本主义并存的情况。那么,从这个时间跨度上讲,实现共产主义就具有现实紧迫性和近期性。中国社会主义革命时期和社会主义革命初期就是从这个角度理解和定义的共产主义理想,把共产主义理想设想得太近,犯了冒进的错误。中国共产党经历惨痛教会后才领悟到,共产主义社会形态是分阶段的,我们现在就处在社会主义初级阶段,应该首先完成中国特色社会主义共同理想。其次,共产主义理想又意味着人类社会终极的理想社会,具有遥远性和终极性。从这个意义上讲,共产主义理想又变成了一个遥远未来的理想信念问题。2001年7月1日江泽民同志在纪念中国共产党成立八十周年纪念大会上讲话中指出,"中国共产主义只有在社会主义社会充分发展和高度发达的基础上才能实现!"对于共产主义理想,"我们要坚持正确的前进方向,但不可能也不必要去对遥远的未来作具体的设想和描绘。"未来的事情应该由未来的实践来决定。而现在,我们尚处于并将长期处于社会主义初级阶段,要把坚持共产主义远大理想和树立中国特色社会主义共同理想结合起来,团结一致为实现中国特色社会主义而奋斗,既要脚踏实地,也要仰望星空。

生活无聊的病根究竟在哪里？

曾何时,无聊变成了生活的日常状态。那么,是生活本无聊,还是庸人自寻扰? 无聊的病根究竟在哪里? 要回答这些问题,首先要搞清楚,"无聊"到底是怎么回事。

一、"无聊"的症状

无聊是一种主观感觉、一种精神状态。这种感觉或状态既可以是自我的感受,也可以是别人的评价。或许,我们正在认真投入的事情,在别人看来只是无聊的消遣;或许,我们被逼无奈不得不应付的事情,在别人看来正可谓积极进取。由此来看,无聊与否,首先是一件需要搞清楚的事情。

日常生活中,这些场景你是否觉得熟悉:

上课时——

清醒没有发呆的多,发呆没有睡觉的多,睡觉没有玩手机的多。

下课时——

自修没有吃零食多,吃零食没有看连续剧多,看连续剧没有游戏多。

考试时——

不给范围就不会考试,给了范围也只是复印同学准备的答案。

毕业前——

上大学前填报志愿,你说不知道自己的兴趣特长,好吧,大学毕业找工作了,同样不知道自己的兴趣特长。[1]

不论我们对"无聊"有多么不同的个性化理解,如果说上述场景是"生活无聊"的表现,相信不会有太大异议。这些贯穿大学历程的各种表现,勾勒出了一幅无聊的生活画面。或许,其中的场景我们都有不同程度的经历,但却并不见得就

---

[1] 参见 http://www.ailab.cn/view/20170711177.html 人民日报、团中央痛批:沉睡中的大学生你不失业,天理难容!

是"无聊"。这就涉及对无聊的认证问题。

应当说，每个人在其生命历程中，或许都有过无聊的时刻、陷入过无聊的状态。这时候，看一场电影、阅读一本小说、吃一顿美食乃至酣睡到自然醒，都不失一种打发无聊的消遣。这是不是就是生活无聊？非也。一时一刻的无聊并不意味着生活就无聊，一点一滴的消遣并不意味着人生就堕落。有的时候，所谓的无聊，只是大脑的一种放空，而消遣不过是一种休闲，一种积聚力量、整装待发的手段。真正的无聊，则与此相反，它把手段当作目的，把消遣当作真谛。对它来说，任何休闲都是一种消遣，一种打发时间的消遣，在消磨时间的过程中慢慢消解了自己的人生及人生的意义。

由此来看，无聊与否归根到底并不是由别人的评价来认定。别人眼中的消极怠工，未见得就是无聊；别人眼中的积极进取，未见得就是有聊。有无之间，关键在于自己——是否有清晰的目标，是否有实现目标的务实规划，是否在用真实的行动逼近目标。能够把握这一切，无聊只是一种停顿，消遣则是遣散无聊的休闲，而生活并不曾无聊。

二、"无聊"的病因

其实，不论是生活本无聊，还是庸人自寻扰，陷入"无聊"中的人，每天以"做一天和尚撞一天钟"自我安慰、消磨时日，他们的生活未见得好过。为何会患上此种毛病，归根到底缘于自我方向的迷失、理想信念的迷茫。

生活本身无所谓有聊、无聊，这要看谁来过活，谁来主宰。生活像一杯白开水，有无滋味、是何滋味，不同的人给予的答案并不相同。有的人哀叹度日如年，生活味同嚼蜡；有的人感慨白驹过隙，生活充满华章。快慢之间，并无章法，只是人的心境不同而已。怀揣理想的人，清晰地知道自己想要什么，人生该向何处去，每一天的生活热气腾腾，何来无聊一说？相反，生命的有限，时光的匆匆，壮志的未酬，奔涌而出的恰是"我真的还想再活五百年"的豪情与渴盼！试问，这样的人生、这样的生活怎会无聊？

感觉生活无聊，很多时候发生在大学期间。究其原因，乃是理想间歇期的出现。为了考上大学，从早到晚，生活规划到每一个小时都有安排，每一天都在逼近高考这个人生目标。那个时候的我们痛并快乐着、快乐并充实着，可能体验过很多种复杂的情绪，但可曾有过无聊的感觉？这一切在进入大学以后却有了不同。大学，既是梦想实现的地方，也是梦想起航的地方；是终点，也是起点。作为终点，它是"十年寒窗"努力的目标，激励我们奋斗、拼搏；但一朝梦成，新的梦想在何方？大学就是一个重新确立奋斗目标和方向的新起点。

与中学不同，大学没有标配式的梦想，它需要每个人去寻找属于自己的梦想。于是，人生百态竞相上演。有的同学，被称为"学霸"，他们在梦想的指引下按部就班地学习、生活，图书馆是他们出没最多的地方；有的同学，被称为"实干家"，他们在梦想的指引下坚持不懈地化创业设计为创业实体，市场调研是他们投入最多的工作；有的同学，被称为"梦想家"，他们在梦想的指引下弹精竭虑地构文思章、遣词造句，电脑是他们使用最多的工具……在这个逐梦、筑梦的过程中，生活成就的不仅是光荣的梦想，还有生存所需要的责任心、吃苦精神、写作水平、做事能力、专业修养、操作技术、学问素养、人际处理等等的基本能力。于是，同样的四年时光，造就出了不同的人生。

比如，L同学本科就读的大学是一所普通得不能再普通的高校。上大一的时候，身边大部分的同学都是挣脱出高考枷锁的飞鸟，渴望自由自在。大学对于他们来说，就好像是进了一个没有人管的"游乐场"，一进了"游乐场"的大门，他们便飞奔进去，奔向各自想要玩的游乐项目。但总有一些人进了"游乐场"，不是选择先玩耍，而是选择先苦练技能。我们可能常常嘲笑这样的人。L同学就是这样的姑娘。从刚踏入校园的那一刻开始，她就和图书馆紧密相连。总之，在学校里见到她的时候，不是在教室的前排，就是在图书馆里。四年后，L同学如愿考上了名牌大学的研究生，去了她想要的学校，过上了她想要的生活。[1]

无聊与充实是我们面对生活的两种截然相反的选择。同样的我们，处在同样的社会背景，为何会有不同的生活状态？除了目标的有无问题，也和我们对待理想的坚定程度有着差异。

每个人都有理想，只是有些人的理想被沉淀，有些人的理想被掩埋。所谓理想被沉淀，是指默默地坚守着自己的理想，不断付出，等待理想的发芽与结果，最终取得成功；所谓理想被掩埋，是指身处在市场经济的背景下，物质欲望的诱惑、享乐主义的误导，致使我们放松了对精神层面的追求，消解了理想，终将自己的生活变成了一地鸡毛，了无趣味。

三、"无聊"的破解

作为一种自我的主观感受和精神状态，无聊的生活并不容易打发。想要告别无聊，就是要给自己找一个目标，让目标来主导生活，让目标来推进生活，让目标来充实生活。

---

[1] 参见 http://www.ailab.cn/view/20170711177.html 人民日报、团中央痛批：沉睡中的大学生你不失业，天理难容！

　　如同前文所说,大学不同于中学,中学有标配的梦想,几乎对每个人都适用,一般不需要我们单独去寻找,而大学必须发挥自己的主观能动性,根据你自己的特长、爱好乃至价值选择去确立一个属于你自己的目标和方向。这并不是一件容易的事。大学是一个知识和选择开放的系统,它不会硬性规定每个人的前途和命运,但它会为我们提供成就最美自己的平台和机会。换句话说,在这里,一切皆有可能,但前提是我们得找准自己努力的方向。这需要我们准确地认识自己。

　　"认识你自己",这是刻在"德尔斐"神殿里的一句希腊箴言。我们每一个人,都是一个独立的个体,却又不是一个孤立的原子式的个体,人是社会关系的承担者。这意味着认识自己,既是对自己兴趣、爱好、特长的了解和把握,也是对自己梦想归于何处的了然和洞察,还是对自己所处社会关系的综合考量。这要求我们在做选择的时候,不能只从自己的角度出发,不能只是为自己而活,同时还要考虑到家庭、社会和国家的需要。这是一个需要反复比较、利弊权衡的过程。

　　明确了目标,就有为之持之以恒的努力。很多人会说:"我努力过,但没有收获",其实目标的实现是长期坚持的过程,不是三天打鱼、两天晒网的结果。要用积极的态度对待生活,用坚定的信念对待目标。当然,追梦、筑梦并不意味着每天都是苦行僧般的生活,生活需要点缀、生活需要情趣。许多人爱听情歌,是因为我们对爱情都有着自身的理解和感受。同样,对于励志片、爱情片的青睐,从某种角度来说,不就是为了给自己的梦想注入力量,使自己内心的逐梦火焰燃烧的更旺吗？这就是说,拥有梦想生活不仅不无聊,而且我们还可以把追逐梦想的过程变得更加的有滋有味。

拿什么支撑我们走得更远？

人生的道路上并非一帆风顺，"痛并快乐着"这样一句话最能说明人生的真谛。我们会在幸福的时刻开怀大笑，痛苦的时候抱头痛哭。那什么力量能支撑我们在人生路上走得更远？我的答案是理想信念。那什么是理想信念？为什么它会支撑我们走得更远呢？

一、理想信念的含义

理想是人类特有的精神现象，是人们在实践中形成的、有可能实现的、对未来社会和自身发展的向往和追求，是人们的世界观、人生观和价值观在奋斗目标上的集中体现。人与动物的一个显著区别就是人有理想信念，有追求。法国作家雨果在他的《悲惨世界》里这样写道："人有了物质才能生存；人有了理想才谈得上生活。你要了解生存与生活的不同吗？动物生存，而人则生活。没有理想，就没有人的生活。"

信念和理想一样，也是人类特有的精神现象，是认知、情感和意志的有机统一体，是人们在一定的认识基础上确立的对某种思想或事物坚信不疑并身体力行的心理态度和精神状态。信念是一种综合的精神状态，不是一种单纯的认识或想法；在本质上，信念表达的是一种态度，"信"是信念突出的本质特征，就是坚信、不动摇，一旦认定目标，就会坚贞不渝、百折不挠，哪怕条件再艰难，环境再恶劣，也会朝着信念走下去；信念强调的不只是认识的正确性，还有情感的倾向性和意志的坚定性。因此，理想信念的力量是无穷的。

二、理想信念的无穷力量

首先，理想信念是人生的航标。杰出人士与平庸之辈最根本的差别并不在于天赋，也不在于机遇，而在于有无人生的理想信念。古今中外，凡是有成就的人，必定有一个执着的理想信念。明代著名地理学家徐霞客从小把游历天下当作理想信念，最终用34年时间的努力完成了他的著作《徐霞客游记》。美国历史上第一位黑人州长罗杰·罗尔斯，出生在纽约声名狼藉的大沙头贫民窟。在这儿出生的孩子，长大后很少有人获得较体面的职业。然而，罗杰·罗尔斯是个例外，他不仅考入了大学，而且成了州长，就是缘于他小时候要成为纽约州州长的理想信念。40多年的时间里，他没有一天不按州长的身份要求自己。51岁那年，他真的成了州长。在他的就职演说中，有这么一段话。他说："在这个世界上，信念这种东西任何人都可以免费获得，所有成功者最初都是从一个小小的信念开始的。"

大学梦是大学生迈入大学之前心中最绚丽多彩的梦，仿佛一踏入大学的校门，就过上了天堂般的生活。而事实上，相当一部分大学生在实现了高考这一"人生理想"后，由于迷失了目标、缺乏更远大的理想和更持久的信仰，以致丧失了继续努力学习的动力，前进的道路与方向一片茫然，思想上稀里糊涂，学习上草草应付，生活上自由散漫，情绪上得过且过，以至于有些同学大一结束大二开始了还找不到读大学的感觉和建立自己的大学生活模式，时常感到空虚无聊，找不到寄托，哀叹生活没有意义。《中国青年报》社会调查中心曾经对大学生做过一项调查，90%的大学生相信"信念能支持你走得更远"的观点。

其次，理想信念是人生前行的动力。人生的道路，并不总是充满阳光、撒满鲜花，还有崎岖和坎坷。当我们遭受挫折与失败的时候，理想信念就会给我们提供前进的动力，产生巨大的精神力量。历史上，凡是为人类进步事业做出贡献的人，都是在理想信念的激励下克服各种困难取得成功的。李时珍踏遍青山，尝遍百草，写成《本草纲目》；马克思呕心沥血40年，阅读1500种书籍，写出《资本论》；科学家爱迪生用百分之一的灵感、百分之九十九的汗水完成了两千多项发明；邓小平一生三起三落，但他从不言败，从不放弃自己的追求，为中国现代化规划了宏伟的蓝图，外国人称他为"打不倒的东方小个子"；在震惊中外的二万五千里长征中，红军战士缺衣少食，面对前有强敌、后有追兵，爬雪山，过草地，闯天险，翻过六盘山，攻占娄山关，穿过金沙江，抢渡大渡河，克服了难以想象的艰难险阻，终于摆脱了国民党的围追堵截，取得了世界上最骄人的胜利。古今中外无数英雄豪杰之所以能在充满困难的条件下最终成就伟业，一个重要的原因就在于他们胸怀崇高的理想信念，因而具有锲而不舍、披荆斩棘的动力。一个人不管处境如何，只要他心中有信念，任何外来的不利因素都改变不了他对人生的追求和对未来的向往。

再次，理想信念是人生大厦的支柱。尼采说："人惟有找到生存的理由，才能承受任何境遇。""生存的理由"是指什么？就是理想信念。人失去理想信念就会失去生存和前行的理由。

在菲律宾西部海岸，每年的秋天都能看到这样一个壮观的场面：海面上黑压压地飞来一片云。近看才知是南迁的燕子。它们欢快地鸣叫着，慢慢靠近海岸，但是人们惊奇地看到，一旦到了海岸和沙滩，许多燕子都飞不起来了，永远地闭上了眼睛。遥远的路途飞完了，没有死于皑皑雪峰，没有死于茫茫大海，没有死于暴风骤雨，却死于目的地那细软的沙滩上。人类也有类似的现象。古希腊人在马拉松镇击败了入侵的波斯军队，希腊士兵斐迪辟兴奋地从马拉松镇跑到雅典。全程42.195千米，他没有在中途倒下，却在报捷后立即昏倒在地，再也没有醒来。

为什么会发生这样的悲剧？如果沙滩再远两三千米，许多燕子难道就飞不到吗？如果雅典再远三五十米，难道斐迪辟就坚持不住吗？他们一定能坚持下去，一定会到达目的地。悲剧发生的原因恰恰是因为目的地到达了，支持他们的信念突然消失了，意志瞬间松懈，身体也随之极度衰弱，于是生命之灯熄灭了。

人的精神世界犹如一座大厦，缺少支柱就会倒塌，而理想信念就是人生的精神支柱。当人们遇到特别的困难或重大打击，甚至陷入绝望境地的时候，如果没有理想信念的支撑，人的精神就会崩溃。中学生徐力、大学生马加爵杀人不纯粹是政治问题和思想问题，而是人格问题，是意义世界的失落。马加爵杀人的原因是多方面的，但他的最大不幸，是因为他看不清人生目标，结果铸成大错。被捕后，他对姐姐这样说："我这个人最大的问题，就是我不知道人生的意义到底是什么？"服刑前，他的最后一句话是"我觉得，没有理想是最大的失败，这几年没什么追求，就是很失败"。如果他能早点悟出真正的人生理想，也许他就不会走上歧途了。强者与弱者、奋起和沉沦之间其实就是理想信念的差别，一切强者都是为了自己的理想而奋起，一切弱者都是因为失去了生活的目标而沉沦。坚定理想信念，路才能走得更远。

最后，理想信念升华人的精神世界。有理想信念的人，心中有个大目标，站得高看得远，视野开阔，胸怀广阔，这就容易摆脱眼前蝇头小利的诱惑，摆脱斤斤计较、患得患失的狭隘心理，从而使心灵得到净化，精神世界得以升华。莎士比亚说："一个人在他的生命盛年，只知道吃吃睡睡，他还算什么东西，简直不过是一头牲畜。"马克思也说："真正的人＝思维着的人的精神。"雨果说："人类的心灵需要理想甚于需要物质，没有理想，就没有人的生活。"这说明，人与动物的一个显著区别就是人有理想信念。人生理想越大，他的人生质量就越高。林肯说过："喷泉的高度不会超过它的源头，一个人的事业也是这样，他的事业绝不会超过自己的信念。"理想信念是人类精神生活的一种内在需求，是一个人的奋斗方向。有什么样的理想信念，就有什么样的行为表现，并决定了你的人生质量。也许完美的表现并不存在，但只要自己心中有理想有信念，人生就一定会更精彩。

理想信念的力量是无穷的，对每个人的成长成才都有着重要的意义，所以大学生必须树立更远大的理想和更持久的信仰，才能在人生的道路上走得更稳、更高、更远。

3

怎么理解爱国主义的"国"？

爱国主义，既是国家产生以来世界各国永恒的主题，又是国家消亡之前文明社会不变的价值追求。世界上没有哪个国家不提倡和发扬爱国主义。比如，美国在举行国家庆典时，要求每个公民背诵"我爱这个国家，保卫这个国家"的誓词；俄罗斯为了引导人们坚定热爱祖国、建设国家的信心和决心，每五年就要专门颁布《爱国主义教育国家纲要》；法国更是在中小学都专门开设了爱国主义教育课程，都德的文章《最后一课》更是因为弘扬爱国主义而成为世界文学史上不朽的名篇。

那么，什么是爱国主义呢？要理解爱国主义的内涵，就必须先理解爱国主义忠诚的对象——"国"的内涵。这里的"国"到底是指祖国，还是指国家，抑或是祖国和国家的统一体？而要弄清爱国主义的"国"何所指，就必须先弄清"国"、"祖国"和"国家"的区别与联系。

一、"国"、"祖国"与"国家"

据我国文献记载，"国"是从甲骨文"或"演变而来的，当时的"或"即"国"。许慎在《说文解字》当中曾指出，"国，邦也。从口从或"。而"口"作为象形字有周围、围绕的意思，意指有边界的生活区域，因而"国"的最初本意应是指特定的共同生活区域。"祖"在《说文解字》中指"始庙"。"祖者，始也。"由此可见，祖国的最初内涵即为祖辈们共同生活的特定的地域范围。这一特定的生活区域主要由两种因素构成。首先是自然因素，就是通常意义上认为的"国土"，即一定界限（国界）之内的山川、河流、湖泊等自然风貌和森林、土地、矿藏等自然资源；其次是社会因素，包括通常意义上的"同胞"在内的有共同血脉和社会联系的国民，还有共同的礼仪、习俗、历史及社会心理等文化条件。

从祖国最原始的内涵来看，"人"或"同胞"才是它最基本的要素。而这里的"人"或"同胞"是包含民族在内的。因为，民族是指"人们在历史上形成的有共同语言、共同地域、共同经济生活以及表现于共同的文化特点上的共同心理素质这四个基本特征的稳定的共同体"。① 它以语言、地域、经济生活、文化生活和心理素质等为特征，既可以引申为多民族国家各民族的总和，如中华民族；又可以泛指历史上形成的社会共同体，如阿拉伯民族。据此，共同生活在祖国这一地域范围内的特定民族的社会共同体便自然而然地成了爱国主义所热爱的一个基本方面。所以，没有一定的文化传统和民族认同的民族（同胞），祖国的概念就是一个抽象的概念。祖国的命运，实质上首先是包括民族在内的祖国同胞的命运，对于与之相适应的政治、意识形态的国家的热爱也生发于此，作为道德心理人格的精神意蕴的爱国主义也源于此。

"祖国"是一个包含一定自然条件，融地域、历史、民族、血缘、语言、文化等为一体的综合体，代表着某国人民独有的最高价值体系。它在一定的历史条件下既包容了某些阶级关系，但又往往超越了阶级关系，成为哺育国家和民族生长的"摇篮"。没有祖国，便没有现实国家的一切。而国家是"社会在一定发展阶段上的产物；国家是承认：这个社会陷入了不可解决的自我矛盾，分裂为不可调和的对立面而又无力摆脱这些对立面。而为了使这些对立面、这些经济利益互相冲突的阶级，不致在无谓的斗争中把自己和社会消灭，就需要有一种表面上凌驾于社会之上的力量，这种力量应当缓和冲突，把冲突保持在'秩序'的范围以内；这种从社会中产生但又自居于社会之上并且日益同社会相异化的力量，就是国家"。② 由此可见，国家是阶级矛盾不可调和的产物，是阶级维护统治的工具。国家是建立在一定经济基础之上的包括军队、警察、监狱、法庭等在内的上层建筑。主权、领土和人口三个要素是凌驾于社会之上国家权力的集中体现。国家存在的主要目的是在特定的地域内维持秩序和安全以保障公民福利，其对内的属性是政治统治，通过立法、行政、司法、军事、经济、文化等手段来实现；对外的属性是独立行使主权而不受其他国家和社会组织的干涉，通过独立决定自己的外交方针政策、处理国际事务、享有国际权利和履行国际义务等来实现。

从内涵上看，"祖国"和"国家"既相互联系，又相互区别。从拥有的地域、民族、文化等方面来看，"祖国"和"国家"往往有着相似甚至重合的一面。而二者的区别则在于，"国家"带有突出的政治色彩，它和统治阶级的统治权力密切相关，当某一统治国家的阶级被推翻之后，其所建立的国家也会随之消亡。而"祖国"则不然，它是由祖祖辈辈长期生活于某一特定区域的"故乡"衍生出来的，随着民族和民族国家的产生，这种"故乡"就被认同为某一民族群体的"祖国"。因此，"祖国"

---

① 《斯大林选集》（上），人民出版社，1979年版，第64页。

② 恩格斯：《家庭、私有制和国家的起源》，人民出版社，1999年版，第176－177页。

体现的是对民族群体所拥有的地域和文化的认同和依恋,带有浓厚的情感色彩。基于此,人们热爱各自的祖国则是天经地义的事,这时的祖国也就成了传统意义上爱国主义的对象。

二、爱国主义中"国"之所指

当今社会,世界上绝大多数国家已经构建成为民族国家或正在构建成为民族国家的过程中,"祖国"与"国家"已逐渐成为一个统一体。在这种情况下,爱国主义的"国"则是指"祖国"和"国家"的统一体。然而,二者并不是始终统一的,也并非是所有的国家都能一概热爱之。例如,在二战时期的德国、意大利和日本,其人民热爱自己的祖国是爱国主义,但若热爱当时的法西斯国家政权,则是与真正的爱国主义背道而驰的。相反,只有那些反对和推翻法西斯统治的才是真正的爱国主义和国际主义。再如,某些国家的统治阶级鱼肉人民或处于历史的衰败时期,不再代表其民族的生存和发展利益之时,人民群众主动投入到推动社会历史前进的社会变革或革命的洪流之中,就是爱国主义的壮举。同样,对于那些对外搞霸权主义、扩张主义的国家,其人民的爱国主义也只能限定在爱"祖国"这一范围之内,而不应该假借爱国之名,行侵略他国之实。其人民只有同爱好和平的世界人民一道伸张正义、反对霸权,才是真正的爱国主义。

综上所述,爱国主义的"国",首先是指"祖国";其次,在国家能够做到对内为人民谋福祉和对外维护世界和平的条件下,爱国主义的"国"包括"国家",是"祖国"和"国家"的统一体。在当代中国,爱国主义的"国",则是指"祖国"和"国家"的统一体。即爱国主义既是对"祖国"的热爱,又是对"国家"的热爱;既是对中华民族历史文化的热爱,也是对中国人民及我们共同生活的土地、方式、习俗的热爱,更是对中华人民共和国的热爱。因为我国是中国共产党领导的人民民主专政的社会主义国家,它代表的是人民的意志,对内维护的是人民的根本利益,对外维护的是世界和平,即尊重和维护世界人民的根本利益,是值得每一个中国人热爱的国家。因此,在本质上,热爱祖国与热爱社会主义国家也是统一的。

虽然如此,但也并不意味着所有热爱祖国的人都必须热爱社会主义国家,否则便不是真正的爱国主义。因为祖国和国家毕竟是有区别的概念,不能将两者完全混同。同时,鉴于中国目前的状况,要想最大限度地团结港澳台同胞及海外侨胞,形成最广泛的统一战线,那么我们所倡导的爱国主义的"国"则不必包含社会主义国家。对他们而言,真正的爱国主义就是热爱祖国,首先追求国家的统一、民族的独立以及国家的繁荣富强。此外,邓小平同志根据中国的实际情况创造性地提出的"一国两制"理论及其实践的成功,也证明了热爱祖国与热爱社会主义国家在一定的条件下是可以有区别的。因而,对于大陆以外的中国人提倡的爱国主义,可以仅指热爱祖国,这符合中华民族的利益,也符合全国各族人民的共同心愿。

　　总而言之,对于爱国主义的"国"的理解,应当具体问题具体分析。在实行人民民主专政社会主义制度的祖国大陆,应着力强调热爱祖国与热爱国家的统一,即爱国主义应包括热爱祖国与热爱国家的统一;在祖国大陆以外,则应着力强调热爱祖国、热爱中华民族,即爱国主义可以仅指热爱祖国。这样才能够最大限度地激发爱国热情,增强爱国信念,弘扬爱国精神,共同推进现代化建设,实现中华民族伟大复兴的中国梦。

爱国主义情感如何表达？

2017年8月上映的《战狼2》，以超高的票房一路领跑暑期档，那句"犯我中华，虽远必诛"的台词，更是将国人的爱国主义情感推至极致。这是一件好事。但面对网上对此电影的不同声音和评论，网友们不是心平气和地探讨和讨论，而是采取了人身攻击式的回击。其实，不同的声音并不代表不爱国，这意味着我们的爱国主义情感究竟应该如何表达才合适？或许，这需要先搞清楚什么是爱国主义情感。

一、爱国主义情感的科学内涵

列宁曾指出："爱国主义是由于千百年来各自的祖国彼此隔离而形成的一种极其深厚的感情"。爱国是对一个公民最基本的要求，是一种最朴素的感情。爱国是一种尊严，更是一种信念。爱国主义是我们的民魂，也是我们的国魂。爱国主义包括爱祖国的大好河山、爱祖国的骨肉同胞、爱祖国的灿烂文化。爱国主义情感则是人们在此基础上对祖国的一种直接感受和体验，是一个民族、国家全体公民的一种神圣美好的心理情感，蕴藏于每个公民的感情世界之中，在情感的整合下人民对自己故土家园、民族和文化的归属感、认同感、尊严感与荣誉感的统一。它是民族凝聚力的核心内容和思想基础，是民族前进的动力。爱国主义情感具有时代特点。

首先，爱国主义情感使社会主体具有突出的责任感和使命感。人是社会最重要的主体，爱国主义情感增强了每一个中华儿女对祖国的责任心，这种责任是社会发展的客观要求，也是每个人自身发展的客观需要。一个人能够成为什么人，应该成为什么人，在很大程度上要依赖于社会，依赖于祖国，祖国给个人的成长发展创造条件，对个人的奋斗成果做出评价，为个人实现人生价值的征程指明方向。伟大的人生目标往往产生于对祖国深沉的爱。一个人对祖国爱得越深，历史责任感就越强烈，人生目标就越明确，人生信念就越坚定。古往今来，彪炳中华民族史册的，无一不是忠诚的爱国者。他们之所以能做出一番事业，使自己的人生有价值、有意义，根本原因在于对自己的祖国和人民有一颗滚烫的赤子之心。

其次，爱国主义情感使得社会主体具有危机感和紧迫感。当今社会，是经济、科学、理性的时代，和平与发展是当今社会的主题。中国的社会主义市场经济也在平稳、飞速的发展，可是，在国际社会和平的表面之下，某些西方资本主义国家仍旧对中国经济发展良好的态势持仇视态度，对我国"西化"、"分化"之心不死。在国内，个人主义、享乐主义思想仍旧存在，腐蚀着社会主义文化。面对这些挑战和风险，必须大力弘扬爱国主义精神，使社会主体将爱国主义情感彻底激发，只有在此基础上社会主体才能正确地认识、理性地分析，只有对祖国的热爱之情才能引导个人意志立足集体、立足社会、立足于国家，全面客观的认识、解决祖国社会目前存在的问题。

二、爱国主义情感的理性表达

爱国主义是一种情感，但并不仅仅是一种情感，它更是一种理性的认识、一种正确的价值取向、一种科学的理论，所以，爱国主义情感的表达更不能简单地作为一种情感的宣泄。

宏观上，爱国主义情感的表达要把握以下几个方面：

首先，对爱国情感的表达要建立在对祖国历史灿烂文化和现实社会的充分了解上。物质决定意识，社会存在决定社会意识，爱国情感的激发和表达也是建立在对祖国真正充分了解的现实基础上的，"爱其然，更爱其所以然"，对祖国的灿烂历史、优秀文明和现实社会有着宏观上的把握，才能真正地激发出个体对于爱国情感的深层潜能，使爱国主义情感的表达得到真正的永不枯竭的动力因，使自己的爱国之情得以在坚实的基础上、在积极的范畴内得以释放、得以表达、得以实践，真正达到爱国的目的。

其次，在当今社会主义新时期，对爱国主义情感的表达行为，还必须要在科学的马克思列宁主义、毛泽东思想、邓小平理论、社会主义核心价值观的指导下进行。正确把握爱国主义的精神实质和科学内涵，是爱国主义情感表达科学理论基础，盲目的、冲动的、片面的爱国情感的表达是有悖于真正的爱国情感的。尤其是在当今时代背景下，社会个体之间、社会群体之间、社会个体与社会群体之间，存在着错综复杂的关系和矛盾，在利益的选择和多元化的价值取向之中，爱国情感的激发和表达要更加应对当今错综复杂的社会局势、社会矛盾和社会问题。只有全面客观的认识国情、理性逻辑的了解社会局势，爱国情感的表达才能在社会主义和谐社会中，科学、有序、合理地进行，从而给社会带来积极影响，真正的落实爱国行为，达到热爱祖国情感与现实的统一。

最后，要做到"依法爱国"。一个人要想把朴素的爱国热情变成崇高的爱国品质，必须与一定的公民道德和公民意识结合起来，在法律的框架内爱国。将爱国情感的表达，即爱国行为单纯地简化为个人情绪的宣泄，扰乱社会正常秩序，甚至使行为过激，给社会大众带来情感上和安全上的危害，只会伤害我们的祖国，得到的结果将与爱国主义的动机背道而驰。在爱国旗号下为所欲为的行为，不能称之为爱国的行为，因为冲动、激动不代表能干违法乱纪的事。对反社会、反人类的言论和行为表现出愤慨，这是自然和理性的，关键是看其表达的方式和手段是否正当。因为理由正当、目的正确，不能证明手段正确。

微观上，要将个人爱国情感的表达落实在现实中，立足于生活中。

首先，要避免狭隘的爱国主义。狭隘的爱国主义是指为了表达自身对于祖国，对于民族的热爱，盲目排外，漠视、敌视甚至损害其他民族、其他国家利益的思想。狭隘的爱国主义往往源自于片面的、盲目的、封闭的、自我膨胀的爱国主义。科学的爱国主义情感是立足于本国的切身利益，其情感的表达也是为了促进本国长期的政治利益、经济利益和安全利益为目的。而狭隘的爱国主义，只是片面地、静止地、孤立地重视国家利益，其情感的表达方式也是以极端的手段维护其国家利益、民族利益，损害他国利益，只顾眼前利益，忽视长远发展关系。在当代，中国的发展离不开世界，世界的发展也不开中国。在经济全球化的影响下，中国的发展是与世界紧密联系的，在这种国际局势下，作为社会主体的个人，要将爱国情感真真切切地立足于国家利益之中，就要使这种爱国情感的表达摒弃狭隘的爱国主义，不仅要爱国，也要以平和兼容的心态去对待其他民族、其他国家。不仅要爱自己的国家，还应该爱世界上其他任何一个国家的人民。努力争取中华民族在世界的舞台上具有宽松、和平、长期稳定的发展环境，从而使得中国更好更快地发展。

其次，要正确地表达爱国主义情感。在当代经济全球化的背景下，国家与国家之间有合作，也有竞争，各种利益的摩擦与冲突几乎是这一时代的常态。而中国正在走向世界，成为一个正在崛起的大国，所以我们当代的爱国主义精神自然也应是具有大国的特点：大胸襟、大视野，具有包容力和多元化内涵的特性。同时应当注入新的因子，它不仅仅是一种情感，更是一种基于情感之上的理性。因此，要正确地表达爱国主义情感必须做到理性地爱国、平和地爱国、智慧地爱国、远见地爱国。具体来说，要求如下。

理性地爱国是指一个人在表达爱国情感时，要经过理性的思考，保持清醒的头脑，以祖国利益大局为重，选择恰当的方式，不能为了宣泄自己一时的情感而造成大局利益的损失。再具体一点说，就是需要站在国家和民族整体利益的高度思考问题。清醒地认识国际形势，明白现代国际关系的特点，这样才能理性地面对国际纠纷和民族矛盾，维护好国家的根本利益、核心利益，从而真正做到爱国。如果说感性的爱国情感是朴素的爱国情感，那么理性的爱国情感就是一种高级的、深刻的、永恒的爱国精神。它不会随着时间的悠长而消失，是一种永远不会褪色的情感。相对于感性来说，这种理性的爱国情感是清醒的，即使是在各种大环境下，也能保持一种以大局为重的清醒头脑，不会因自己的一时的情感上的冲动而做出有损国家利益的过激行为。

平和地爱国是指爱国情感不是一时冲动，是一种稳定的、长期扎根于我们思想观念中的情感底蕴。爱国不是罢课，不是游行示威更不是流血。只有将理性融入爱国情感之中，爱国的热情才不会枯竭，才会使得爱国情感更加持久，爱国情感的表达也才会具有长期发展的不竭生命力。

智慧地爱国是指在爱国情感的表达方式中要充满智慧，使其在经过逻辑科学的观察、分析、比较后，升华成科学的方法。毕达哥拉斯说："愤怒从愚蠢开始，以后悔告终。"毕竟，爱国可以通过合法的方式和理性的渠道来表达，这才是一个人智慧的表现。在错综复杂的社会关系中，透过现象看到本质，能够全面客观的发现问题、分析问题、解决问题，看清社会主义发展的现状、看清社会主义发展的需要性、看清社会主义发展的未来趋势，使眼光具有全面性和前瞻性才能更好地将爱国情感与爱国实践相结合，成为真正促进社会发展的动力。

远见地爱国是指爱国情感的表达应该是与时俱进的。在当今时代的大背景下，我们的爱国不再以"民族独立"为主题，而是以"发展"为主题，爱国主义情感的表达也不再以"学生罢课、工人罢工、商人罢市"来表现，正确的表达应该是：为社会主义各行各业各司其职，为共同促进祖国的繁荣和社会的进步而努力。作为当代的大学生，承担着建设祖国、发展社会主义事业的历史任务，是社会的发展动力和未来的希望，不但要有热切的爱国之情，而且爱国主义情感的表达具体应该表现为刻苦学习，努力增强服务祖国、服务人民的真才实学，谨记科学技术是第一发展力，将满腔的爱国热情投入到发展祖国科技力、经济力、文化影响力等方面中去，应该将自己的爱国热情转化为学习的动力。

在社会主义市场经济和对外开放的历史条件下，当今社会正处于社会主体多样化、价值取向多元化的背景中，爱国主义情感的表达更应该注重结合时代的特点、认清个体与国家的关系，倡导理性爱国，让我们的爱国主义精神力量与现实的社会主义需要相结合，成为建设和发展社会主义社会的精神动力。

爱国主义究竟"爱"什么？

爱国主义究竟"爱"什么？这一问题的直接指向是要求人们明确爱国主义的对象。从字面意思来理解，爱国主义的对象当然是"国"，爱国主义也当然是爱"国"。但是，这个"国"又如何理解呢？"国"既可以指"祖国"，也可以指"国家"。当强调爱国主义是一种道德要求时，多指"祖国"，带有鲜明的情感色彩；而当强调爱国主义是一种基本义务时，则多指"国家"，带有突出的政治意味。然而，无论是指"祖国"，还是指"国家"，"国"都不是一种抽象、笼统的存在。它是具体的、历史的，包含着丰富深广的内容。"国"既包括自然风貌、自然资源等自然要素，又包括历史传统、风俗习惯等文化要素，还包括政治权力机构等政治要素，是处于一定历史时期、一定区域的人们赖以生存和发展的自然环境和社会条件的统一。据此，爱国主义的对象则不言而喻，它既包括祖国的大好河山，又包括共同生活的骨肉同胞；既包括祖国灿烂的历史文化，又包括国家优越的社会制度。

一、热爱祖国的大好河山

古往今来，关于游子思乡的诗数不胜数。无论是古人的"日暮乡关何处是，烟波江上使人愁"，还是今人的"葬我于高山之夕，望我故乡。故乡不可见兮，永不能忘"，所表达的对于家乡的思念都不是抽象的，而是具体的，是包括一山一水、一草一木在内的具体之物。为什么游子会如此思念自己家乡的山山水水？就是因为"一方水土养育一方人"。每一个人都是家乡的水土滋养和培育起来的，并在那里留下了无数的美好回忆。所以，家乡的一山一水、一草一木都是其热爱的对象。

同样，将这种对家乡的热爱放大之后，就是对于祖国的热爱。而之所以热爱祖国，也正因为祖国可爱。正如方志敏在《可爱的中国》中所言："中国许多有名的崇山大岭，长江巨河，以及大小湖泊，岂不象征着我们母亲丰满坚实的肥肤上之健美的肉纹和肉窝？……废置而未曾利用起来的天然气，更是无限的，这又岂不象征着我们的母亲，保有着无穷的乳汁，无穷的力量，以养育她四万万的孩儿？……至于说到中国天然风景的美丽，我可以说，不但是雄巍的峨眉，妩媚的西湖，优雅的雁荡，与夫'秀丽甲天下'的桂林山水，可以傲睨一世，令人称羡……"①试问，这样美丽而又哺育着我们每一个人的山山水水如何不叫人心生热爱之情？尤其当一个人走出国门，踏在异国土地上的时候，整个祖国就是家乡的情感会分外浓烈，祖国的山山水水就成了其思念之情的重要寄托。

如果没有祖国的山山水水，那么国家也将不复存在。俗话说"禾苗离土即死，国家无土难存"。没有国土的国家只能是一个存在于观念中的国家，而不是现实的国家。所以，以祖国的大好河山为主要内容的地理环境是一个民族和国家赖以存在和发展的基本前提，失去它，任何民族和国家都将无以立足。近代以来积贫积弱的旧中国，让人们尝尽了国破山河亦不在，家破人亦亡的颠沛流离之苦。这既是每一个中华儿女刻骨铭心的苦痛，更警示着我们要热爱祖国的领土尊严，坚决维护国土的完整。此外，面对日益严峻的资源环境问题，热爱祖国的大好河山也不能仅停留在维护领土主权的政治层面，还应深入到保护环境、节约资源的生态层面，即热爱祖国的大好河山，还应该热爱和保护大好河山得以持续存在的生态环境。

二、热爱祖国的骨肉同胞

"我们都有一个家，名字叫中国。兄弟姐妹都很多，景色也不错……"这首《大中国》以"一个家"来比喻中国，把骨肉同胞比喻成家庭里的"兄弟姐妹"，让人觉得爱国就是那么亲切和自然。之所以能把"国"比作"家"，把"骨肉同胞"比作"兄弟姐妹"，是因为长期以来中华民族同宗同源的情感和共同生活的需要使然。

由于人是社会性的动物，生长、生活在一个特定的社会中，必然要和生活于其中的他人发生直接或间接的交往。无论是在蒙昧的原始社会，还是在文明的现代社会，人都无法脱离群体而独立生存和发展。尤其是在高度发达的现代社会，每个人每天生活的必需品，更不能依靠个人的劳动来完成，而必须通过复杂的社会分工和市场交换来提供。也正是依靠这种物质和精神上的交往和交流，才使其中的个人能够过上安全、舒适的健康生活。因此，可以说，每个人的生存和发展都是以对他人的依赖为基础。久而久之，个人便不由自主地对其常年生活的人和土地产生了依恋之情，促使其像热爱自己的兄弟姐妹一样，热爱与自己共同生活、一起成长的他人——骨肉同胞。所以，无论是古人的"四海之内皆兄弟"，还是今人的"一方有难八方支援"，都是基于并体现着对于骨肉同胞的热爱。

这里的骨肉同胞，实际上已经不仅仅指具有血缘关系的人，而是指一个国家

---

①　江西省革命烈士纪念堂编：《可爱的中国》，江西人民出版社，1984 年版，第 15 页。

或民族的人,即国民。它在爱国主义的语境中,实际上是指政治意义上的"人民",在我国是指全体社会主义劳动者、拥护社会主义的爱国者和拥护祖国统一的爱国者。之所以使用"骨肉同胞",而不是"人民"的称呼,是因为人民是相对于敌人而言的,更强调政治立场,多适用于革命战争年代;而在和平发展时期,称国民为"骨肉同胞"则显得更有亲和力。

于国家而言,它是由无数国民构成的集合体,没有国民,哪有国家? 正所谓"民惟邦本,本固邦宁"①。国家的产生和发展正是为了维护的国民的根本利益的,它产生之后也必须以维护国民的根本利益为天职。如果国民没有这种需要,或者它不能发挥这种职能,那么国家将不复存在。而没有国家,谈何爱国? 所以,爱国更重要的是热爱国民,即骨肉同胞。否则,便是空爱、假爱。也正因为看到国民才是国家的主体和根本,所以孟子才会说"民为贵,社稷次之,君为轻"②,唐太宗才会说"水能载舟,亦能覆舟"③,傅斯年才会说,"爱国有时不够,还须爱人。爱国有时失于空洞,虽然并不一定如此。至于爱人,却是步步着实,天天可行的……"④这实际上就是我们今天所说的"以人为本"。

三、热爱祖国灿烂的历史文化

文化之于民族,如同羽毛之于鸟雀,血液之于人体,其重要性怎么形容都不足为过。文化作为一个民族群体意识的载体,常被称为民族和国家的"胎记",是其得以延续的"精神基因",是培养民族心理、民族个性、民族精神的"摇篮"。一个民族如果没有自己独特的文化,对世界的文明没有独特的贡献,那么它就没有独立存在的意义,也不能称之为民族。

人类社会经过了极其漫长且复杂的演变,在世界的不同地区,孕育出了不同的民族及文化。如果没有丰富多彩的民族文化,也就不会有人类的世界文明。毋庸讳言,当今世界的任何个人,自其出生起就被打上了所在民族的文化"胎记",无论其生长于何方,都依然具有本民族的心理、个性和精神。将来,无论人们如何背井离乡,都不会失去对家乡或祖国的历史文化认同。而这种历史文化认同恰恰是将人们紧紧团结在一起的凝聚力。因此,爱国就必须热爱祖国灿烂的历史文化。

对于一个绵延数千年的国家而言,无论其政权如何更替,疆域如何变化,文化

---

① 《尚书》
② 《孟子·尽心下》
③ 《贞观政要·论政体》
④ 落尘:《民国的底气》,中央广播电视大学出版社,2011年版,第247页。

都会作为唯一的"血脉"世代相传。早在春秋战国时期，有人朝秦暮楚，也不会被认为是叛国；苏秦做了六国宰相，被视为能力超群。为什么古人能够这么宽容？原因在于古人重视的是文化而非国籍。孔子曾说，"居处恭，执事敬，与人忠，虽之夷狄，不可弃也。"①意思是，一个人在家里要心怀恭谨，做事要认真严肃，待人待己要真心实意，就算是去了蛮夷之邦，也不能丢弃。在这里，强调的是以文化为基础和内涵的以"礼"相待，而非国籍。也正因为如此，古人把"平天下"而非"治国"作为最高的崇尚和最终的追求。这里的"平天下"也并非一般意义上的通过政治经济手段甚至武力征服，而是指文化治理，表现了古人对于自己文化的自信、自豪和热爱。自古以来，所谓的华夏之辨，并不在于肤色之差，而在于是否认同中原文化。由此，祖国灿烂的历史文化才凝结成了中华民族的优良传统。

此外，中华文化源远流长，博大精深，是四大文明古国中唯一绵延不绝、保存至今的文化形态。它包含着独特的语言文字、哲学宗教、文学艺术、风俗习惯、思维方式、价值观念等，不仅影响了中国几千年，而且对东亚、欧洲也产生过重要的历史影响，还将继续影响人类的未来。作为一个爱国者，没有理由不为自己民族和国家的深厚文化底蕴而自豪和骄傲，也应该自觉承担继承和弘扬中华民族传统文化的历史责任。因此，热爱祖国灿烂的历史文化也应当成为爱国的旨归。

四、热爱国家优越的社会制度

祖国的大好河山、骨肉同胞和灿烂文化是统一于国家当中的。没有国家的保护，这一切都将不复存在。所以，爱国最终要落实在热爱国家、关心国家的前途命运之上。

而国家之所以成其为国家，最根本的在于其有一整套维护阶级统治的社会制度。马克思主义根据国家的阶级属性，把国家分为奴隶制国家、封建制国家、资本主义国家和社会主义国家四种类型。无论哪个国家、在哪个发展阶段，都表现为一定的制度类型。即不同的国家，或同一国家发展的不同历史阶段，会表现出不同类型的社会制度。世界上从未有过不依赖于任何社会制度的抽象国家。

既然国家是特定的、具体的，是与一定的社会制度紧密相连的，那么爱国就必然包含热爱国家的社会制度，特定时期的爱国主义也必然打着该国家社会制度的"烙印"。在岳飞、文天祥生活的南宋时期，他们热爱的必然是南宋王朝统治下的封建制中国；而在我们生活的新中国，我们热爱的必然是无产阶级专政的社会主义中国。对此，邓小平曾说"有人说不爱社会主义不等于不爱国，难道祖国是抽象

---

① 《论语·子路》。

的吗? 不爱共产党领导的社会主义的新中国,爱什么呢?"①因此,现阶段的爱国,必然包含热爱社会主义的中国。江泽民更是深刻地揭示了爱国主义与社会主义的内在关系,即"在当代中国,爱国主义和社会主义,本质上是统一的。"②

然而,对于爱国主义与社会制度的关系,也不能简单地"一刀切"。因为国家是随着阶级的产生而产生的,是阶级矛盾不可调和的产物,无论何种社会形态的国家,其国内都必然存在着不可调和的阶级矛盾与斗争。这种矛盾和斗争,在不同制度的国家以及同一国家的不同历史时期会有不同的表现,或者缓和平静,或者激烈尖锐,但自始至终不会彻底消除。因此,爱国主义必然会被打上突出的阶级烙印。例如,在中国的近代,腐朽没落的清政府已经沦为"洋人的朝廷",封建专制统治已经成为阻碍中国进步的桎梏。但是,对于封建统治阶级来说,维护这个制度就是其国家利益之所在,就是他们的爱国主义;而对于以孙中山为代表的资产阶级革命派来说,推翻清政府的统治,建立资产阶级专政的中华民国,才是维护国家利益的关键。孙中山更曾明确指出,不能爱大清国,爱大清国是害国,而非爱国。至于哪个阶级才是真正的爱国者,在今天看来是一目了然的。我们判断的依据就是在特定的历史时期某一社会制度是不是具有优越性,即是否有利于维护国家、民族和人民的利益。当其能够维护国家、民族和人民利益的时候,对这种制度的维护或发展,就成为这一时期爱国主义的重要内容;反之,对这种制度的反对或变革,就是这一时期爱国主义的重要内容。因此,爱国主义的对象不能笼统地说热爱国家的社会制度,而应该是热爱国家优越的社会制度。

在当代,正因为历史和实践已充分证明,只有社会主义才能救中国,只有社会主义才能发展中国,社会主义是我国兴旺发达的根本保证,它具有独特的优越性,能够维护国家、民族和人民的利益,所以新时期的爱国主义理应包括爱社会主义。

---

① 《邓小平文选》(第2卷),人民出版社,1994年版,第392页。
② 中共中央文献研究室:《十三大以来重要文献选编》(中册),人民出版社,1991年版,第609页。

国家利益与人类利益哪个更重要？

当今社会，全球化的发展态势不仅改变着人们生活的各个方面，还对人们的思想观念产生着潜移默化的影响，人们逐渐认识到，人类负有某种责任，需要创建一种人类文明的新秩序，人类相互依存的全球性伦理意识日益凸显。然而，这却丝毫不能否认不同国家主体对其自身利益的价值诉求，究竟如何处理全球伦理与国家主体之间的关系，从根本上说是一个如何处理人类利益与国家利益之间关系的问题。

一、全球伦理观：人类利益优先

全球伦理是一个比较笼统的概念，首先它是一种理想主义，是一种以人性善为依据，肯定人类的道德统一性，主张通过道德、法律的规范建构国际新秩序，追求和实现人类和平的学说。其次，它是一种文化意识、社会主张、行为规范，要求摆脱国家中心论的束缚，代之以人类中心论、世界整体论。全球伦理的全球性就表现在它是为维护全人类的共同利益而建构的道德规范，也是不同国家主体之间在交往中具有共性意义上的普遍价值上的共识。我们知道，人类是由不同利益的群体和个人组成的，每一个群体或者个人都有建立在自己特殊利益基础上的价值评价标准。虽然人的生存总是不可避免地受到所处社会环境的影响，被打上不同利益群体的烙印，但是从人的本性上看，人之所以为人，总是有其本性上的共通之处，也就是人类在物种上的统一性和道德上的统一性，由此推论出这样的一种全球伦理观念：任何人天生都具有与他人之间的平等权利，以及建立在这一基础上的人的自我保护的权利。所以国家不分大小、民族不分优劣，任何一个国家和民族都应该自觉地把自己享有的权利和自由与整个人类和世界联系起来。

全球伦理的思想可以追溯到古希腊罗马时期。作为自然法理论的奠基学派——斯多葛学派认为，宇宙是一个统一的整体，人类只是这个整体中的一部分，因此人类必须要与自然和谐相处。既然宇宙是一个整体，那么人类社会中的政权也应该是一个世界国家，每个人都是这个世界国家中的公民。斯多葛学派明确表达了对单个城邦的价值贬低，崇尚世界国家的价值权威。与此类似的观点还有中世纪但丁对"世界帝国"的追捧。到了近代，卢梭的"联邦论"和康德的"永久和平论"都是全球伦理思想的理论来源。威尔逊是20世纪最著名的全球主义思想家，他提出的"十四点原则"强调要维护世界和平，求得国际安全，必须构架高于国内法的国际法，必须建立确保国际对话与合作的国际组织。总之，在第二次世界大战前的全球伦理主要根植于人类的德性与人性，体现为对战争与和平的思考与回应，是一种和平主义、理想主义的思想观念。它的着眼点是国家与国家之间的关系，而不是人类整体。

第二次世界大战之后，全球伦理思想突破了主权国家的界限，凸显了人类整体的利益。最有代表性的是罗马俱乐部，它把全球看成是一个整体，提出了各种全球性问题相互影响、相互作用的系统性观点；它极力倡导从全球入手解决人类重大问题的思想方法；它应用世界动态模型从事复杂的定量研究。这些新观点、新思想和新方法，表明了人类已经开始站在新的、全球的角度来认识人、社会和自然的相互关系。意大利学者奥雷里奥·佩西曾指出："在人类全球帝国时代，通向人类解放道路上的一个主要障碍是国家主权原则"[1]。著名历史学家汤因比认为，今天"必须剥夺地方国家的主权，一切都要服从于全球的世界政府的主权"[2]美国学者莱斯特·布朗在他的著作《没有国界的世界》一书中认为，随着全球化进程的加快，各国之间的冲突将被合作与共同体意识所取代，从而使得传统意义上的国界逐渐消失。[3] 总之，"在民族国家的决策中，对狭隘国家利益的忠诚越来越松弛，而且正在被对全球利益的忠诚取而代之"的思想在西方社会中逐渐显现。

一些政治家也表达了对全球伦理思想的认同，在一些国际社会的重要文献里这一思想观念也被体现出来。1972年联合国环境会议发表的非正式公告中指出："我们已经进入了人类进化的全球性阶段，每个人显然有两个国家，一个是自己的祖国，另一个是地球这颗行星"。1993年第二次世界宗教大会在芝加哥召开，大会发表了《走向全球伦理宣言》，主张人类应"献身于一种共同的全球伦理，更好地相

---

① （意）奥雷里奥·佩西：《人类的素质》，中国展望出版社1988年版，第183页。

② （英）汤因比、（日）池田大作：《展望二十一世纪》，国际文化出版公司1985年版，第217页。

③ （美）莱斯特·布朗：《没有国界的世界》，纽约，1973年版，转引自田志力《全球开放论》，东方出版社，1990年版，第77页。

互理解,以及有益于社会的、有益于和平的、对地球友好的生活方式"①,这份宣言
"应该是人类中心的,而且,还必须是人类秩序中心的"。② 总之全球伦理思想的
兴起是当代的一个基本事实,在全球化过程中各个民族国家都被卷入了世界性的
交往关系之中,人们越来越认识到人类生存状态的"共在"意识的重要性。

二、国家主义:国家利益优先

与全球伦理思想相对的是国家主义思想,它尚无确切而公认的定义,不同的
学者从不同的立场、角度出发持有不同的观点。较为广泛的认知是国家主义推崇
国家理性,认为国家有独自的利益,为了追求和维护国家的利益,国家(或国家的
代表)可以采取任何手段、形式。国家的权威是毋庸置疑的,它拥有全面的、最高
的权力。这种国家主义观点最早见诸马基雅维里、布丹、霍布斯等人的论著中,正
是这些思想家奠定了近代主权国家观念的理论基础。

在国家主义思想中,核心的是对国家利益的把握。马克思主义主张国家利益
是伴随着国家的出现而出现的,是个人利益与社会公共利益相冲突的结果,也是
受统治阶级所支配的,在形式上表现为各阶级共享的社会公共利益,所以国家利
益首先是社会的整体利益,而不是社会中一部分人或某个利益集团的利益,这是
国家利益的国内政治层面。与此同时,国家又是国际社会中的基本单位,是国际
关系中的行为主体,在国际交往中,国家利益有着明确的价值取向和价值诉求。
民族国家是国家利益的唯一载体,其他的次国家行为体和超国家行为体都不能成
为国家利益的承担者。例如,在自由贸易发展的过程中,虽然跨国公司展现出了
巨大的推动力,但是跨国公司的利益只是其母国的国家利益的一部分,而非全部。
如果以跨国公司的利益来参照制定国家贸易政策,将不利于国家整体利益的
维护。

除了利益载体的民族性之外,国家利益还具有排他性。民族国家这一主体参
与全球交往,首先考虑的是自己国家在交往过程中能从中得到多少好处和利益,
总是要通过权衡各方面的利弊得失之后,才做出是否参与交往,以及如何参与到
交往之中的。例如,每个国家都非常重视国家安全问题,当遭遇外部攻击时,一个
国家面对他国攻击的威慑能力和军事防御能力就是国家利益的具体衡量标准。
但是,不同国家对于自身安全利益的界定及其维护方式的认知是存在明显差异
的。虽然国际社会一直认可要反对和打击恐怖主义等非传统安全威胁的斗争,这

---

① 《全球伦理——世界宗教会议宣言》,第28页。
② 《全球伦理——世界宗教会议宣言》,第144页。

也是全球人类的根本利益诉求,因为恐怖主义在本质上是反人类的,但在反恐的过程中如何才能更好地捍卫自己的国家安全利益,国际社会成员之间的利益需求又存在明显差异。我们可以看到某些西方国家在国际反恐斗争中大搞"双重标准",人为地将国际社会的共同利益分割成了不同的部分。这都证明了国家利益的排他性。

此外,国家利益还具有稳定性。国家利益是超越党派政治的局限的,一定形式的国家利益总是相对稳定的,不会随着政府或政权的更替而改变,例如,维护民族国家的生存与安全,对任何国家而言都是根本的、首要的国家利益。

总之,国家主义认为,各国追求国家权力的最大化以及由这种权力所规定的国家利益就是国际关系的内容与实质。虽然我们也强调国际道义与法律的作用,但与各国追求其自身的权力与利益的原始驱动力相比,国际道义和法律变得苍白无力。因此在认识和处理国际事务时,必须围绕国家利益这一中心,任何非国家主义的说教都是不现实的。

三、理性选择:尊重全球伦理思想前提下的国家利益优先

全球伦理与民族国家利益之间的关系,说到底是一个如何处理好人类利益与以民族国家为主体的群体利益之间的关系问题。两者之间在价值取向上的对立,并不意味着他们之间不存在双方各自都能在平等协商的基础上形成对一些问题的共识。片面强调任何一方面无视另一方面的做法都是不可取的,我们应当在其对立性的悖论中把握两者的关系,在矛盾中恰当地确认两者的历史地位。我认为应该确立尊重全球伦理思想前提下的国家利益优先原则。

首先,我们要以宏观的历史眼光审视人类社会的发展,真正认清全球化发展趋势和全球伦理思想的内涵。"'全球伦理'相对于一种特殊的伦理文化,只能是基于人类的共同状况而产生的最低的道德共识,即是对一些有约束性的价值观、一些不可取消的标准和人格态度的一种基本共识,其核心精神就是'己所不欲,勿施于人'。"[1]"'全球伦理'的最基本特征是一种共享的全球道德价值理想和得到不同国家共同认同和接受的道德行为规范体系。它的最大的特点在于对国界地域、社会制度、意识形态、民族种族、文化背景、宗教信仰等等方面的超越性。"[2]我

---

[1] 贾英健:《超越全球伦理与国家利益的对立》,《山东师范大学学报》(人文社科版),2004年第4期。

[2] 贾英健:《超越全球伦理与国家利益的对立》,《山东师范大学学报》(人文社科版),2004年第4期。

们可以看到,西方国家某些学者所主张推行的全球化思想,其实是把某种特殊的价值观念,即他们所认定的自己国家的价值和文化观念作为普世的价值观念向全世界进行推广,西方国家把自己的利益作为世界共同体的利益,在当下的全球化过程中,许多看似普遍的东西都明显带有西方利益的特征,这样的结果必然会使全球伦理成为一个美丽的谎言,因此也就出现了发达国家对于全球伦理的急欲推进与广大落后国家的愈益抵制相并存的奇特现象。

其次,我们要全面正确地认识"国家利益",探究全球化时代国家主权的要旨。在相当长的时期里,民族国家仍然是人类社会生活的支点,任何急于全面超越国家主义的观点与行为都是违背现实的。虽然跨国公司、国际组织等日益广泛地介入到一国之内的社会生活,但国家的基础作用并未丧失,其轴心地位仍是显而易见的。正如保罗·肯尼迪所说:"即使国家的自治和作用由于超国家的趋势而减弱,也没有出现一种足够的东西来替代它,并成为答复全球变化的关键单位"。① 正确认识国家利益要遵循"变"与"不变"的内在平衡原则,国家利益在内涵方面具有一定的稳定性(其中生存与安全是国家利益的"内核"),其外延层面则依据国内、国外环境的变化而改变。我们要弄清什么是国家主权中不可变更的要素与功能,什么又是可以变通或赋予新意义的要素与功能。主权的要旨与核心是自主性,即不受威胁、不被强制地处理国内外事务。至于哪些是纯粹的国内事务,那些可能需要用共享主权、对话合作的方式处理的问题,要具体分析,应该认真研究,仔细区分,以便在一定程度上适时调整,有所舍,才能有所得。

最后,要正视国际秩序中的不公平的现实,尊重发展中国家维护国家主权的特殊情感。从终极意义上说,每一个人都应该关注人类利益的发展,应该自觉拥有人类命运共同体的意识,但是在现阶段,国际领域并不存在一个获得了全部认可的权力中心,也没有一个绝对公平公正的仲裁者,现有的国际组织与国际机制虽有超国家的特性,但仍然受到主权国家,特别是大国、强国的明显影响。因此,广大发展中国家对国际组织缺乏信心,对国际机制不甚满意,处理主权国家与国际社会关系时,发展中国家与发达国家有着迥然不同的反应,发展中国家广泛存在的国家主义情结是有其历史与现实的因由的。在这里,我们要尊重发展中国家维护国家主权的特殊情感,当发展中国家确实发展起来了,在国际社会有了更平等的地位,削弱主权差异的事实才可能会被接受,只有到那时,更会主动地考虑全人类利益才更有可能性。

总之,在相当长的一段时间内,全人类的利益与国家利益二者之间既有对立

---

① [英]保罗·肯尼迪:《为二十一世纪做准备》,新华出版社 1994 年版,第 127 页。

的一面,也有统一的一面,它们之间的关系是建立在对立基础之上的统一体。因此,我们必须从二者的辩证关系出发,从不同民族国家的利益与发展状况出发,民族国家之间的冲突中寻求合作与对话等,以求达成各个国家都能接受的共识,才能确保最大程度的维护全人类利益。

4

怎么看生活的创造与享受？

怎样才能最好地度过自己的一生？在我们的生活中究竟是创造更重要还是享受更重要？每个人可能都思考过这样的人生问题，这类问题其实都是围绕着"人生价值"这一核心而展开讨论的。价值哲学认为，人生价值是一个关系范畴，即人生价值是在主体与客体的被满足与满足的关系中生成的。就是说，客体满足主体的需要，对主体有用处或者有意义即构成客体对主体的价值关系。据此，我们认为，人生价值问题就是人生实践活动中满足社会、他人和个人需要的关系问题。一个人一生中对他人、集体、社会的创造和贡献，代表了他人生的社会价值；而他一生中从他人、集体、社会那里所获得的享受和索取，则体现其人生的自我价值。讨论生活中的创造与享受，实际上就是在讨论人的社会价值和自我价值之间的关系问题。

一、人生价值是创造社会财富与满足个人合理利益享受的统一

人生价值是社会价值和自我价值的统一体。马克思指出："人的本质不是单个人所固有的抽象物，在其现实性上，它是一切社会关系的总和。"[①]人是社会性的人，这不仅意味着个体物质和精神的需要必须在社会中才能得到满足，还意味着以怎样的方式和多大程度上得到满足也是由社会决定的。一个人的需要能不能从社会中得到满足，在多大程度上得到满足，取决于他的人生活动对社会和他人的贡献，主要表现是他在生活中的创造，这也是他的社会价值。人生的自我价值是个体生存和发展的必要条件，个体的人生活动不仅具有自我需要的价值属性，还必然包含着满足社会需要的价值属性，所以个体通过努力提高自我价值的过程，在个体得到生存满足、生活享受时，也是其创造社会价值的过程。

按照常识逻辑来看，我们每个人都从社会中有所索取，有所享受，又对社会有所创造，有所贡献。事实上，在人生的初始阶段，即在一个人的幼年时期，主要是

---

① 马克思,恩格斯:《马克思恩格斯选集》(第1卷),人民出版社,1995年版,第60页。

从社会中索取和享受。我们获得了生命,还获得了父母和社会给予的衣食住行各项资源。我们开始学习,享受着各种教育资源,享受着他人的爱和关怀,接受着他人的帮助,向社会索取着我们所需要的一切。虽然,由于现实条件的局限,我们不能随心所欲地去索取和享受,但在一定程度上正是社会的给予才使得我们能够生存和发展。即便我们长大成人后,仍继续享受着这种给予,继续从他人、集体、社会那里索取自己所需要的东西;同时又通过自己的工作和劳动,为社会创造出新的物质和精神财富,为社会做出自己的贡献。从某种意义上,可以把对社会的创造和贡献,看作是对早先从社会中索取和享受的回报。

在《思想道德修养与法律基础》的教材中,关于人生价值的评价标准有这样的权威表述:"人生价值评价的根本尺度,是看一个人的人生活动是否符合社会发展的客观规律,是否通过实践促进了历史的进步。劳动以及通过劳动对社会和他人作出的贡献,是社会评价人生价值的普遍标准。"也就是说,社会对于一个人的价值评判,主要是以他对社会所作的贡献为标准的,也就是为社会创造了多少的物质财富与精神财富。在分析这一评价标准时,我想还应该注意到以下几个方面:

首先,在人们的生活中强调为社会和他人创造更多的物质与精神财富,与人们享受生活、从生活中索取与获得并不矛盾。如果只谈贡献,难免"曲高和寡",只能使一部分人信奉这一标准。不同的人其价值追求是有层次性差异的,"人生价值在于为社会和他人做贡献"是一个崇高的人生价值追求,是国家和社会对当代大学生提出的崇高目标和整体要求。然而,这一崇高的目标要求并非是每个当代大学生都能认可接受的,伴随着大学教育的大众化发展,大学生群体也出现分化趋势。事实上,持不同人生价值标准观点的人,他们的人生境界和人生价值确确实实是有不同的。这个社会中,有信奉"人生的意义在于奉献而不是索取"的道德高尚者,也有人持"做贡献需要有前提、依据和基础"观念的普通民众,所以强调"创造"并不否认"享受",个人获得到应该属于他的东西,享受到他应该得到的享受,才能进一步激发个人的积极性和创造性,使他创造出更大的社会价值,为社会做出更多的贡献。

其次,个人的享受是有限度的。自我价值是对自身物质和精神需要的满足程度,人的生物本能欲求是很容易膨胀的,所谓"人心不足蛇吞象",我们在认可享受的同时,还要对其加以限定,而非无节制的享受。人一味过分索要社会可能负担不起的享受,往往是唯经济论、享乐主义、拜金主义、消费主义、纵欲主义、人类中心主义等滋生的温床。有学者曾说:"人生价值在于贡献和索取的统一",我认为,这个观点是要辨析的,主要是没有对"索取"加以分析和限定。人无法彻底摆脱欲望的自然本能,欲望的存在和膨胀一定程度上能够调动人们工作和学习的积极性、主动性、创造性，也完全符合市场的逐利需要。所以，很多人把这个命题奉为人生信条，在社会上流传"主观为自己，客观为他人"等价值观念。合理的欲望和享受能激发出社会发展的动力和活力，但不加以限定的欲望和享受，往往会把社会引向价值迷失和道德沦丧的深渊。

最后，人生价值在于创造社会财富与满足个人合理利益享受的统一。不同人群对人生价值的追求具有层次性差异，如果忽略这种层次性差异，不尊重不同人群的真实感受，拿高尚的标准去衡量每个人，就会降低主流价值观的教育效果，以及教育的亲和力、传播力和认同度，酿成恶果。奉献精神、创造精神永远都应该宣传、应该发扬，但不能仅仅要求人们纯粹地奉献和创造，而不给人们以相应的回报，更不能只讲创造和贡献，不让人们索取和享受，而得到索取和享受的人却是那些没有创造和贡献的人。在市场经济下，虽然个人与社会的关系不能遵循等价交换原则，但总体趋势上我们依然可以看出，社会成员的贡献和创造越大，社会发展就越快，人们在物质和精神上的享受也就越丰富，这就实现了贡献与索取、创造与享受的辩证转化。个体的合理利益诉求、个体主观能动性的发挥、个人欲望的合理满足是天经地义的，只要把握好欲望的"度"，在享受的同时也能激发创造，那样的创造过程也是一种享受。所以，人生价值应该是创造社会财富与满足个人合理利益享受的统一。

二、消费主义对人生价值观念的负面影响

消费主义兴起于 20 世纪二三十年代，二战后在西方资本主义国家迅速得以蔓延，从本质上说它是价值观念和生活方式二者的结合，是当今西方资产阶级意识形态的重要组成部分。从 20 世纪 80 年代开始，消费主义思潮在全球不断传播与扩散，并在中国悄然兴起，影响着人们的生活方式，也逐渐改变着人们的价值观念。消费主义以对物品的绝对占有和追求享乐主义为特征，它主张在人的各种需要中，个人的心理满足和自我快乐是首位的，追求感官享受和物质满足才是人生的真正需要，将追求无节制消费作为人生价值取向的生活方式和价值观念。消费主义的盛行也使得现在的"消费"已经不再是传统意义上的生存的需要，"消费的目的不是为了实际需要的满足，而是不断追求被制造出来、被刺激起来的欲望的满足。"①也就是说，"消费主义不在于满足'需要'，而在于不断追求难以彻底满足

---

① 黄平：《生活方式与消费文化》（代序），载陈昕：《救赎与消费：当代中国日常生活中的消费主义》，江苏人民出版社，2003 年版。

的'欲望'。"①

我们谈论生活中的创造与享受,在当下的现实社会中,不得不考虑消费主义对人们人生价值观念所带来的影响。与消费主义相伴随而来的是享乐主义和极端个人主义,享乐主义激发了人们无限的"欲求",使人完全变成了"商品饥饿者",使人们往往不是真的因为自己需要某种东西,而是因为别人有某种东西;不因为自己喜欢某种东西而去吃它,而是因为广告说应该吃这些东西;使人们跌进欲望的深渊而不能自拔。既然人们忙于追逐物质财富,如何快速赚到钱就成了首要考虑的事情,精神追求成为次要甚至被忽视的目标。信奉享乐主义的人,"在精神状态上,意志消沉,萎靡懈怠,不思进取,'清茶报纸二郎腿,闲聊旁观混光阴';在价值取向上,把个人的感官快乐和实际利益放在高于一切的位置,事情多做一点就觉得吃亏,待遇稍差一点就牢骚满腹;在工作态度上,安于现状,得过且过,拈轻怕重,不愿吃苦出力,陶醉于已经取得的成绩,丧失积极进取的活力动力,遇到困难和矛盾绕着走,不愿意到艰苦的地方和单位工作"②。劳动是创造价值和财富的源泉,这种逃避劳动、消极度日的状态自然谈不上为社会和他人创造多少价值。

消费主义所衍生的另一个思想是极端个人主义,极端个人主义的核心理念是自恋,一些人过于关注自我感觉和个人利益的得失,摒弃社会共同的价值标准,往往以一己之私作为价值判断的标准,漠视集体和公共事务,更谈不上为集体、为事业牺牲奉献自己。而集体主义是社会主义道德的基本原则,是整合个人倾向与社会意图的基本纽带,集体主义被边缘化是消费主义消解社会主义意识形态的一种表现。长此以往,作为社会主义核心价值观念的爱岗敬业、诚实守信、热爱集体和服务社会等道德观念也会被逐渐瓦解。这种"自我中心主义"的行为表现与消费主义有着直接的联系。如果消费主义成为社会主流后,整个社会将由"工作社会"转变到"消费社会",消费取代生产成为人们日常生活兴趣的中心。"今天这个时代的重点已不是在寻找'具有创造力、组织才能和领导能力的天才',而在娱乐时光和食物上。对'索取者'而非'给予者'的主人公的崇拜,使人们对创造性失去兴趣,对偶像及不断重复事物的消遣式接受,将使现代人逐步走向被动和顺从。"③

问题的严重性还不止于此,消费主义逐渐改变了一些人的人生价值观,随着社会基本精神纽带和道德观念的瓦解,它会使社会现实的政治安全也遭到冲击。我们知道,社会主义初级阶段的主要矛盾是落后的生产力与日益增长的人民的物

---

① 陈立思:《社会思潮与青年教育》,北京大学出版社,2011年版,第215页。
② 邵景均:《清除享乐主义之风》,《求是》,2013年第17期。
③ 黄芹:《洛文塔尔的消费偶像观》,《国外社会科学》,1998年第1期。

质文化需求之间的矛盾。换句话来说,社会资源是有限的,而个体的需要和价值往往又是千差万别,甚至相互冲突的。当因为"受到资源的限制"而不能全部满足全社会人的巨大消费需求时,当"形形色色的欲求"之间产生冲突矛盾难以调和时,面对着层出不穷的社会矛盾,就有可能积聚不良的负面心理,对政治体制的合理性产生怀疑。当怀疑产生,再受到一些别有用心的挑唆和煽动,就有可能发生危害社会安全和政治稳定的事件。可见,"价值和道德观念"的改变是促使人们改变其社会体制的内在驱动力,消费主义不仅阻碍着社会主义精神文明建设,甚至威胁着现实的政治安全。

总之,在我们今天所处的社会主义社会中,思考和分析创造与享受的问题,其实质就是如何理解和树立符合社会主义发展要求的人生价值观。我们应该拒斥消费主义的思想侵袭,在奉献社会和服务人民的人生实践中不断完善自我,在创造中享受生活,在享受中不断创造,把创造社会财富与满足个人合理利益享受统一起来,从而实现人生的美好价值。

什么样的人生才是成功的？

什么样的人生才是成功的？对此,人们见仁见智,看法不一。有人认为,上了名牌大学尤其是国外的名牌大学,就是成功的标志;也有人认为,官做得大、钱挣得多,就是成功的标志。到底怎么看待这个问题呢？想要给出信服的回答,首先要明确何谓成功人生。

一、何谓成功人生？

明白成功人生之前,先要清楚成功的标准。很多人以官职和财富作为目标,孜孜以求,乐此不疲。其实,学历、学位、毕业院校的牌子等等,只是一些有利于人生成功的外在因素,而非成功本身;官职高、财富多,也非成功本身。大家敬佩钱学森、丁肇中,不是因为他们有高学历,而是因为他们的科学创造;人们认为比尔·盖茨、李嘉诚成功,不在于他们的富裕,而在于他们对社会的捐助。简言之,衡量成功与否的根本标准不是学历和学位,也不是官职和财富,而是对社会贡献的大小。

由此来看,所谓"成功人生",即个体在自身内驱力(目标、信念、爱)的激励下,能长期处于一种不断追求、积极进取的生命状态,在这个状态中,个体既能奉献社会和他人,又能获得自身的生命价值感和主观幸福感。"成功人生"的核心内涵是"人生价值",外在表征是"社会贡献"和"自身幸福"。成功人生是一个完美的三维立体,"成功人生"是由"生命的长度""生命的宽度""生命的高度"构成的三维立体。

"生命的长度"是指个体生命健康而充满创造活力的存续时间。它是产生人生价值的基础和保证,没有健康的身心一切都无从谈起。因为追名逐利而摧残身心是人类生存状态的异化。健康的身心、淡泊的生活是成功人生的首要标志。

"生命的宽度"是指个体生命角色的丰满程度与爱的体验的深刻程度。角色越丰满,奉献就越多,爱的体验就越深刻。送人玫瑰,手留余香,承担责任是成功人生的重要标志。

"生命的高度"是指个体生命突破"小我"走向"大我"所创造的价值高度。超越自我、奉献他人、服务社会是个体生命突破"小我"走向"大我"彰显个体生命意义和价值的过程。总之,将个体生命融入社会发展之中是成功人生的显著标志。大学生应当强健身心延展生命的长度,实践体验丰满生命的宽度,服务人民实现生命的高度。

成功的人生是一个不断追求的过程。凡成功人士都有强大的生命内驱力,目标明确,充满激情,追求卓越。生命内驱力从何而来?尼采说:"人惟有找到生存的理由,才能承受任何境遇。"生命内驱力来自理想、信念、目标。理想是"远方的召唤",是产生内驱力的能源;信念是"内心的执着",是产生坚持力的来源;目标是"行动的路灯",是产生行动力的动因。成大业者皆成于立志,有梦想,有目标、有践行是成功人士的显著特点。习总书记说:人民对美好生活的向往就是我们的奋斗目标。大学生只有立志造福人民,胸怀天下,才能获取强大人生动力。

成功的人生是一个享受爱的过程,"爱"是生命成长的重要动力。其生命有着较高的幸福指数,这种幸福源于"人生三爱"。第一,"爱自己,自我悦纳"。成功者敢于直面人生,接受自我,善于管理情绪。第二,"爱工作,专注投入"。兴趣源于实践,潜心工作,沉浸专注,就必然会有所发现,有所成就,工作自然变成了乐趣。第三,"爱他人,乐于奉献"。成功者懂得"我为人人,人人为我"的道理,他们热衷于服务社会,并以此获取"生命价值感"和"深远幸福感"。总之,"爱自己"是实现生命价值的前提,"爱工作"是实现生命价值的途径,"爱他人"是生命价值的最高表征。在爱的驱使下大学生就能肩负使命,充满动力,富于创造,更能够懂得自己的使命和人生的意义。

成功的人生是一个活在当下的状态。活在当下,是一种坦然面对人生苦难和认真对待生活细节的人生态度。具体表现为目标明确、信念坚定,能吃苦、能吃亏、能做事,有强大的内心力量活在当下。能吃苦,弗兰克尔说:世界上没有什么东西比生命中存在着意义更能帮助人在最恶劣的环境中生存下来。成功者能面对巨大的苦难和挫折,懂得自己的使命和人生的意义,因此能坦然接受苦难,并在苦难中锻炼和提升自己;能吃亏,成功的人生是生活淡泊、乐善好施的人生。索取时,不贪多,易满足。奉献时,尽心尽力,不求回报;能做事,成功者既能抬头看天,也能低头做事。既能谋大事,也善理小事。井井有条、有章有序,脚踏实地,不好高骛远。总之,成功者拥有宁静淡泊的人生境界,这是造就成功人生的内心环境。"千里之行,始于足下",大学生应当坚守内心信念,淡泊做人,专注做事,才能实现成功的人生。

二、把握人生成功的要素

现实生活中,我们经常看到类似报道:名利双收、风光无限的官员、富豪、明星一日之间却变成贪官污吏、瘾君嫖客。他们何以在通往成功的路上急转直下? 究其原因,问题还是出在人生价值观上。将"钱、权、位"当成衡量成功人生的标准,就会迷失人生的方向。恰如习近平总书记 2014 年 5 月 4 日,在北京大学指出:"这就像穿衣服扣扣子一样,如果第一粒扣子扣错了,剩余的扣子都会扣错。"大量案例表明,人生价值观就像思想源头的"总开关",一旦错了便"失之毫厘,谬以千里"。所以,要想拥有成功的人生,就必须把握以下人生成功的要素。

要有正确的价值观。价值观是每个人判断是非善恶的信念体系,它会引导人们追求自己的理想,作出人生的选择。一个人拥有正确的价值观意味着他可以在大是大非问题上做出正确的选择,意味着他是一个有道德、讲诚信、负责任的人,是一个值得信赖、值得托付的人。正确的价值观要从小培养,要在自己的脑海里、意识中深深地印上勿以恶小而为之、道义的价值优于功利的价值、德行的价值优于智能的价值、群体的价值优于个体的价值的理念。这样才能找到生命的意义,破解生活的困境,提高生命的境界。

要有责任意识。康德说:每一个在道德上有价值的人,都要有所承担,没有任何承担、不负任何责任的东西,不是人而是物件。黑格尔也说:道德之所以是道德,全在于具有知道自己履行了责任这样一种意识。人之为人,就在于人讲责任。对自己的责任、对他人的责任、对社会的责任、对国家的责任、对人类的责任。责任意识是一个人成功的基本条件,每个人来到世上都承担着一份责任,对父母有赡养责任,对子女有抚养责任,对配偶有忠诚责任,对社会有服务和对人类有贡献的责任。

要善于学习。现代社会日新月异,发展很快,在学校学习的知识,在 3～5 年内便折旧殆尽,根本不能适应工作的需要。为此,只有终身学习,不断充电,才能适应社会发展的需要。善于学习,就是要在学知识的过程中发现并掌握适合自己的学习方法,使自己能够举一反三。在读书时要看到"书的背后"更深刻的东西,联想到现实,悟出道理。要在学习中体会,在学习中实践。贤者博学众长,强者战胜自我、提升自我。

要热爱工作。要明白自己为什么工作,那就是为了体现自己的价值而工作。这是对工作目的的进一步升华。工作的状态是美丽的,工作是庄严的,工作是幸福的。只有在工作中,人们才能体会生命存在的创造价值,才能变得智慧、勇敢、坚强和高尚。

要有积极的心态。人生如登山,世人皆在攀。畏惧的人在山脚下看到山很高就放弃了，没有毅力的人爬到半山腰就退却了，只有那些有毅力、有智慧、自信的人，才不怕艰难险阻而最终到达顶峰，实现其人生的成功。同样一件事，用积极的心态还是用消极的心态去看，会产生截然不同的效果。前者能增强自信，使人乐观处之，全身心投入，最终必能成功；后者则使人意志消沉，精神颓废，直至心灰意冷，放弃自己的追求。为此，要不断进行自我激励，培养自信、增强自信。

总之，人生的成功，不是靠钱财和名利来定位。成功的人生是既能奉献社会和他人，又能获得自身的生命价值感和主观幸福感，实现社会价值和自我价值，成为更好的自己，这样的人生才是成功的人生。

需要注意的是，真正的成功应是多元化的。美国作家威廉·福克纳说过："不要竭尽全力去和你的同僚竞争。你应该在乎的是，你要比现在的你更强。"成功可能是你创造了新的财富或技术，可能是你为他人带来了快乐，可能是你在工作岗位上得到了别人的信任，也可能是你找到了回归自我、与世无争的生活方式。每个人的成功都是独一无二的。所以，凌志军在其《成长》一书中得出的重要结论是"成为最好的你自己"。也就是说，每个人的能力不同，成功不是要和别人相比，而是要和昨天的自己相比。努力不懈地追求进步，让自己的每一天都比昨天更好。做最好的自己，找准自己的方向，做出正确的选择与人生定位，做自己想做的！

虽然成功有多元标准，但整体来说，个人成功是"小成功、小幸福"，为人类作贡献的成功才是"大成功、大幸福"。人生的"小成功"与"大成功"是"量"的差异。大学生要懂得"勿以善小而不为"的道理，将服务人民视为终极价值追求，突破"小我"走向"大我"，不断加强量的积累，才能获取人生更大成功。

什么样的人生才幸福?

拥有幸福的人生,几乎是每个人的追求,甚至我们一生都在为这个问题进行孜孜不倦的探索,直到生命终止。可是究竟什么是人生? 什么是幸福? 什么样的人生才幸福? 怎样才能获得人生的幸福呢?

一、人生与幸福

人生,是指一个人的生命旅程,是从出生到死亡的整个过程。人生质量的高低很大程度上取决于人们的人生观,而人生观的核心是人生目的。人生目的是指生活在一定历史条件下的人,对"人为什么活着"这一人生根本问题的认识和回答,是人在人生实践中关于自身行为的根本指向和人生追求。人生目的是人生旅程的指南,是人生的航标,个人在现实中的一切活动,都离不开人生目的的引领,直接影响人们对人生态度、人生价值的观点和立场,决定着人生的根本方向、根本态度和人生的价值。

人生目的回答的是"人为什么活着",对此,一千个人会有一千种答案。"为实现自我价值而活着"的人认为实现了自我价值就是幸福;"为赚更多的钱而活着"的人认为财富越多越幸福;"为报答父母而活着"的人认为满足了父母物质、精神的需要就是幸福;"为服务他人、奉献社会而活着"的人认为付出、贡献就是幸福……这些千差万别的人生目的背后总是指向一个共同的终极目的:人生幸福。正如亚里士多德所言,幸福是生命的意义和目的,是人类生存的终极目标,在所有目标中是至高无上的,其他所有目标的终点都只是去往幸福的起点。那究竟什么是幸福呢?

幸福是每个人向往和追求的目标。《辞海》这样界定幸福:"幸福是在为理想奋斗过程中以及实现了理想时感到的满足状况和体验。"[1]随着时代的发展,幸福的内涵与外延在变化着,不同时代、不同文化背景、不同生活境遇的人对幸福有着

---

① 《辞海》,上海辞书出版社,1980 年版。

不同的理解与定义。快乐论认为幸福是快乐,是一种持续的快乐,是对不幸的否定;满足论认为幸福就是人们在实现物质生活条件和精神生活条件的实践过程中,对目标需求实现的一种满足感;意义论则认为幸福与快乐的积累无关,它是具有目的性,意义性,创造性和给予性的生活反映;状态论认为幸福是一个非事实的抽象概念,是一种人们开始认为能够得到但是又无法承认自己已经得到的东西,只可意会不可言传。但是不管幸福是快乐,是满足,是生活反映还是只可意会的东西,它都是人们的一种愉悦的心理感受与心理体验。因此,可以说,幸福就是指人们在物质生活与精神生活中通过创造性劳动,满足了需要,实现了理想与目标,人生得以发展后所引起的一种精神上的满足感与愉悦感。

幸福虽然表现为需要的满足、快乐的心理体验,但幸福不完全等同于快乐。幸福是持续的、长久的、巨大的快乐。正如莱布尼茨所说:幸福是一种持续的快乐,就其最广范围而言,就是我们所能有的最大快乐。[①] 幸福与快乐的不同还在于:快乐未必有利于人的生存和发展。因为快乐有正常、健康与反常、病态之分。正常、健康的需要和欲望得到满足的心理体验,是正常、健康的快乐;病态、反常的需要和欲望得到满足的心理体验,则是病态、反常的快乐。例如,酗酒、吸毒的快乐,源于嫉妒心、复仇心等恨人之心的害人目的得到实现时所体验到的快乐,源于内疚感、罪恶感、自卑感等自恨心的害己目的得到实现时所体验到的快乐,这些都是直接或间接有害于自己的生存和发展的快乐,都是反常的、病态的快乐。相反,幸福则没有正常、健康与反常、病态之分;幸福一定部是正常的、健康的。因为幸福是人生理想实现的心理体验,是对人生具有重要意义的需要、欲望、目的得到实现的心理体验,是获得了对于人生具有重大意义的利益的心理体验。所以,只可能有酗酒、吸毒的快乐,而不可能有酗酒、吸毒的幸福。

由此可见,幸福与快乐并不是同一概念。可以说,幸福都是快乐,快乐却不都是幸福。快乐是需要、欲望、目的得到实现的心理体验;幸福则是对于人生具有更大意义的需要、欲望、目的得到实现的心理体验,是对人生具有重大意义的快乐。幸福意味着我们获得了所需要和欲望的重大对象,满足了重大的需要和欲望,从而使生存和发展达到了某种完满的状态。

二、什么样的人生才幸福

既然幸福是个人因为理想目标的实现而产生的一种内心满足感,那幸福在本质上就是个人内心状态的平衡感与和谐感。当生命个体达到内心的平衡感与和

---

① 莱布尼茨:《人类理智新论》(上册),商务印书馆,1982 年版,第 188 页。

谐感时,他就会拥有一个幸福的人生。这种平衡感与和谐感主要表现在以下几个方面。

一是身体状况与心理状态的和谐。生命是人的一切活动的基石,是人感受幸福、表现幸福的载体,没有了生命,幸福就是天方夜谭了。生理发展和心理发展作为人的两个基本属性,它们的和谐发展是人享受幸福的前提条件。袁隆平在谈到他的幸福是什么时就曾指出,幸福首先在于身体健康,在于良好的心态,他经常笑称自己是"80 岁的年龄,50 岁的身体,30 岁的心态"。

二是物质需要与精神需要的和谐。马斯洛的需要层次理论将人的需要分为五个层次:生理需要、安全需要、情感与归属需要、尊重需要以及自我实现的需要,归根起来这五种需要可以划分为物质需要与精神需要。人类的生活离不开这两类需要。物质需要与精神需要的满足是人能够幸福的存在条件。只有在物质需要与精神要的和谐统一的发展过程中,人的幸福才能源源不断。

三是人际交往关系的和谐。马克思在探究人的本质时提出了"人的本质并不是单个人所固有的抽象物。在其现实性上,它是一切社会关系的总和"的看法,人除了自身的自然属性外,更重要的与动物的区别就在于他的社会属性。人是社会性的人,每个人都生活在一定的社会关系之中,周围都环绕着一张复杂的关系网。人要融入这张关系网中感受幸福,需要有温暖的气氛、温馨的环境,人与人之间要相互尊重,彼此要善意友好相处,进而建立人与人之间美好和谐的人际关系,实现个人、社会、集体、他人的和谐发展。

四是创造性的劳动。劳动是人们创造物质财富与精神财富的过程,人不仅是享受者,更是劳动者与创造者。创造性的劳动对于人的意义在于创造性劳动本身就是人类不断获得幸福的源泉。人在劳动中积极主动地改造自然与社会,使之能够适应人类生活的需要,在劳动过程中劳动者充分发挥自己的智慧、才能、品质,提高自身生命存在价值。创造性劳动体本身就是一个不断探索、奋斗、进取的过程,人处于这样一个过程中虽然会遇到挫折风险,但在不断充实人的生命质量,人因此不会感到空虚,相反会有一种满足感、幸福感。

三、如何获得人生幸福

幸福是个人的一种愉快的心理感受,人要体验幸福与感受幸福,必须在人生的道路上努力奋斗着。

一是要成为自尊、自信、自强的人。幸福的人生,首先需要的是一个自尊、自信、自强的生命存在。幸福是一种主观体验,只能通过改变我们自己的内心世界才能获得。当我们的内心变得自尊、自信、自强时,幸福的感觉也就随之而来。自尊的人既能尊重自己,不妄自菲薄,也能尊重他人,在与他人的人际交往中,既不过分谦卑,也不狂妄自大,与他人的相处充满善意、友爱与尊重。自信的人对自己有正确的认识,相信自己有追求理想目标的能力,不会因为外界不良的影响而屈从于挫折、困难与诱惑,在挫折困境面前不会选择逃避,会迎刃而上。自强的人拥有积极的劳动观,他们会用行动证明幸福是需要自己亲手创造的,在自强不息的奋斗过程中,既能培养自己坚定的意志品质,也能充实自己的人生,找到自我的存在感。

二是要有一份自己喜欢的事业。人生要获得长久的、持续体验的幸福,除了需要我们自尊、自信、自强的生命状态之外,还需要我们能够从事自己喜欢的事业。事业与职业不同,职业只是我们谋生的一种手段,它能够满足的是我们对物质需要的追求,是我们服从于现实的结果。而事业则是一种更高的境界,它的一个最大特点便是当我们从事它时,是时时刻刻感到开心、快乐与满足的,不会出现倦怠感。从事自己喜欢事业的人生是对自己的人格品质、性格特点、兴趣爱好、能力的一种最合理的优化组合,它达到的效果是我们不再为物质需要所束缚,被物欲所绑架,相反我们得到的不仅是物质的回报,更重要的是精神的愉悦与富足。

三是要学会适当地享受生活。生命的有限性决定了人生短暂,在短暂的人生旅程中,如果没有适当地享受人生的乐趣,而被生活的繁忙与痛苦所困扰,那这样的人生意义就被打了折扣。享受生活不等于享乐主义。随着时代发展,人们的生存状态发生了翻天覆地的变化,对物欲的追求不再占据主导地位,人们有时间有精力和有能力去丰富人生、体验人生、享受人生,享受已经成为幸福的一种存在方式。人们不再执着于享受的结果,更看重目标的实现过程,不管它是痛苦的还是快乐的,对充实人生来讲都是一种财富。学会享受,不仅要享受乐趣还要享受痛苦,能够坦然面对快乐与痛苦,不以物喜不以己悲,这样的人生才会处处洋溢着满足感,充满了幸福。

四是要将个人幸的福与社会的幸福、人类的幸福统一起来。幸福是多种多样的,每个人在一生中获得的幸福也是不尽相同的,而且幸福的层次也有差异。从最初觉得满足温饱便是幸福,到精神上的充实愉悦便是幸福,这都体现了幸福的程度不同。人生幸福的最高程度是为人类服务,奉献自己,这是人生追求幸福的最好的也是最终的归宿。个人的幸福对于整个社会而言只是它的一隅,而且个人幸福的实现需要社会这个大环境的支撑。社会为我们获得幸福提供了物质保障与精神支持,社会幸福的实现就是我们人生目标、人生价值的最大实现。马克思主义认为人生的价值和意义就在于为人类的解放与幸福而奋斗,这是对我们人生最伟大目标的阐释。这一伟大人生目标的实现,不仅能够充实我们的生活,而且也为我们解决人生的烦恼和战胜人生旅途中的种种挫折与困难提供动力源泉。

　　总之,如果我们真正能够站在人类的高度上,能够奉献自己,能够将个人的幸福与社会的幸福、人类的幸福统一起来的人,那将是最幸福的人。

大学能赋予我们人生什么意义？

在人生的旅途中,大学生活只有四年的时间,但这四年却是人生旅途中极为宝贵且具有重要意义的四年。从最初的懵懂、困惑、彷徨到毕业时的成熟、睿智、豁达,都是大学赋予我们的成长,充分体现了大学于我们人生的意义。想要把握好这种意义,首先要明确何谓人生意义。

一、何谓人生意义

人类从未停止对人生意义的思考,不同的时代、不同的人会有不同的答案。毕淑敏曾说:人的生命本来是没有意义的,但我们的社会生活让它有了意义! 即是说,人的生命本身虽然没有意义,但人为了使它有意义,就要重新定义它,让它有意义。奥地利学者维多·弗兰克尔认为,人的生存是生活本身所固有意义,人不能给自己的生活强加上某种意义,也不能指望别人为自己的生活赋予意义,只有当人富有责任感,对自己负责,对他人负责,人的生活才有意义。意义也是人与其他动物区别的维度之一,人通过赋予意义来觉知自身的存在。这种赋予具有主动性和自觉性。生命的本质和意义指引着人不断追寻自我。在这过程中,人们朝着既定的方向努力向前,不断成长,积极创造。当人清晰地感知人生意义,就能够发现自我存在的价值,即具有"存在感",其存在感越强烈,就越富有掌控命运的意志,做出的决定就越能够体现创造性和责任感。

人生的意义与其说在冥想中不断追寻,不如说在尝试中做点有意义的事。这种有意义的事是什么呢? 保尔说:人最宝贵的是生命,生命属于人只有一次。人的一生应当这样度过:当他回首往事的时候,不会因为虚度年华而悔恨,也不会因为碌碌无为而羞愧。人生的意义,就是个体对自身、他人、社会和人类的存在及发展产生的一种积极影响。每个人的存在一定有他的意义,一定有他的天地,创造出属于自己的奇迹。当他全心全意地为他人、为社会、为国家或自己做有意义的事时,实现了自我价值和社会价值,获得他人和社会的认可,自我内心充实而愉悦,这就是人生的意义。

二、大学生活对于人生的意义

大学,是知识的殿堂,是追求真理的地方,因而也是理想主义者的火炉,是浪漫主义者的绿地,是人生旅程中光明的象征,是思想批判和怀疑的竞技场,是追求意义和价值中的孤独心灵的温暖怀抱,是一个令人神往和怀念的地方。

在这里,我们有足够的时间去认真思考怎样的人生才是有意义的人生,将逐步明确我们的世界观、人生观、价值观。在这里,我们有充裕的机会去释放自己的能力,用实践去检验我们大胆、新奇甚至疯狂的猜想。在这里,我们有真挚的情意去认识许多老师、同学,甚至可能结识到患难与共的知己和相知一生的伴侣。大学生活的所有记忆,最终都会变成美好、怀念的味道,那将是人生旅途中的一段令人难忘的值得珍惜的过往。大学是个人才聚集、知识密集、精神营养丰富的地方,这个阶段是每个大学生人生中承前启后的重要转折阶段,是人生获取能量、积累资源最重要的时期。

大学以这样的人才培养为目标:具有恪守学术传统,不屈不挠的坚强毅力;具有不畏强权、独立不倚的清白作风;具有相濡以沫,生死相知的伟大友谊;具有追寻真理,九死不悔的理想信念。简言之,大学教育不仅是知识和技能教育,更为重要的是塑造灵魂的教育。大学的读书已不仅仅是狭义的读书,而是带有一种思想启蒙、人格唤醒和心灵震撼等"革命"的因素,正是在这样的因素中我们获得成长。大学的精神是照亮生命盲点和世界暗夜的光。

世界上没有一个机构能够像大学这样承载着这么多的赋予一个人的人生意义:培养学生广博厚实的基础知识,培养学生思路清晰的理解能力,培养学生清明淡定的人生涵养,培养学生崇高的社会理想和厚重的历史责任感。大学集合了多样的文化资源,培养学生学会在一个多元文化环境中共处、共事、共享。大学期间是人生最宝贵的时光,在相对纯净的环境中逐渐形成清朗、明礼、谨慎、淡定的风格,品味和思考人生的价值,树立正确的世界观、人生观、价值观,形塑适应社会发展需要的新形象。

大学是使大学生成为社会所接受、所欢迎的人一个重要准备阶段。如果说,中小学阶段的是人生进行基础知识的学习和积累,那么大学阶段则是人们根据自身的条件有选择地进行专业学习和未来职业准备的阶段。在这个阶段里,强调的是主动地学习,有选择地学习,理论与实践相结合的学习。作为高等教育的神圣殿堂,在大学的特定环境中,有着太多的学习机会可供选择,图书馆、校园网、选修课、讲座、沙龙、座谈会、报告会。

具体来说,大学生活能够培养我们批判性独立思考的能力,并为终身学习打下基础。因为世界是在不断变化着的,因此学习是没有止境的,学习将贯穿整个生命的始终。大学生活是人在进入社会职场前的最后一个准备阶段,学习更多的是靠自我把握。尤其是当我们将今天的学习与明天的社会实践紧密地联系在一起的时候,这样的学习更体现为一种自觉地学习、主动的学习,一种对学习方法、学习方式、学习规律的掌握与感悟。

大学生活能够引导我们形成开放的认知建构。大学生正处于世界观、人生观、价值观形成的重要时期,开放的认知建构,即对个人、他人、社会、世界及其相互关系的积极看法和广泛接纳,将产生积极的情感及行为,有利于大学生寻找自己的人生意义。对于大学生中存在的消极悲观、颓废冷漠、厌世无为等思想倾向,可以借助认知重建的技术予以调整。认知疗法大师艾利斯(Ellis)认为,不合理的认知和信念引起不良的情绪和行为反应,通过疏导、辩论来改变和重建不合理的认知与信念,能够达到调整情绪和行为的目的。开放的认知建构,引导学生对过去和现今发生的人生事件赋予积极的归因解释,对未来的总体期待充满积极向上的情感因素。通过认知辨析和重建,帮助大学生认识到自身认知中存在的错误,并用乐观而且开放的认知方式取代它们,鼓励他们在生活中对这一方法加以运用,从而构建积极的认知模式。这对于他们形成乐观的人格具有不容忽视的效果。

大学生活能够引导我们全面地体验生命。艾青在诗中阐释他对生命的理解,“让爱情的苦痛与生活的忧郁,让它去担载罢,……让它去欢腾,去烦恼,去笑,去哭罢……”生命中,不仅有顺境也有逆境,有高峰也有低谷,有重载但也要奋进。不同的生命阶段,产生不同的生命感受,有成功的喜悦,也有挫折的痛苦,甚至有面对重要事物失去时的绝望。这是生命的本真,也是人内心体验的全部。意义疗法创始人弗兰克尔认为,痛苦是生活中不可或缺的组成部分。……没有痛苦和死亡,人的生命便不完整。体悟生命的多彩性和丰富性,激发生命超乎想象的潜能,是一个人自我教育、自我创造和自我发展的必经之路。对人生意义的追寻与获得,有很多人往往是建立在对生命的负性体验的领悟的基础之上。对于大学生而言,在人生发展过程中,会有很多不如人意的地方,一方面可以通过调整认知来调节情绪和行为;另一方面,应该学会接受生命本真的存在,去挑战困难,战胜自己,获取生命的成长。大学生活帮助大学生提升自我意识,省察自我、接纳自我、管理自我、提升自我,并在这一过程中追寻自己人生的意义。

大学生活能够培养我们自由的精神、公民的责任、远大的志向。培养我们成为一个真正的文化人——拥有根植内心的修养、无需提醒的自觉、以约束为前提的自由、为别人着想的善良。学会思考、学会选择,拥有信念、拥有自由,为生命的成长确定方向,为社会、为人类的进步做出贡献。

　　总之,大学生活的经历是人生旅程中的无价之宝,它能帮助我们丰富自己,为以后更好地实现自我价值和社会价值具有重要的意义。

他人是我的地狱吗?

"他人是地狱"是 20 世纪初西方存在主义者萨特提出的伦理学命题。该命题出自萨特的戏剧《间隔》,其意为人与人之间的关系是一种绝对的冲突关系,包括"他人"在内的外部世界是限制自我存在和发展的障碍或敌对力量。① 然而,他人真的是我的地狱吗? 我们不是有"仁者爱人"的道德观念和乐于助人的道德传统吗? 我们又该如何认识和理解萨特所讲的"他人是地狱"这一命题呢? 难道萨特真的是说现实中人际关系是坏得令人绝望,要摆脱或应对这种局面只能走向东方出世的佛教或者尼采的强人哲学吗?

一、"他人是地狱"命题的由来

要理解萨特所讲的"他人即地狱"的由来,我们先简单看下这句话的背景——萨特的戏剧《间隔》。剧本的场景是在地狱的一个房间中。剧中三个主角都是身前犯有罪行的人,加尔散是个胆小鬼和无耻的逃兵,伊内斯是同性恋,并且拥有强大的支配别人的欲望的变态心理,而艾斯黛儿是个沉浸于男人怀中的色情狂,同时也是一个狠毒的溺婴犯。他们三个身前毫不相识的人,被狱卒陆续送到了这个密闭的房间。这个房间里没有镜子,这让三个角色都异常地抓狂。加尔散说:"只要能照一下镜子,我什么都舍得拿出来。"艾斯黛儿说:"当我不照镜子的时候,我摸自己也没用,我怀疑自己是否真的还存在。"没有镜子的密室,他们只能将互相当作镜子,从对方那里寻找到自己存在的证据。在这个没有酷刑的地狱,他们的折磨来自他们互相的关系。在这个没有黑夜的地狱,他们无时无刻不暴露在别人的目光中。为了得到解脱和自由,他们试图去证明自己,去寻找自己存在的意义。因此,加尔散这个胆小鬼,要证明自己不是懦夫,他开始试图说服充满强势力量的伊内斯,而伊内斯这个同性恋,她需要去支配别人,于是她将艾斯黛儿视为自己彰显支配力量的猎物。而艾斯黛儿她沉溺于男人的怀抱,她需要从加尔散这个密室

---

① 唐凯麟主编:《西方伦理学经典命题》,江西人民出版社,2009 年版第 266 页。

中唯一的男人那里证明自己的魅力,从而去满足她色情狂的心。他们三个人就像是旋转木马一样一直互相追逐,而在这样的情形之中,他人便自然地形成了地狱的酷刑。从而导致最后他们发出了"他人即地狱"的哀嚎。

萨特以戏剧形式表达其"他人即地狱"的哲学理念,虽然可以方便人们理解,但却也容易让人产生诸多误解。萨特曾说,许多人误解了他的意思,人们以为他所说的是人与人的关系已经坏透了,而且永远都是难以沟通的。但是,他却不是这个意思。结合萨特关于"存在先于本质"的另一哲学命题,实际上萨特想说的是人的自我形象是通过自我选择塑造的。有什么样的人生选择和人生经历,就构成了什么样的我的本质。因此,当他讲"他人即地狱"时,就是对他所处的那个惨绝人寰的两次世界大战的哲学表达,同时也是痛定思痛后对人类通过再选择,从而走出人间地狱的可能性通道的哲学探索。正像戏剧中的镜子所隐喻的,他人就像一面镜子,我看到的他人实际正是自我此时的面目。因此,要改变"他人是地狱"这一人世窘境,不是靠战争来"毁人立己",而是靠自我的重新选择来重建我他之间的良性关系。

实际上,将他人与自我对立的道德观念,并非始自萨特,也并非只有在战争年代我们才会发出这种"他人是地狱"的感叹。无论是古代的中国哲人还是西方伦理学家都曾描述或假设过在远古时代,人们曾经有过奉行"丛林法则"时代。所谓丛林法则是自然界里生物学方面的物竞天择、优胜劣汰、弱肉强食的规律法则。它包括两个方面的基本属性:一是它的自然属性;另一个是它的社会属性。自然属性是受大自然的客观影响,不受人性、社会性的因素影响。自然界中的资源有限,只有强者才能获得最多。它体现在植物界方面。它的社会属性一般体现在动物界。人作为高等动物,他可以改变丛林法则的自然属性。这也是人类社会要遵守的生存法则。大到国家间、政权间的竞争,小到企业间、人与人之间的竞争,都要遵循丛林法则,至于竞争结果,那就看各自的实力、智慧、手段和改造世界的能力了。在那里,人与人之间没有所谓的仁义道德,有的只是恃强凌弱、胜者为王的残酷。

二、"他人是地狱"观念的现实根源

随着人类理性启蒙和科学技术的发展,人类所创造的物质文明得到了极大的发展。然而,科学的进步并不必然带动道德的进步,甚至经常出现科技进步与道德退步的背反。科学技术是人们认识客观世界和主观世界的一种探索性的活动,它以求真即追求真理为最高目标;伦理道德是一种社会意识,它以追求善为最终目的。科学技术与伦理道德是社会进步的两翼,任何一方都不可缺失。在历史上,曾有一种主导的看法认为科学技术的发展与伦理道德是相悖的,科学技术发展越快,人们的道德困惑就越多,道德水准越下降。持有这种看法的不仅有近代启蒙思想家卢梭,中国古代的老子实际上也持有类似的看法。沿此看法,似乎道德退步,人际关系的恶化成了科技进步和经济发展必然要付出的代价。

难道能够发明出原子弹、生产出高速列车的人们真的只能陷入"人对人是狼"的悲惨境遇而无法拯救吗？难道人类的道德处境真如卢梭所讲随着人类文明的发展而愈来愈差吗？实际上,古代贤哲对此早有分析和批判。以先秦儒家荀子为例,他并不否认"他人是我的地狱"这种境域的可能性存在,但人类之所以能够超越于其他动物就在于人能通过"群"而摆脱人类互相伤害的丛林法则。尽管他所讲的群是通过"爱有差等"的礼义制度来整合实现的,在今天看来有悖于"人格平等"等现代价值共识,但他所讲的通过道德等人类文明智慧来协调人际关系,从而实现人类生活质量的总体提升的核心理路并没有过时。不同于礼仪之邦的中国,近现代西方有学者则提出了契约论方法,通过法治同样使人类在追求自己利益的同时能够做到和平相处。虽然道德与法律的路径不同,但二者在人际和谐相处的价值诉求方面却是殊途同归的。

首先,转型期社会结构的变化是道德失衡发生的客观因素。近代以来,中国不仅经历着从农业文明向工业文明的转型,同时也经历着从计划经济向市场经济的转型。社会结构的转型,使得传统道德失去原有的规范力量。中国传统社会是典型的农业社会,传统农业社会的自给自足的自然经济很大程度上束缚了人们的交际方式和交往范围,人们日常交往的对象基本上都是带有血缘或乡情的亲戚、乡邻,这就使得中国传统社会的伦理道德具有了"情感性"。再者,自然经济较之市场经济而言,商品交换并不频繁,发生有违道德行为的概率也相对较低。当代中国社会,市场经济的逐步融入,解除了人们对土地的依附关系,带动了社会成员的流动,正经历由传统农业社会向现代工业社会转型的新旧交替过渡时期。社会结构的变化,使得传统社会的道德也受到了强烈冲击。源于封建等级社会、以家庭、家族为纽带的传统道德,随着社会结构的巨大变化,失去了其固有基础和支撑,其管控的力量也逐渐削弱衰微。对经济利益的片面化的追求,诸多社会问题也相伴发生了,而精神文明方面的建设却远远落后于经济建设。

其次,中国在改革开放后,传统的计划经济体制逐渐被以自由竞争为核心的市场经济体制所取代。市场化改革的深入和市场经济目标的确立,在最大限度地释放了人的积极性和创造性的同时,也释放了人性中反道德约束的一面。物质的追求、金钱的膜拜、欲望的满足都超越了道德伦理的价值,物质主义、拜金主义、享乐主义等思潮大肆盛行。在利益追逐面前,激烈的竞争在所难免,尤其是当法治体系和社会保障制度尚不健全的情况下,"他人是我的地狱"的观念又泛滥而起,对人们的道德观念产生了强烈的冲击。从弱的方面看,有"各人自扫门前雪、莫管他家瓦上霜"的极端唯我主义价值取向;从强的方面看,更有将人际关系变成"不是你死、就是我活"的零和博弈游戏。这种无底线的恶性人际关系,不仅导致市场经济难以健康运行,更重要的是导致人们不得不处以互相冷漠和防范的敌视状态。本来乡村田园式的熟人社会已经被现代工业文明的陌生人社会所取代,再加上恶性竞争与互相敌视,"他人是我的地狱"似乎更成为颠扑不破的人际关系之真理。

三、正确看待我与他者的关系

实际上,针对存在主义者提出的"他人是地狱"这种伦理学命题,当代西方哲学尤其是他者伦理学也已从哲学上进行了反思和重构。正如萨特的存在主义是从自我的主体性出发而导致"他人是地狱"这一结论,现代人们已经认识到近代西方哲学的开启者笛卡尔所提出的"我思故我在"是这一悲观性人际关系的根本源头。一切以自我确证为根本,其结果必然会导致唯我主义。作为人类集体共在的整体性丧失了本体论地位,当存在先于本质时,人们就会把眼光局限于此时此刻的当下人生,而忘却了人类悠久的历史长河以及人生可能的精神存在与意义世界。欧洲两次世界大战最终敲响了源自西方近代理性文明的警钟。犹太学者列维纳斯一反源自笛卡尔的自我主体性哲学提出了责任先于权利、我为他者负责的他者伦理思想。他认为,以往的所有哲学无论是本质主义哲学还是存在主义哲学实际上都是扼杀或抵制他人的哲学。不同之处在于,本质主义哲学陷入形而上学追求而忘却了现实的人类,彼岸世界成了此岸世界活着的人们所向往的真实世界;而存在主义哲学虽然强调人的在世与此在,但它要么把存在抽象化为本质,要么把存在狭隘为自我的存在,其结果把他人视作自我存在和自由的妨碍者,这也就无形中等于把自我推向他人的地狱。

根据列维纳斯所建构的他者伦理思想,他认为人生的意义在于追求无限的自由与可能。而这既是自苏格拉底以来西方文明的悠久传统,同样也是马克思主义所追求的"人的自由全面发展"这一共产主义理想社会的题中之意。但每个人都是局限于此的有限者,因此,他者主体不仅不是自我全面发展的竞争者和阻碍者,相反,正是通过差异化的他者的存在,我们才有可能通过他们发现人生的全部意义。就像我们普通人可能不会烧红烧肉,但我们不能靠消灭会烧红烧肉的他人来论证自己已全面发展,相反,他者的存在至少可以让我们尝到红烧肉的味道。

当然,他者伦理思想正如列维纳斯本人所言仍是一种形而上学伦理学。对于面临利益诱惑与激烈竞争的普罗大众,我们可能仍然无法依靠他者伦理思想就自觉重建自我与他者之间的伦理关系。马克思主义伦理学正是从唯物史观出发,既承认人与人之间的竞争是人类历史发展的必要阶段,又否定这种竞争就是人类历史的永恒本质。科学的共产主义所追求的人的自由全面发展正是以每个人的自由全面发展为前提,也即包含他人的自由全面发展为前提。对于现实中的中国来讲,我们之所以由传统计划经济走向市场经济,正是因为市场经济能更好地促进生产力的发展,从而为人类社会的真正和谐相处提供物质基础。另一方面,即使存在竞争的市场经济也需要人类的分工协作与互利共赢。在生产交换中,他人既是自我生存必需品的提供者,同时又是我所生产产品的消费者。因此,在社会主义市场经济社会的今天,"我为人人、人人为我"不仅是一种美好的道德愿景,更是一种基于现实考量的人际交往法则。

人在本质上是自私的吗？

在人生的名利场上，"人不为己，天诛地灭"经常会成为一些人的人生信条。这种自我标榜，乃源于对"人在本质上是自私的"的肯定。如此一来，自私好像是天经地义了。事实真的是这样吗？回答这个问题，我们先看看自私是怎么回事儿。

一、何谓自私？

自私与无私对应，是指只为自己打算，只图自己利益。这个界说较为模糊，只是突出了"以自我为中心"的倾向。按照这种理解，美国学者威尔逊在《新的综合》一书中，甚至将生命的最基本单位基因也说成是"自私"的：一棵小草同另一棵小草争夺养料，鸟吃虫，猫吃老鼠，一只狗同另一只狗争抢骨头，人吃猪肉，食谷物，这统统是"自私"的表现[①]。能否作这种解读？显然这并不科学。因为其中混淆了两个概念：自私与自利。虽然我们常把它们放在一起使用，即自私自利，但严格地说，两者并不是一回事。

自利是人的生物属性所决定的一种客观需要。任何生物可能都会选择有利自身的行为来进行自我保存，这种本能似的"客观行为"正是"类"自我发展和完善的内在动力。在这一点上，不论人类社会如何发展、人自身如何进步，都如恩格斯所说："人来源于动物界这一事实已经决定人永远不能完全摆脱兽性，所以问题永远只能在于摆脱的多些或少些，在于兽性或人性的程度上的差异。"[②]所以，动物的自然反应也必将在人的身上或多或少地体现出来，如趋利避害的应激反应。对人来说，就是当危险来临时，人的本能会做出有利于自身安全的反应，它并不需要理性过多的参与，甚至可以说，正是在理性还没有反应过来的时候，它已经率先做出了自我保护的应激反应。可以说，这种本能是与生俱来的，是人类在漫长的生

[①]　https://baike.baidu.com/item/%E8%87%AA%E7%A7%81/3381149？fr = aladdin

[②]　《马克思恩格斯选集》第3卷，人民出版社，1995年版，第442页。

物进化过程中为了种的延续所形成的一种自我保护的潜意识。正是在这个意义上，"自利"乃源于人的生物属性所决定的自我保存的需要，并没有太多的道德意义，就像评价孩子撒谎的行为，在他还不明白"撒谎"的伦理意义时，他的本能就会选择"撒谎"来逃避可能的惩罚。不能把这种"自利"冠之以"自私"，更不能由此就武断地作出"人是自私的"的结论。

自私与人的自利本能相区别，是建立在人的自然属性基础上的社会属性。因此，它是一种自利行为，但不是所有的自利行为都是自私。自私是人们在脱离本能束缚并能清楚认知其社会价值的基础上所做出的一种以自我为中心的自觉选择。它的指导思想就像资产阶级学者施蒂纳所说，"我的一切就是我，我就是唯一者。我们没有任何社会义务，我们不必为社会去牺牲，即使做点牺牲也是为我们自己。"①

这样的一种观念或行为，并不是先天就有的，而是人类社会特定历史阶段的产物，"人的自私心理，作为一种社会意识，也是社会存在的反映，是随私有制的产生而产生，随私有制消灭而消灭的"，②而不是像人性自私论者所说，自私是人的天性，是人的全部本质，是人类具有的普遍适用的本质。人类社会发展至今已经有百万年的历史，经历了原始社会、奴隶社会、封建社会、资本主义社会和社会主义社会等五种形态。我们知道，在这百万年中的绝大部分时间里，人类处于原始社会。在原始社会中，生产资料属于公有，微不足道的个人财产仅仅是个人生产和生活所必需的，人们共同劳动，产品归集体所有，实行平均分配，没有阶级、剥削和压迫，当然也就没有什么"自私"的观念和行为。因此，自私观念并没有伴随着人类的产生而出现，也就是说它不是人类所固有的，而是伴随人类进入文明社会而产生的现象。这已被诸多的人类社会学考察所证实。如因纽特人，虽然他们生存条件恶劣，经常面临食物短缺，但他们仍然保持着良好的道德观念——不论对谁，即使是过路人来到爱斯基摩村庄，村里的人都会热情款待，拿出家里贮存的食物招待客人。这种无私的道德观念，说明自私确实是一种阶级社会的产物，我们不能一般地、任意地使用这个概念来表述所有自利的行为，那样是对人类及人类行为的一种误解。

二、何谓人性？

人性，是指人作为一种存在物的属性。人是类存在物，与其他任何类存在物

---

① ［德］麦克斯·施蒂纳：《唯一者及其所有物》，商务印书馆，1989 年版，第 4－5 页。
② 李春秋：《通俗伦理学》，吉林人民出版社，1984 年版，第 99 页。

一样,是共性与个性、一般性与特殊性的统一。当"人性"作为人生观的概念时,通常表示的是人与其他物类的界限,即人区别于包括动物在内的其他存在物的属性,是相对于人以外的其他存在物而言的特殊性和个性。换言之,"人性"即人之为人的特性所在。从这一点来看,人性所要厘定的界限就是人的本质属性所在。

一般来说,本质是一事物区别于他事物的一种内部规定性,是由事物本身所包含的特殊矛盾所决定的构成事物各要素的内在联系。如是说,人的本质,就是指人的根本性质,是人之成其为人,并与其他存在物区别开来的人自身的规定性,此即人的社会属性。这是马克思突破了以往总是从抽象角度谈论人性问题的束缚,立足于对具体的、现实的人的考察所得出的结论。他说,"我们的出发点是从事实际活动的人……但不是处在某种虚幻的离群索居和固定不变状态中的人,而是处在现实的、可以通过经验观察到的、在一定条件下进行的发展过程中的人。"①正是基于这种认知,"人的本质不是单个人所固有的抽象物,在其现实性上,它是一切社会关系的总和。"②

由此,"人之为人"的社会属性就决定了"无私"、"利人"也是一种社会需要。人之所以可以区别于兽、人类社会之所以可以区别于动物界,就在于人类没有盲目跟随本能的选择,仅仅服从于优胜劣汰的丛林法则,而是在历史的发展演变中能够超越一己之本能给自己设定牺牲"小我"成全"大我"的伦理要求。这是一种群体生存的智慧,是人之所以高于和优于万物且主宰万物的智慧,由此荀子才发出了"人,力不若牛,走不若马,而牛马为用"③的感慨!人只有凭借群体生活形成的巨大合力,才能克服自身相对于动物在体力、奔跑等生存技能方面的缺陷,成为万物的主宰。由此,群体生活的和谐相处、荣辱与共、同心同德等凝聚群体精神的伦理要求造就出了人区别于生物属性的社会属性。因为是在群体生活中形成的,社会属性在很大程度上能够克服人狭隘的生物性"自利"的冲动,能够做出为了更高的一种存在而"舍己为人"的伦理壮举。这种"无私"的伦理选择表现了人性对兽性的超越,表现了社会人的人性之光辉。

三、处理好"自爱"与"仁爱"的关系

在现实生活中,我们倡导互帮互助、倡导人与人的和谐、友善,但不可否认生活中也难免有利益冲突,而且很多时候,冲突的利益双方都具有合理性。如何来

---

① 《马克思恩格斯选集》第 1 卷,人民出版社,1995 年版,第 56 页。
② 《马克思恩格斯选集》第 1 卷,人民出版社,1995 年版,第 60 页。
③ 《荀子·王制篇》。

做抉择? 这就涉及自爱与仁爱的关系问题。

自爱是针对自己的善,它也是人类社会进步的不竭源泉。但如果自爱超出了一定的限度,就是自私。这个限度就是:一切以自己的私利作为行动的标准和动力,会为一己的私利而牺牲甚至危害他人或公共利益。这种随着私有制而产生的道德观念,哪怕是作为资产阶级的代言人,培根在《论自私》中也毫不留情地进行了讽刺:"蚂蚁这种小动物替自己打算是很精明的,但对于一座花园,它却是一种很有害的生物。自私的人也如同蚂蚁,不过他们所危害的则是社会。"①"自私者的那种小聪明,应该说是一种卑劣的聪明,这是那种打洞钻空了房屋,而在房屋将倒塌前及时迁居的老鼠式的聪明。这是那种欺骗熊来为它挖洞,洞一挖成就把熊赶走的狐狸式的聪明。这是那种即将吞噬落入口中的猎物时,却假装悲哀流泪的鳄鱼式的聪明。"②所以,自爱不能超越限度,不能把自爱与爱人、利公割裂开来,联系在一起才是我们所要弘扬的善。

仁爱是针对他人或社会的善,它是一种伟大的人类精神和品格。人的社会性的本质属性,决定了人不是一个原子式的孤立个体,而是各种社会关系的总和。这就意味着,完整的、健全的人性之中既有自爱之心,以利于自我的保存和发展;也有仁爱之心,以利于社会的存在和发展。所以,英国情感主义伦理学家巴特勒从人的社会本性出发,认为人不是一个孤立的存在者,每个人与社会的关系犹如单个器官与整个身体的关系一样,彼此密不可分,互为支撑、互为牵绊,而个人的天职也不仅仅是谋得自己的存在与发展,还必须致力于社会的福利。凭借人的社会属性,自爱与仁爱虽然性质不同,但在社会的舞台上实现了二者的契合无间。虽然巴特勒是一个主教,但他对人之本性的准确理解并以此为基础对人之仁爱所作的探讨,对我们不无启发。

自爱与仁爱的客观存在,意味着在现实生活中需要处理好二者的关系,这也是真实生活的需要。其实,在人的身上,"自爱"与"仁爱"的要素都具体而真实地存在。真实的人性本身不是预设的,也不是假设的,而是在实践生活中形成的,复杂多变的实践生活提供了兽性与人性、自私与无私、自爱与仁爱较量搏斗的战场,所造就的人性是善恶交织在一起的复杂状态,是兽性与人性哪个多些的理性博弈,是人己关系辩证统一的自我觉识。所以,"自爱"与"仁爱"并非是截然对立、毫无内在统一的矛盾范畴。俗话说,"兔死狐悲"、"唇亡齿寒",指的就是矛盾双方的内在统一性。人己关系也是如此。离开了别人的存在,离开

---

① [英]培根:《培根论人生》,上海人民出版社,1983 年版,第 64 页。

② [英]培根:《培根论人生》,上海人民出版社,1983 年版,第 65 页。

了群体的认可,个人就成了孤魂野鬼。人的社会性说明,自私并不是人的本质属性,恰恰相反,它可以在人和己的辩证关系中找到克制,以实现一个双赢乃至多赢的和谐局面。

5

为什么要讲道德？

为什么要讲道德？想回答这个问题,首先要明确道德的含义、功能和作用。简言之,道德是由一定社会经济关系决定的,依靠社会舆论、传统习惯和内心信念来维系的,用以调整人们相互之间以及个人与社会集体之间利益关系的行为规范和个人品质的总和。道德是维系人际关系有序的"软规范",主要是通过社会舆论和个人良心起作用。道德具有认识功能、规范功能和调节功能,是个人自律的精神基础,也是处理个人与他人,个人与社会之间关系的行为规范。"讲道德"对个人、社会和国家的发展都起着至关重要的作用。

一、"讲道德"是个人的立身之本和快乐之源

《礼记·大学》中说,"德者,本也。"道德修养是一个人安身立命的根本。一个讲道德的人,才是社会学意义上的人,才是令人称赞的人,而不讲道德的人则令人唾弃。道德能够弥补知识和智力的不足,但是知识和智力的不足却不能弥补道德的不足。在生活中,人们能够接受一个人智力或能力不足,却不能接受一个人无德或者缺德。无德或者缺德的人,不能成为一个真正意义上的人。习近平总书记指出,"道德之于个人、之于社会,都具有基础性意义,做人做事第一位的是崇德修身。这就是我们的用人标准为什么是德才兼备、以德为先。因为德是首位、是方向,一个人只有明大德、守公德、严私德,其才方能得其所用。"①蔡元培先生曾经说过,"若无德,则虽体魄智力发达,适足助其为恶。"②

讲道德的人就会自律,能够达到内心平和,容易体会到幸福和快乐。德国哲学家康德曾指出,"有两样东西,人们越是经常持久地对之凝神思索,它们就越是

---

① 《习近平谈治国理政》,外文出版社,2014 年,第 173 页。
② 《蔡元培全集》第 3 卷,中华书局,1984 年,第 8 页。

使内心充满常新而日增的惊奇和敬畏:我头上的星空和我心中的道德律。"①讲道德的人有所敬畏,不是因为害怕受到惩罚,而是不肯失去做人的自尊和尊严,不肯丧失基本的人格。讲道德的人会有自己的道德法则,也就是平时所说的"良心"。这种道德法则是他心中最重要的原则和底线,严格遵守,并以此自律,调节着自己的道德行为。一个人有了笃定的道德信仰,其自身的道德思想和道德行为就有着明确的主导原则和精神寄托,大大减少了道德迷茫的情况,内心经常处于一种稳定而踏实的心理状态。在日常生活中,如果他的道德行为符合自己的道德法则,他会开心而坦然;如果他的道德行为违背了自己的道德法则,他的内心就会自责和不安,直到通过适当的道德行为弥补或者挽救不良后果,心里才会踏实,这也就是所谓的"赎罪"。讲道德的人会赢得他人的尊重和赞扬,从而强化内心的安宁和坦然,心情愉悦;也会因为坚持了内心的道德原则而开心和快乐,尤其是在道德冲突中捍卫了道德信仰时,更会有种自豪感和成就感。这即是马斯洛需要层次理论中自我价值实现的满足。所以,讲道德的人更容易获得快乐和幸福的情感体验,更容易有获得感。对个人成长发展而言,有自律,有节制,才更容易成功。可以说,道德制约着个体发展,对个人的发展乃至人的一生都有深刻的影响。

二、"讲道德"是维护社会稳定和发展的必然要求

社会是由个人组成的,有人的地方就免不了发生各种矛盾和冲突,而道德则是处理个人与他人、个人与社会之间关系的行为规范。通过社会舆论、传统习俗和内心信念等道德方式,社会成员会明白自己的道德责任和道德义务,遵守道德规范,社会生活就井然有序,有章可循。讲道德的人,在家庭里会敬老爱幼,夫妻和睦;在社会中会礼貌友善,尊重人;在工作中会爱岗敬业、恪尽职守。如此一来,讲道德的人会受到邻里亲朋的认可和社会舆论的赞扬,成为人们敬重和学习的榜样。反之,当有人做出违背道德规范的事情时,会得到邻里亲朋的唾弃和社会舆论的讨伐,也会受到个人良心的谴责。如,2008年汶川大地震发生时,不积极救人,还鼓吹个人利益至上,宣称"只有为了我的女儿我才可能考虑牺牲自我,其他的人,哪怕是我的母亲,在这种情况下我也不会管的"的"范跑跑",是不会得到人们的尊重和赞同的。因为,没有哪个人愿意自己的周围是这样没有道德的自私自利的人。大家都希望和有道德的人交往。有道德的人恪守诚信、言行一致,懂得礼让关爱他人,不斤斤计较个人利益,有大局眼光和良好的道德品质,与他们打交

①〔德〕康德:《康德三大批判合集》(下),邓晓芒译、杨祖陶校,人民出版社,2009年,第172页。

道，人们心里踏实、心情愉悦、积极向上，充满正能量。

道德能够通过社会舆论、传统习惯和内心信念的方式纠正社会成员偏差的道德认知，调节其不适当的道德行为，从而达到个人、社会和他人关系的完善与和谐。道德的精神力量是巨大的，它深刻地改变着社会中人们的意志、行为和品格，为经济和社会的发展服务。当然，这里所说的道德是符合社会发展要求的道德，是在阶级社会中代表着进步阶级利益的道德。因为道德是一种特殊的社会意识形态，归根结底由社会经济基础决定，并且随着社会经济状况的变化而变化。人类道德的发展总体上是一个曲折向上的过程，道德在社会生活中起的作用越来越大。当前，道德发展与进步已经成为衡量社会文明程度的重要尺度。社会的稳定与发展更离不开道德的调节作用和精神支撑作用。

三、"讲道德"是当前实现中华民族伟大复兴的现实需求

当前，讲道德主要是指要弘扬中华传统美德，继承和发扬中国革命道德和加强社会主义道德建设。讲道德，不仅仅是指提高个人修养的私德，更是指关心民族兴亡和国家发展的大德。习近平总书记在北京大学讲话中指出，"一个人只有明大德、守公德、严私德，其才方能得其所用。修德，既要立意高远，又要立足平实。要立志报效祖国、服务人民，这是大德，养大德者方可成大业。"[1]而"核心价值观，其实就是一种德，既是个人的德，也是一种大德，就是国家的德、社会的德。国无德不兴，人无德不立。"[2]中国梦本身也蕴涵着大德，是国家富强、民族振兴和人民幸福的梦。中国梦反映了中国社会发展趋势，符合国家、民族和人民的根本利益，体现了中国最大的道德。而中国梦是近代以来中国的有志之士前仆后继，甚至不惜丢弃生命也要不断追求的梦想。对于中国近代史来讲，民族解放、国家独立不仅是当时的时代主题，更是那个时代中国人梦寐以求的道德追求。中国梦跟中国人的命运息息相关，也是每个中国人的成才之梦。中国梦的承担者和实现者，是每一个中国人，尤其是青年大学生。中国梦的实现过程，也是中国人民遵循社会主义道德，实践社会主义道德的过程。只有拥有坚定的社会主义道德信仰，良好的道德品质和正确的道德行为的中国人，才是实现中国梦的坚强力量和有力后盾。中国梦的实现意味着中国最大的道德的实现。但在现实社会中，随着市场经济的发展，拜金主义、个人主义和享乐主义盛行，有些人放松了道德自律，甚至利欲熏心，道德败坏，社会出现了某些"道德失范"的现象。在国际竞争日益强烈，

---

① 《习近平谈治国理政》，外文出版社，2014 年，第 173 页。
② 《习近平谈治国理政》，外文出版社，2014 年，第 173 页。

国内外环境日益复杂的情况下,中国人尤其是青年大学生,要不断加强个人道德修养,追求有利于国家和民族发展的大德,积极践行社会主义核心价值观,才能成为栋梁之材,担当起实现中华民族伟大复兴中国梦!

怎样讲道德？

"怎样讲道德？"这是一个道德实践的问题。道德实践体现在人们的日常生活中。而公共生活、职业生活和婚姻家庭生活是人们日常生活的重要领域，也是最应该讲道德的地方。所以，"怎样讲道德"除了要不断提升个人品德以外，还面临着遵守社会公德、职业道德和家庭美德的要求。

一、加强个人道德修养，形成良好道德品格

良好的道德品格是一个人讲道德的内在根据和核心力量，能保证个人形成良好的道德认知、道德情感、道德意志，从而在现实生活中作出一贯良好的道德行为。良好的道德品格包括爱国、诚信、敬业、友善、仁爱、无私、勤奋、勇敢、节制等，形成和保持良好的个人品德需要我们持之以恒的践行和追求。

讲道德，需要个人不断加强道德修养，铸就良好道德品格，追求崇高道德境界。这就要求个人要有提高道德修养的自觉性。明白道德修养的重要性，自觉自愿地学习、思考和体验与道德修养有关的问题。客观地评价自己，发扬优点，克服不足，增强自律能力，持之以恒地提高个人修养，积极探讨各种有效的道德修养方法，如学思并用、省察自治、慎独自律、积善成德等。同时积极参加社会实践，把内化的品德外化为实际的道德行为，在继承中华民族优秀传统美德的基础上形成良好的道德品格，重操守、讲气节，追求崇高的道德境界。道德境界体现出个人道德品质。道德境界高，个人的道德品质相对就高，道德境界低，个人的道德品质相对就低。例如，我们熟知的"六尺巷"的故事，两家人的行为由原来的争宅基地到后来的各退让三尺。发生转变是因为两家主人的道德境界高了，不再斤斤计较一点宅基地，而追求更高的道德修养了。

追求崇高道德境界首先要自觉远离低级趣味的东西，抵制歪风邪气。趣味高雅才有助于形成高尚的道德，如果趣味低俗，玩物丧志，就容易思想颓废，自律性差，导致道德低下。当前社会发展迅速，价值多元，再加上各种不良社会思潮的影响，人们遇到的诱惑大，增加了道德选择的难度，尤其是低级趣味的东西以愉悦的感官感受很容易受到人们的喜欢。青年大学生要脚踏实地,敢于担当,勇于承担,不负时代,以坚强的意志和坚定的信念不断追求崇高的道德境界,养成良好的道德品格,实现自我价值,成就辉煌人生。

二、遵守社会公德,维护有序的公共生活

社会公德是指公共生活中的道德规范,涵盖了人与人、人与社会、人与自然之间的关系,是个人在社会中应该遵守的基本道德规范。随着经济全球化的发展和科学技术的进步,人际交往的广度和深度日益增加,社会公共生活的场所和领域也随之扩大,延伸至网络带来的虚拟世界。这就意味着,当代社会包括工作秩序、教学秩序、营业秩序、交通秩序、娱乐秩序和网络秩序在内的公共秩序的维护更为重要。公共生活中的讲道德,就是要维护公共秩序的有序状态。遵守社会公德,就是要遵守以"文明礼貌、助人为乐、爱护公物、保护环境和遵纪守法"为主要内容的公共道德规范。

为了维护公共生活的稳定和有序,每个人尤其是大学生更应该自觉认真遵守社会公德。在现实生活中,我们喜欢有社会公德的人,而讨厌不讲社会公德的人。例如,在食堂打饭、等公交车或者在银行办理业务的时候,大家都安静自觉地排队时效率最高,心情最好。而那些不讲社会公德,强行插队和大吵大叫的人则令人反感,也容易引起冲突,降低办事效率。没有规矩不成方圆,只有人人都遵守社会规则,践行社会公德,才会形成良好的公共秩序,人人受益。所以,大家要认真学习社会公德的规范,自觉培养社会公德意识,努力提高践行社会公德的能力。在这方面,大学生应该成为自觉遵守社会公德的榜样和表率。同时,随着信息技术的发展,网络生活空间也成为人们公共生活的重要部分,需要遵守基本的道德准则,净化网络空间。网络上的内容丰富多彩,良莠不齐,有积极向上的内容,也有虚假、低俗、淫秽、暴力的东西,这就要求网民尤其是大学生能够正确使用网络,明是非、辨善恶,传播正能量,并通过网络进行健康交往,同时自觉避免沉迷网络的坏习惯,养成网络自律精神。需要注意的是,在网络上讲道德,也要坚守法律法规底线,使网络成为方便人们交往的有力手段,防止其成为新型违法犯罪的工具。

三、恪守职业道德,积极服务社会

职业是人们参与社会分工,利用专门的技能和知识,为社会创造财富,为自己获得物质回报和精神满足的工作。职业在一个人的生活中起着至关重要的作用。每个人在各自职业上的表现又对社会和他人的生产生活产生重要的影响。职业生活是人类社会中最普通、最基本的生活方式。在职业生活当中,每个人都应该

讲道德,遵守职业道德规范。从事某一职业的人是不是遵守职业道德对其行业形象影响很大。当前社会上也出现了一些违背职业操守的不道德甚至违法的行为,如,某些医生要塞红包才给病人做手术、某些公职人员要好处费才给办理正常的手续、不良厂家生产假冒伪劣商品、不良商家以次充好乃至知假售假,都警醒着人们遵守职业道德的重要性。

当前,职业生活中要遵循的是社会主义职业道德要求,其主要内容包括:爱岗敬业、诚实守信、办事公道、服务群众、奉献社会。作为大学生,首先要学习职业道德规范,具备良好的职业道德素质。要提高职业道德意识,积极践行职业道德。同时还要树立正确的择业观,不能仅仅把发家致富作为择业的根本标准。要树立崇高的职业理想,把个人价值的实现和社会的发展结合起来,服从社会发展的需要,不仅仅追求个人的利益。如积极响应国家的号召,面向基层,支援西部建设,面向一线去选择自己的职业,能为社会和国家发展做出更大的贡献,也更能实现自身的价值。同时,提高专业素质和技能,做好充分的择业准备。在这个提倡改革创新的新时代,大学生也要有时代担当,树立正确的创业观,要有积极创业的思想准备,也要有敢于创业的勇气,不唯学历,提高创业的能力。

四、倡导家庭美德,促进家庭和谐与幸福

家是人们心灵的港湾,是每个人心里最牵挂的地方。家庭中,最重要的就是家人,与家人关系如何是决定一个人是否幸福的重要因素,也是每一个人一生都要面对的课题。美满的家庭能洗涤心情,给人慰藉,而家庭和睦也是个人事业成功的基础和后盾。作为社会的细胞,家庭的稳定意味着社会的稳定。所以在恋爱、婚姻及家庭关系的每一个“家庭”环节,都要倡导和弘扬美德。

首先,恋爱时要讲道德。一则要尊重人格平等。男女双方都有给予爱、接受爱和拒绝爱的自由,不能依附或者限制对方。一对完美的恋人应该像舒婷在其代表作《致橡树》中描绘的木棉和橡树一样,两棵树根叶相连,并肩站立,风雨同舟。二则要自觉为对方承担责任,不能只同甘,不共苦。三则要文明相亲相爱,尤其在公共场合要举止得体,不能过分亲昵。大学生更应该树立正确的恋爱观,处理好学习和恋爱的关系。注意不要误把友谊当爱情,不要错置爱情的地位,不能片面或功利化地对待恋爱,不能只重过程不顾后果,不能因失恋而迷失人生方向。处理好恋爱中的各种关系,无愧于心,才能收获幸福人生。

其次,树立正确的婚姻观。谨慎对待结婚成家,不能为结婚而结婚,也不能盲目排斥婚姻。要勇于担当责任和履行义务。再次,正确处理家庭关系。婚姻家庭关系不仅包括夫妻关系,还包括父母子女关系,(外)祖父母与(外)孙子女的关

系、兄弟姐妹之间的关系等。在家庭关系中要大力弘扬家庭美德,做到尊老爱幼、男女平等、夫妻和睦、勤俭持家、邻里团结,充分认识到"家和万事兴,家齐国安宁"的道理,注重营造和传承良好家风家训,遵守婚姻家庭法律法规。

当然,讲道德除了讲什么道德之外,也要"善于"讲道德,要在知德的基础上善于表达德行,这就是说,怎样讲道德还有逐步完善讲的方法问题,这是行德的艺术过程。

"道德"是谁规定的?

在人类社会的规范体系中,道德与法律是两种最重要的规范。其中,法律作为他律性规范主要是由国家制定或认可并由国家强制力来保证实施的,而道德规范是他律性和自律性辩证统一的,那么道德又是由谁规定的呢? 要回答这个问题,就需要了解何为道德? 道德能否被规定? 如果能被规定,那么道德又是由谁规定的?

一、怎么理解"道德"?

"学习道德理论、注重道德实践"是《思想道德修养与法律基础》中道德篇的重要章节。教材对道德的解释是它属于上层建筑的重要范畴,是一种特殊的社会意识形态。它是以善恶为评价标准,主要依靠社会舆论、传统习俗和内心信念来维系的心理意识、原则规范和行为活动的总和。[①] 然而,这里对道德的定义不同于法律篇中对"法律是由国家创制并保证实施的行为规范"的规定明确,关于"道德"由谁规定却并没有明确的说明。虽然道德观念和道德行为主要依靠社会舆论、传统习俗和内心信念发挥作用,但用以发挥作用的事物并不直接等同于道德规范的制定者。因此,要解决道德规范到底由谁创立的问题,首先需要对道德的起源及本质,也即何为道德作必要的梳理。

从道德的起源来看,古人一般将超自然的宗教或天理作为道德的创立者。如"摩西十诫"将道德直接作为上帝为人类颁布的道德规范。随着近代科学理性的发展,尼采宣布"上帝死了",传统以宗教或天理等超越性的东西作为道德的基础失去了合理性。近代伦理学家分别从情感、利益或者基于权利的契约作为道德产生的根据。由此,道德规范也成了人类自我创立的东西,比如,康德说,"人为自我立法"。

为追求伦理学学科的科学化,现代元伦理学从真假判断的逻辑出发,力图给

---

① 《思想道德修养与法律基础》(2013 年修订版),高等教育出版社,2013 年版,第 90 页。

善恶下一个科学的定义。或者,更具体地说,就是给什么是善下一个科学的定义。因为善恶问题是道德立论的根据之所在。其中,最有代表性同时也是元伦理学开创者的摩尔,他得出的结论是"当我被问到'什么是善的?'我的回答就是'善的就是善的,并就此了事'"。① 他认为,善是一个单纯的概念,正像黄是一种单纯的概念一样,正像绝不能向一个事先不知道它的人,阐明什么是黄的一样,你不能向他阐明什么是善的。

这里,摩尔实际上受到了近代经验主义的影响。他认为传统那种亚里士多德式的"属加种差"式定义方法无法得出真正可靠的知识,因为那个种也无非是定义,其结果就成了用定义来说明定义的循环论证。所以,他采用分析式定义方法,也即任何定义的最终根据在于概念同具体经验对象的匹配。按照这种逻辑,他认为善是不可再分的道德概念,善就是善,善不可被定义,它只能被个体所直观;一切功利主义、情感主义或者形而上学伦理学都是犯了自然主义谬误。由此,摩尔通过对善的观念的分析,认为人们的善恶观念都出自个体的道德直觉,这实际上又回到了传统的良心论。马克思主义伦理学将道德的本质奠基于经济社会关系,有力地回答了不同时代道德变迁现象,成为目前最有说服力的伦理学理论。

二、道德能否被规定?

"道德是谁规定的"能够成为有意义的问题的前提是道德可以被规定,否则,道德是谁规定的就会是一个伪命题。如果道德真的像现代元伦理学中的情感主义学说所讲,仅仅是个体的一种情感偏好,那就谈不上共同遵守的道德规范;反过来,如果道德现象和自然科学一样完全可以作为知识化的追求,那么,也无需由谁来特别充当道德规范的制定者。就像我们不会说科学真理是谁规定的一样。因此,道德要真正成为价值范畴就必须放弃类似于自然科学性的知识化追求。否则,道德就会被当作某种科学性知识只能被人们认识或发现,而非被规定。这一点已经由现代元伦理学追求伦理学科学化的失败尝试所反证。

在古代伦理学中,道德主要奠基于宗教等超越性根基或者性善论等天赋人性论基础上,道德规范也由此成了神启或先验的产物。而上帝和良心不会随时代的变化而变化。由此,"天不变道亦不变"成了道德神启说或先验道德论的共同逻辑归趋。这样,道德规范一旦被规定或被认知,就不会再发生变化。而这同现实中实存的民族道德差异或时代差异相背离。

---

① 摩尔:《伦理学原理》,参见《20 世纪西方伦理学经典(Ⅰ)》,中国人民大学出版社,2004 年版,第 6 页。

近代理性启蒙以后,上帝被取消了道德规范制定者的合法性,康德从实践理性的角度提出了"人为自我立法"的观念。人类真正成了道德规范的制定者。与道德义务论相反,主张后果论的功利主义,虽然并不认为有一成不变的道德规范,却同样将道德规范制定的权力交换到人类自身手中。

契约伦理学同样是对传统的以某种自然本原或宗教信仰为价值基础的伦理学的一种超越。契约主义认为,只有每一位理性的行为个体均具有的自我利益需求,才能够为道德奠定一种比人的其他品性稳固得多的根基:如果道德以理性的自我利益为本原,则人们就拥有一种清晰而强烈的、令人信服的动机来认可道德要求并遵守道德规范。因此,在契约伦理学看来,道德规范是人们在平等的基础上达成的契约。

面对不同民族和时代客观存在的道德分歧或道德差异,文化民族主义或伦理相对主义者认为真实的道德规范并非完全是人类理性的产物。不同民族的生活方式、传统和习俗也对自身的道德规范产生实质的影响。因此,单纯契约伦理学或康德式的道德义务论并不能完全解释现实生活中道德规范的民族多样性与时代变迁。

具体到现代价值多元化的市场经济时代,自从尼采宣布"上帝死了"之后,传统基于宗教或天理的道德本体论失去了合理性。在这种情况下,作为他律性道德规范的自觉建构就成为当代道德建设的主要形式;另一方面,在现实中,经常发生个体基于内在良心对他律性道德规范的对抗,因此,在现代社会中道德规范具体由谁制定仍然呈现出复杂的局面。以上种种问题,实际上可以归为一个问题,那就是"道德"到底是谁规定的? 对此问题的回答,不仅关系到道德的合法性和效力问题,同时对于道德建设的方法路径探讨乃至道德是否可以教育等都具有奠基性意义。

三、道德是被谁规定的?

论证了道德是被规定的,那么能够充当道德规定主体又会有哪些呢?

根据上述对道德起源说的分析,道德神启说无论是将道德起源归因于天的旨意还是神的启示,都是试图以人之外的某种所谓客观意志来说明道德的起源,它较好地解释了道德的超越性内涵,但它的问题在于无法回答无神论者的道德观念从何而来。此外,在逻辑上道德神启说还面临诸多道德悖论。比如,如果真是上帝或天命创造了人类并赋予其道德,那么人类又为何会作恶? 如果丑恶也是上帝创造的,我们为何不像崇尚道德一样同时崇尚丑恶? 退一步讲,即使丑恶不是上帝创造的,但上帝不能及早消除罪恶,我们同样有理由怀疑上帝的神圣性。当然,如果上帝创造的人类社会只有善而没有恶，那么人类也就无需通过伦理学来研究道德现象了。更何况，人类到目前为止仍未找到各种上帝。这样一来，用以支撑道德的上帝本身反而需要用道德来反证其存在的可能性。由此看来，道德神启说，换句话说，上帝是不能成为规定道德的真正主体的。

既然上帝不是规定道德的主体，剩下的就只有人类自身了。近代伦理学家康德的名言"人为自己立法"可以说是其最典型的代表。康德认为每个人都具有先验的实践理性或善良意志，它不仅能确保人类追寻践行道德，而且这种道德是无条件的纯义务。无独有偶，中国儒学思孟一派，包括后来的陆王心学实际上也是主张人性本善，并由此规定了人有向善的可能性及其必然性。"人为自己立法"提升了人类的道德主体地位，使道德真正成为人的道德。但它的前提即善良意志或人性本善却是建立在独断的假设或片面的经验之上，康德也难以回答为义务而义务所造成的德福悖论，最终这位近代理性启蒙的大师级人物也不得不假设灵魂不朽和上帝存在。

更重要的是，从人性本善或善良意志出发，无法确保具体道德规范的一致性。人们毕竟是生活在具体的生活境域之中，最需要的不是向善的可能，而是具体的道德规范与指导。但康德的善良意志无法指导人们具体的道德行为。这就无怪乎康德的学生费希特把"人为自己立法"解读为个体的自我实现，最终不可避免地走向施蒂纳这个"唯一者"；就像阳明心学中最终沦落为儒学异端之李贽的私心说一样。究其原因，就像黑格尔所批判的一样，康德道德学说的纯形式看似普遍公允，却空洞无物，成了任人打扮的幌子。

当代一些伦理学者提出了道德表达说。他们认为道德没有绝对客观的根基，它只是人类的一种意见表达而已，至于原因我们无法给以统一的界定，可能是主观情感好恶，可能是利益驱使，也可能是道德教化而成的"民可使由之，不可使知之"的习惯。这种说法看似回避了道德哲学的诸多难题，同时也消解了道德力量的真实性。既然道德只是人们的一种意见表达，那就像人类情感一样没有真理性和绝对性。谁都有资格评判一种道德行为，却谁都没有资格说自己的这种道德判断是正确的。由此，道德表达说成了滋生道德相对主义的温床，最终必然走向道德虚无主义。任何一个稍有良知的人都很难相信伴随人类几千年的道德传统竟然只是一种各说各话的意见表达。为回应一定时期人们道德认知与标准的大致统一性，有学者又提出了道德虚构主义，认为道德虽然无绝对根基，但一个时期的人们从生活需要出发，约定虚构了一个道德规范体系，并将之"神道设教"，从而使道德看似客观真理或具有真实的力量。同时，道德虚构主义也为道德传统和社会习俗力量的发挥提供了空间。但道德虚构主义无法回答的是，道德虚构的主体又是谁？既然是人为虚构，为何不借约定为法律？此外，一旦人们明白了道德实为虚构，道德是否还能发挥实质性规约作用？

综合以上各种说法的合理性及其困境，马克思主义伦理学认为，道德作为意识形态，并非一成不变的客观知识，而是与人们的利益追求息息相关，因此，道德的本质是由经济基础来决定的，而非上帝或抽象的善良意志，更非动物本能或基因决定。同时，由于道德规范的非知识性，道德要想被一个社会中不同阶层的人们所乐意接受，就必须使所有道德规范接受人们的不断反思、提炼和总结。当然，在阶级社会中统治阶级占据主导权，所以具体的道德规范往往由代表统治阶级利益的伦理学者充当了规定道德规范的主体。

道德只是评善论恶吗？

在日常生活中，人们往往用善或恶来表达对道德的认识，如"这是一个大善人"或"这是一个大恶人"，以此来说明一个人是否是道德的人。那么，道德只是评善论恶的活动吗？应该说，道德就是善恶的看法只抓住了道德部分要义，并不能反映道德全貌，也不能说明道德本质。要纠正这个看法，需要回答三个方面的问题：道德的要义；道德与善恶的关系；人们应该如何看待道德。

一、道德的要义

在日常生活中，我们所感知、认识的"道德"其实是以"道德现象"的形式呈现出来的。"所谓道德现象，就是指人类现实生活中由经济关系所决定、用善恶标准去评价、依靠社会舆论、内心信念和传统习惯来维持的一种社会现象。"[1]因此，善恶是人们用于评价诸多"道德现象"的一种标准。作为一种评价现象的标准，善恶自然不能等同于现象本身。

作为一种社会现象，道德主要有三种形态："道德活动现象、道德意识现象和道德规范现象。道德活动主要指人类生活中围绕一定善恶而进行的、可以用善恶观念评价的群体活动和个体行为（包括道德评价、道德教育和道德修养）。道德意识现象是指在道德活动中形成并影响道德活动的各种具有善恶价值的思想、观点和理论体系。道德规范现象，是指一定社会条件下评价和指导人们行为的准则。"[2]由此来看，善恶是在道德活动现象及道德意识现象中涉及的一种评价，而在道德规范现象这一道德形态中，善恶并不是关键词，道德还有作为行为准则、规范体系的要义。

作为一种规范体系，道德是用来调整利益关系的。可以这样说，道德是由一定社会的经济关系决定的，依靠社会舆论、传统习惯和内心信念来评价和维系的，

---

① 罗国杰：《伦理学》，人民出版社，2014年，第7页。
② 罗国杰：《伦理学》，人民出版社，2014年，第8页。

用以说明和调整人与人之间以及个人与集体之间的利益关之知识和行为规范问题，当然，说到个人的道德问题，也不能撇开其品质要素。由此，我们不难看出，道德的起源与目的是调整人们的利益关系。对此，我们必须有充分的认识，道德的存在是有现实根基的，利益是道德的出发点和落脚点，并且也是道德与否的判断标准，是善恶评价的现实源头。因此，那种道德虚无主义和道德相对主义的看法也是站不住脚的。

道德作为调节规范体系的特殊性，在于同其他规范调整体系进行比较。一般来说，我们总是将其与法律、政治等相近的社会意识形态进行比较，道德规范的特殊性在于：非制度化；没有成文法，以风俗习惯的方式存在于社会中；不靠暴力机器来约束对象，靠的是社会舆论的谴责、表扬来唤醒主体的良知。道德发挥作用必须要以道德主体的道德认知、道德践行为基础。如果道德主体不发挥作用，道德就会无能为力，人们所期待的"善有善报，恶有恶报"往往不会兑现，甚至会产生："高尚是高尚的墓志铭，卑鄙是卑鄙的通行证"的悲剧。因此，作为一种社会规范，道德是需要主体来遵守和践行的。但一种道德规范区别于另一种道德规范，归根到底还是取决于一定社会的经济关系。因为，从根本上来说，道德是由社会经济基础决定并形成的一种"思想的社会关系"。有什么样的经济基础便有什么样的道德形态。道德经历了原始社会、奴隶社会、封建社会、资本主义社会、共产主义社会五种形态。道德在历史和现实中起到了维护或破坏阶级统治和社会稳定、促进或延后社会发展的作用。我们熟知，中国封建道德对维护封建社会制度2000多年的稳定起到了重大的作用，其残余对当今中国的建设与发展还依然造成了一定的阻碍。同理，西方的新教伦理对于资本主义的发展同样起到了强大的推动作用。

当今世界存在资本主义与社会主义两种社会形态，那么就必然存在两种道德形态。两种道德形态在形式上、表达上尽管有些相似，但其实质却有天壤之别。当前中西方某些人士鼓吹普世伦理，似乎值得向往，但其动机颇值得令人怀疑。普世伦理实质是意识形态话语权之争，其目的是通过资本主义道德瓦解社会主义道德，进而改变社会主义制度。苏联的解体就是前车之鉴，当时一些人竭力倡导所谓的"人道主义"，将人类利益置于国家利益之上，抛弃了尚处于历史特定阶段的社会主义道德，结果造成了思想的混乱，导致了政权的解体。要充分认识道德的意识形态属性，充分认识"普世伦理"的虚伪性，同时增强社会主义道德自信，这也是我们应该做好的理论解释和宣传工作。

需要说明的是，道德所调节的对象是社会关系，对不处于社会关系中的个体，道德是不适用的，如荒岛上的罗宾逊的所作所为就不存在道德与不道德的问题。

由其他规范体系调节的对象,道德也不能涉足。比如,政治领域中,政治人物的评价就不能用道德标准来进行评价,所谓的"春秋无义战"就是这个道理。日常生活中,对三国人物"曹操"的评价,负面评价往往多于正面评价,原因在于过多采用了道德的评价标准。

要引起足够重视的是,怎么处理法律与道德的关系,尤其在当前全面推进依法治国的形势下,一定要避免出现道德绑架法律现象的出现。我们通常将道德不适用的现象和领域称为"非道德"现象或领域。在廓清道德的适用范围后,根据道德调整关系的领域,我们可以将道德区分为社会公德、职业道德、家庭道德、个人品德等四个领域。

二、道德与善恶的关系

一般来说,善恶可以分为三个层次:第一个层次是形而上意义上的善与恶,即人们价值追求的一种目标;第二个层次是人性的善与恶,描述了人性的本初状态;第三个层次是道德意义上的善与恶。这三个层次泾渭分明,不能混淆。基于我们的议题,本文主要讨论的是第三个层次的善与恶。

"善恶"是古今中外道德哲学中的中心议题,围绕它形成了不同的道德理论及规范体系。可以说"善恶"是当代西方伦理学的逻辑起点,就如同"商品"在马克思的《资本论》中的地位。从澄清概念、分析层次的角度来说,元伦理学将善恶内涵作了较为清晰的分析,将有助于我们对善恶的认识。在元伦理学中,把善恶界定为对利益的满足的心理体验。将善区分为内在善和手段善;将恶区分为纯粹恶和必要恶。内在善又被称为目的善和自身善,就是自身就是可欲的,就能满足人们的需要。手段善也可以称为外在善或结果善,自身是人们追求的手段,其结果才是人们追求的目的善。纯粹恶就是自身和结果都是恶,必要恶就是自身是恶而结果却是善。

马克思主义伦理学则将善恶界定为重要的道德评价标准。"所谓善恶,就是所谓好坏"。好人、坏人,好事、坏事,好人办坏事,好人没好报等等,都是我们日常使用的道德评价用语。中国人习惯于用善恶来评价人的德行,将人的品性固化,这其中缺少将道德作为一种利益和价值的考量。如此一来,对善恶评价中的主体的动机、行为事实、结果缺少系统的细致区分,失于简单化,并不符合真实的道德生活要求。其实,纷繁复杂的道德生活要求我们进行道德判断时不能简单地以善或恶来贴标签,而是需要深入考察主体的内心世界,把动机和效果结合起来综合判定,才能显示其科学与合理。

三、我们如何看待道德

道德以渗透的方式存在于人类社会之中,无处不在,无时没有,只要有人群的地方就会产生道德。既然无法逃避道德,我们就应该积极面对道德,去认识道德,研究道德,遵守道德,发挥道德的作用。

中国这个文明古国一度将道德奉上了至高无上的地位,将其作为社会的终极标准,形成了简单化、形式化地执行道德标准的习惯,漠视、戕杀个人的正当利益,由此导致了一批道德的"伪君子"、"殉葬者"、"冤死鬼"的现象出现。时至今日,这种现象在某些领域依然存在。有鉴于此,我们必须改变对待道德顶礼膜拜的情形,回归生活本身、道德本质,正确看待道德在生活中的应有定位,亟待建立"道德理性"。

与此相对,我们还要警惕走向另外一个极端——道德虚无主义,即人们不再相信道德,认为讲道德的人是"傻子",讲道德是"无能"的别称,道德持续地滑坡,一次次挑战人们的底线。面对这样的道德现状,我们不能无所作为。我们不仅将它作为理论课题进行研究,更要将其作为实践课题来进行探索。客观地去考察道德的与不道德的现象,从惯性的道德思维中走出来,塑造引领时代的新型的道德关系,理性地践行道德。

道德不仅是应该如何的问题,更是如何能够的问题,从这一点来说,道德还是一种能力。作为一种道德能力,它是一种综合系统,包含道德认识、道德选择、道德实践、道德评价、行德艺术和道德智慧在内的统一体。面对错综复杂的社会,人们迫切需要培养道德能力,成就道德智慧,以让我们生活地更加幸福。

怎么看"好心没好报"现象？

"人会好心有好报，人生有什么才不算少，自己快乐满意就好……"，电视剧《新包青天》片尾曲《好心有好报》唱出了许多中国人的心声。在传统观念中，我们也一直强调"好心有好报"，但生活中客观存在的"好心没好报"的现象，应该怎么看呢？

一、"好心有好报"是一种常态

从日常经验来看，"好心有好报"是一种常态。人际交往的"互酬原则"告诉我们，人与人交往要相互帮助、互相酬答，才能形成良好的互动关系。一个常好心帮助别人的人，也必然能够得到别人的帮助，正所谓"投桃报李"、"你敬我一尺，我敬你一丈"、"滴水之恩，涌泉相报"，说的就是这个道理。

中国古代"好心有好报"的故事很多。如春秋时期，晋国和秦国交战。晋将魏颗与秦国的大力士将军杜回相遇，二人厮杀在一起，正在难分难解之际，魏颗突然看见一个老人把地上的草打成很多的结把杜回套住，杜回因站立不稳摔倒在地，当场被魏颗所俘，秦军因此大败而归。当晚，魏颗梦中遇到白天那位老人，老人告诉魏颗自己是魏颗父亲小妾祖姬的父亲，在白天的战斗中把杜回绊倒是专门来报答魏颗的。原来，魏颗的父亲魏武子生病时曾嘱咐魏颗在他死后要将祖姬嫁出去，后来魏武子病重，又要求魏颗将祖姬杀死后为他殉葬。魏武子死后，魏颗没有把祖姬杀死而是把她嫁给了别人，祖姬的父亲一直心存感激。再如，东汉有一个叫杨宝的人，九岁时在华阴山北救下了一只被老鹰所伤的黄雀，并把它带回家养伤，伤好后黄雀飞走了。当夜，杨宝梦见有一个嘴衔四枚白环的黄衣童子向他拜谢并赠送他白环，黄衣童子告诉杨宝说这些白环可以保佑他的子孙位列三公，为政清廉。果然，杨宝的儿子杨震、孙子杨秉、曾孙杨赐、玄孙杨彪四代都官至太尉，而且刚正不阿、为政清廉，他们的美德为后人所传诵。这两个故事就是成语"结草衔环"的由来。类似的故事，还有很多，如韩信的"一饭千金"，都在向我们诠释"助人即助己，好心有好报"的道理。

"好心有好报"在伦理学上称为"德福一致"，即"德"和"福"应该具有一致性，"有道德的人一定会得到幸福，而道德败坏的人，则会遭受到不幸"。佛教有"善恶因果报应"的信念，所谓"善有善报，恶有恶报；不是不报，时候未到"，西方也有谚语曰："好事总会落到好人头上（Why good things happen to good people）。"为何如此？这就是寻常的生活事实，也就是说，做"好人"是有福报的。

由此来看，古今中外都倡导"好心终有好报"，并以"德福一致"来激励人们向善，实现人与人之间的互助友善和社会的和谐友好，表现出了"好心"与"好报"之间稳定的常态。

二、"好心没好报"是一种非常态

在现实生活中，也存在着"好心没好报"的现象。比如，出于好心帮助别人，结果因为种种原因，不仅得不到别人的认可，而且招致别人的反感、埋怨乃至恶报，正所谓"好心没好报"。2006年南京发生的"彭宇案"，引发旷日持久的老人倒地"扶不扶"的讨论正是对此现象的一种反映。① 2014年春晚小品《扶不扶》对这种现象进行了总结式的回答："这人倒了咱不扶，这人心不就倒了吗？人心要是倒了，咱想扶都扶不起来了，"引发了人们的深思。"彭宇案"虽然情况比较复杂，但是经过媒体的报道，已经演化成了"好人做不得"、"好心没好报"的典型案件，其负面影响在于将人之"好心"进行了过度宣传而将"没好报"作了夸大宣扬，此后全国各地出现了多起路人因害怕被讹而不敢扶起摔倒的路人的案例。

"好心没好报"的现象不仅在人类社会中有，在人与自然之间亦会出现"好心办坏事"的可能。美国阿拉斯加涅利英自然保护区，民众为了保护鹿而把狼消灭了，因为没有了天敌，鹿的种群数量十几年间迅速增加了十倍，保护区的植物也因鹿群迅速繁殖而被啃食、践踏得很厉害，由于缺乏充足的食物以及缺少运动，导致鹿群因体质衰弱而大批死亡。人们只好又从别处把狼再引入保护区，在狼的威胁下，鹿群又开始了四散奔逃，但却恢复了往日的蓬勃生机。此外，诸如"农夫和蛇"、"东郭先生和狼"的故事，都说明了"好心没好报"。

三、"好心没好报"的原因

"好心"既有可能办了好事，也有可能办了坏事；而承受恩惠的人既有可能是"知恩图报"的好人，也有可能是"恩将仇报"的小人。通常情况下是"好心有好报"，这符合人们的预期心理；但是"好心没好报"的情况在现实生活中也大量存在

---

① 现在看来，这事也不完全是"好心没好报"。据说，最近彭宇承认了他撞了人。

着,其原因也比较复杂。

一是好心人"好心"办了坏事。"好心人"出于帮助别人的善良愿望,却因为方法不对、违背客观规律、不考虑"受助人"感受和实际需要等原因,结果导致好心办了坏事,自然得不到"好报"。如上面例子中的美国民众,他们出于保护鹿群的善良愿望,却采用了违背了自然界生态规律的简单方法,导致鹿群体质下降,保护区生态平衡被打破,出现了"事与愿违"的结果。生活中我们也经常看到:父母出于"望子成龙"的好心,不考虑孩子的感受和需要,对孩子提出了过多过高的要求,甚至采用粗暴手段强迫孩子接受自己的安排,结果却招致孩子的叛逆与反抗。面对孩子的不领情,一句"我都是为了你好",表达出他们在感受到"好心没好报"之后的尴尬与无奈。

"好心办坏事"涉及动机和效果的关系问题。动机和效果是行为构成中的两个重要因素。动机指人们实践活动的主观愿望和目的,效果是实践活动的客观后果。任何人的行为都是由一定动机引起的,又都表现为一定的行为过程、影响和结果。在一般情况下,动机和效果是一致的。好的动机产生好的效果,坏的动机产生坏的效果,好心办的是好事,坏心办的是坏事。但在有些情况下,动机和效果也会不一致,甚至完全相反。好的动机可能产生坏的效果,好心可能办成了坏事,即所谓"事与愿违";坏的动机也可能产生好的效果,坏心也可能办成了好事,即所谓"歪打正着"。因此我们在判断任何事情的时候都应该既看动机,又看效果,努力把"好心"和"好事"二者统一起来。毛泽东曾深刻地指出:"唯心论者是强调动机否认效果的,机械唯物论者是强调效果否认动机的,我们和这两者相反,我们是辩证唯物主义的动机和效果的统一论者。为大众的动机和被大众欢迎的效果,是分不开的,必须使二者统一起来。"[1]因此,如果仅仅是出于善良的愿望,不考虑受助者的感受和实际需要,或者是违反客观规律,难免会"好心办坏事","没得好报"也就在情理之中了。

二是"受助人"以怨报德。现实生活中,人的思想较为复杂,好与坏难以直观辨别,这就导致"好心人"为别人办了好事,但是由于受助方不是"好人",对好心人的帮助并不领情,甚至恩将仇报,这类现象也屡见不鲜。搀扶摔倒在地的老人,本是好心相助,却受到老人或其家人的讹诈,好心人"流血又流泪",由南京"彭宇案"引发的温州版、西安版等各地各种版本的"好心反遭讹,好心没好报"的案例时常见诸报端。明人马中锡的《中山狼传》,描述了一个迂腐的东郭先生,对狡猾的狼滥施同情,躲过一劫的狼反而要吃掉东郭先生,最后幸得他人相救才脱离危险,

---

[1]　毛泽东:《毛泽东选集》(第三卷),人民出版社,1991年版,第868页。

这就是脍炙人口的"东郭先生和狼"的故事。这个故事告诉我们，在对待"中山狼"式的坏人或敌人时，如果像东郭先生一样不辨是非，滥施同情，必然会招致"中山狼"的恩将仇报，"好心没好报"也就是自然而然的结果了。

四、如何避免"好心没好报"

如何避免"好心没好报"，确保"好心有好报"，需要尊重客观规律、讲究方式方法，也需要区分对象，理性看待。

首先，要讲究方式方法。要"会"做好事，"善"做好事。一方面，在当今这个自我价值凸显，强调个性与尊严的社会里，"好心"帮助别人要讲究方法与艺术。如对家庭经济贫困的学生进行经济资助时尊重受助者的人格尊严及其隐私，如果要在适当范围内公示受助者的基本情况，一定要得到受助者许可。如果未经受助者许可，则不进行公示或公开的新闻报道，等等。这样既尊重了受助者的人格尊严，又进行了有效的资助；另一方面，"好心"帮助别人要注意尊重客观规律。想让一棵幼小的禾苗结出丰硕的稻谷，需要阳光雨露，需要除草施肥，需要遵循大自然的生长法则。如果忽略这些要素，只有一厢情愿的"好心"，带来的可能就只是拔苗助长式的后果。客观事物的发展自有它的规律，仅仅依靠良好的愿望和热情是不够的，其效果很可能会与我们的主观愿望相反，这样的"好心"自然得不到"好报"。

其次，要区分对象。现实生活中的人是十分复杂的，既有善良真诚的好人，也有少数品质败坏的人。在生活中，我们要明辨是非，分清善恶，只能对善良之人施以"好心"，对那些品质败坏的人乃至敌人即使仁至义尽，他们的本性也不会改变。对他们滥施同情，"好心"地施以不当之援手，却有可能是使自己陷入危险的境地。正如雷锋所说："对同志要像春天般温暖，……对待敌人要像严冬一样残酷无情。"①我们在"好心"帮助别人时，要注意区别不同的对象，不应该把"好心"用在坏人身上，否则就肯定得不到"好报"。

最后，要理性看待。"好心"虽然不会必然得到"好报"，但这并不否定"好心"的价值，正是因为"好心"不一定有"好报"，所以我们才更加珍惜"好心"，提倡"好心"，希望"好心有好报"。尤其在我们目前社会转型、道德状况不尽如人意的现实生活中，"好心"就更显得难能可贵，更需要我们去保护。当然我们提倡的"好心"，并非是不分对象的"滥施同情"，也不是不注意方法的"拔苗助长"，而是通过区分对象，讲究方法，用正确的方法对善良的人施以好心的帮助，这种"好心"是难

---

① 雷锋：《雷锋日记》，解放军文艺出版社，1963年版，第15页。

能可贵的,也是我们要提倡和珍惜的。

虽然我们希望"好心得到好报",同时我们也应认识到:不要因为自己"好心"做了善事,帮助了别人,就一定想要得到别人的"好报",从某种意义上讲,有这样的想法,本身就已经错了。先哲有云:舍己毋处疑,施恩勿望报。[①] 意思是假如一个人要想施恩惠给他人,就绝对不要希望得到人家的回报,假如你一定要求对方感恩图报,那就连你原来帮助人的一番好心也会变质。我们现在帮助了他人,自己的良心得到慰藉,境界得到了提升,生命的意义和价值得到了凸显,这是对自我价值的认可与肯定,其实也是一种精神上的回报。从长远角度来说,大部分的"好心"终究都会得到某种形式的"好报",佛教说今日种下善因,他日必得善果,这虽然带有因果宿命的色彩,但其中也蕴含着一定的道理。正如一首歌所唱的"好人一生平安",也许这就是"好心"最大的回报。

---

① 明朝洪应明著《菜根谭》曰:"舍己毋处其疑,处其疑,即所舍之志多愧矣;施人毋责其报,责其报,并所舍之心俱非矣。"见洪应明:《菜根谭全编》,李伟编著,岳麓书社,2006 年版,第 25 页。

中国人比西方人更讲道德吗？

很多人认为,中华民族是礼仪之邦,中国是泱泱道德大国,中国人比西方人更讲道德。是否真的如此？这个问题不能笼统地回答。因为其中包括几个层次的内容,需要从不同的角度进行多方位的比较来回答。

一、纵向来看,进步阶级更讲道德

道德本质上是由一定社会经济状况所决定的社会意识。社会的经济条件发生变化,相应的,其道德观念也会随之改变。在阶级社会中,道德具有鲜明的阶级特性,没有超越阶级的永恒的道德。所以,从历史发展的纵向过程来看,处在不同社会阶段的人们所讲的道德也是不同的。由此,中国人和西方人的道德之比较也要遵守这个前提。

恩格斯在《反杜林论》中提出了当时社会存在的三个阶级的道德:即封建贵族阶级的道德、资产阶级的道德和社会主义过渡时期无产阶级的道德。按照社会发展规律而言,一般来讲,进步阶级更讲道德,即是说,资产阶级的道德比封建贵族阶级的道德进步,社会主义道德比资本主义道德进步。具体到中国人和西方人的道德之比也要符合这个大规律。讲道德要看其道德的本质属性,看其符合什么样的利益,而不能仅仅被外表的礼貌和虚假的礼节所蒙蔽。如,恩格斯在批判封建旧道德时指出,"诸侯和贵族就是盘剥偷盗的祸首;他们把一切造物,水中的鱼,空中的鸟,地上的植物,通通攫归私有。然后他们却要向穷人们宣说清规戒律:你不应该偷窃。"[1]所以,在封建时期,中国和西方的主流道德都是为封建统治阶级服务的,都是对人民不讲道德的。当西方进入资本主义社会,相对于同期清政府的腐败和没落,他们对待本国国民比中国政府对待中国人民更讲道德。但是资本主义的扩张性和侵略性决定了他们对别国国民,尤其是对待近代的中国人民是没有道德可讲的。有人说,道德除了阶级性,还有社会性、继承性等特征,存在每个社会

---

① 《马克思恩格斯全集》第1卷,人民出版社,1995年版,第453页。

都需要遵守的道德规范,如社会公共道德规范等内容。但是在阶级社会里,这些都不是道德的根本属性,道德的根本属性是阶级性。要进行道德的比较,首先要考虑的就是不同道德主体之间阶级性的比较。而中国人和西方人都是在不同社会,尤其是不同阶级社会里存在的人,他们的主流道德规范离不开道德阶级性的制约,因此其道德比较也离不开阶级性的比较。

此外,从中外道德自身的内在渊源和发展规律来看,二者的核心内容和侧重点不同。中国两千多年的封建社会以农耕为主,形成了以家族为本位的社会制度。中国古代道德以儒家思想为主,提倡"三纲五常",修身、齐家、治国、平天下。儒家道德思想建立在封建等级制度之上,注重私德,追求不断提升个人修养,舍生取义,顾大局,强调整体主义和奉献精神,有时会出现过度牺牲个人利益的情况。西方文明起源于古希腊,以商业社会为主,受天赋人权思想影响,形成了以个人为本位的道德价值观,强调个人的权利和义务,但有时也忽略了集体利益。中国和西方的历史文化不同,社会经济政治情况不同,造成了二者的道德内容和侧重点的不同。相比之下,中国人更看重集体主义,注重以家庭为单位的熟人圈子的私德,而西方人更注重的是个人主义和契约精神下的社会公德。社会公德是每个社会都需要的必要道德规范,中国和西方都需要。改革开放以来,尤其是前几年,中国人由于前期经济基础弱、公共意识差和传统思想的影响等原因,出现了一些不讲社会公德的现象,如,不爱惜公共设施、不遵守社会秩序、破坏公共环境等,于是就有人认为中国人道德败坏,不如西方人讲道德。这里不是要否认这些现象的存在,而是说不能用社会公德否认道德的阶级性,也不能用社会公德否认整个道德体系。而且,这些年随着中国的发展和进步,这方面的问题也在逐渐减少,中国人正在越来越讲社会公德。

其实,中西道德都有其合理之处,也都有其不足之处,比较中国人和西方人谁更讲道德,要从社会发展的大趋势来看,也要从阶级社会的阶级属性来看,这样才更科学、更合理。

二、横向来看,社会主义中国比西方资本主义国家更讲道德

按照人类社会发展的规律,社会主义社会比资本主义社会更先进,社会主义道德比资本主义道德应该更优越。

首先,从社会主义道德形成来看,社会主义道德批判地继承了中国优秀传统道德,汲取了中国革命道德,吸收了世界文明中的道德精华。中华文明五千年历史从未间断,其中孕育了优秀的道德精华,蕴藏着丰富的道德资源,这是西方国家所难以比拟的。比如,中国古代传统道德追求"天人合一"的和谐境界,在伦理道德中一直强调"重义轻利"，重道义而轻利益，重集体利益而轻个人利益，并大力提倡"反求诸己"，内省修身，"见贤思齐"，以求达到"大同世界"。中国革命道德是在中国革命、建设和改革的实践中锤炼出来的伟大道德和宝贵精神财富，具有强大的感召力和影响力。它的主要内容包括：为实现共产主义和共产主义理想而奋斗，全心全意为人民服务，始终把革命利益放在首位，树立社会新风，建立新型人际关系，修身自律，保持节操。此外，社会主义道德批判吸收了西方道德思想的有益内容，比如：自由、平等、民主、博爱等，同时抛弃了极端个人主义、享乐主义、拜金主义等不良思想和观念。所以，社会主义道德先天就具备了资本主义道德所无法比拟的优越性。

其次，从社会主义道德建设和资本主义道德建设来看：社会主义道德建设的核心是为人民服务，资本主义道德建设的核心是为资产阶级服务。为人民服务体现了社会主义道德是代表广大人民的利益的，这也是它区别和优越于资本主义道德的显著标志。社会主义追求的是消灭剥削，消灭阶级，消灭两极分化，每个人都能自由而全面的发展。但是资本主义道德只是为资产阶级利益集团谋福利的，远远达不到这个道德境界。资产阶级道德具有剥削性、反社会性和虚伪性。为了足够大的利益，他们会毫不犹疑地抛弃道德。对此，马克思和恩格斯早就做了深刻的批判。资本主义唯利是图的本性决定了其道德水平永远达不到为人民服务的高度。

再次，从社会主义道德和资本主义道德的基本原则来看：集体主义是社会主义道德的基本原则，个人主义是资本主义道德的基本原则。社会主义集体主义是指导人们行为选择的主导性原则，强调国家利益、社会利益和个人利益的辩证统一。从长远利益来看，社会主义集体利益强调国家利益、社会整体利益高于个人利益，同时重视和保障个人的正当利益。资本主义道德的原则是个人主义。个人主义强调一切以个人的利益为出发点，当发生冲突时，可以牺牲集体利益来保障个人利益。这就导致资本主义社会理所应当地只求个人利益的最大化，缺乏大局眼光和集体意识，容易滋生极端个人主义、拜金主义等等不良社会思潮。邓小平同志曾经明确指出要反对资本主义的消极道德，"批判和反对资本主义损人利己、唯利是图、'一切向钱看'的腐朽思想，批判和反对无政府主义、极端个人主义"。①

综上，不论是从理论上还是从社会发展的趋势来看，社会主义道德具有资本主义道德所无法比拟的优越性，是符合当前社会发展方向的道德，所以说，"讲社会主义道德"的中国人比"讲资本主义道德"的西方人更讲道德。

---

① 《邓小平文集》第3卷，人民出版社，1993年，第328页。

三、具体来看,个人道德品质决定谁更讲道德

中国人和西方人谁更讲道德,具体到个人来看,要看个人的道德品质和道德选择,不能一概而论。道德是一种社会现象,受社会经济条件、社会舆论、传统习俗等外在环境的影响。但道德的承担主体是个人,个人的道德认知、道德情感、道德信仰和最终做出的道德行为,才能真正体现道德的水平。不管是中国人,还是西方人,在具体事件和日常行为的表现上,个人品德决定谁更讲道德。这是从道德个体的差异性角度来讲的。

从道德的阶级属性和社会发展的规律来看,中国人比西方人更讲道德,因为中国人坚持的社会主义道德比西方国家的人坚持的资本主义道德要积极进步。虽然从实际情况来看,人们的道德选择面临价值多元化、道德标准多样化、个人主义、拜金主义等不良思想的影响,也存在一些"道德失范"、"道德滑坡"的问题。如,老人滑倒不敢扶,孩子被车撞没人管,公交车上抢座位等,但这些问题更多的是出现在个人品德的养成上,并不代表社会主义道德就不如资本主义道德。应该说,不管是中国人还是西方人,如果个人品德有问题,都会出现不讲道德的情况。讲道德是需要修炼一生的事业,只有投身崇德向善的道德实践,培养诚实守信的良好品质,养成坚定道德信仰,自觉学习道德模范,严格要求自己,时时以较高的道德标准要求自己并积极践行,才能算是讲道德。

具体到某件事情上,西方人可能会比中国人更讲社会公德,爱护公物;中国人也可能比西方人更尊老爱幼,恪敬职守,服务社会。所以,具体到个别的人和某件事,要尊重中国人和西方人的个体差异,看他们的个人修养和具体的道德行为。不能笼统地说中国人或西方人谁更讲道德,这要看个人的道德品质和行为选择。而且,社会公德、职业道德和家庭美德等方面的建设,最终也要落实到个人品德的养成上。再者,中国人要体现社会主义道德的优越性,需要每个人都不断加强个人道德修养,追求崇高道德境界,积极践行社会主义核心价值观。只要中国人都一致追求社会主义道德境界并将之外化为实际行动,那么,我们就完全可以说,中国人比西方人更讲道德。

6

为什么要有法律？

人类为什么要有法律？这个看似简单的问题，其实要回答好却并非易事。要寻找此问题的答案，需要从法律是什么谈起。

一、法律是什么

在中国古代，法律最初是分开使用的。古代"法"写作"灋"。《说文解字》记载："灋(fa)，刑也，平之如水，从水；廌(zhi)所以触不直者去之，从去。"①"廌，解廌兽也，似山牛，一角。古者决讼，令触不直。"②"水，准也。北方之行，象众水并流，中有微阳之气也。"③可见，"灋"字由廌、水、去三字组成。廌作为传说中的神兽，能区分是非曲直，做到"去之，从去"，廌喻指判决。"平之如水，从水"，意指法代表着公平。据考证，东汉时期，獬豸冠被冠以法冠之名，直至清代，御史和按察使等监察司法官员都一律戴獬豸冠，穿绣有"獬豸"图案的官服。时至今日，北京大学英华科技有限公司 2011 年 12 月乔迁于中关村大厦时，北京大学法学院赠了一尊獬豸雕塑，彰显出北大英华奋斗目标，力争品牌价值达到犹如悉獬豸裁决，均准确无误。尽管古体灋字现已被简化，"廌"部被隐去，然而它仍是公平、公正、正义的化身。

在古代，"法"与"刑"相互通用，亦与"刑"通用。《唐律疏义》记载："法亦律也，故谓之律……商鞅传授，改法为律。"④虽然"法律"这一合成词，在古代文献中早已出现过，但是真正对它大量、频繁地适用，还是在清朝修宪立法运动以后。不管怎样，古代关于"法"、"律"的记载，极大地帮助了我们更好地理解法律在历史中的真实意义。

---

① ［汉］许慎:《说文解字》,中华书局 1983 年影印本,第 562 页。
② ［汉］许慎:《说文解字》,中华书局 1983 年影印本,第 600 页。
③ ［汉］许慎:《说文解字》,中华书局 1983 年影印本,第 623 页。
④ 钱大群:《唐律疏义新注》,南京师范大学出版社,2007 年。

在现代汉语中,法律有广义和狭义之分。广义的法律指法律的整体,主要包括宪法,全国人民代表大会及其常务委员会制定的法律,国务院制定的行政法规,地方国家权力机关制定的地方性法规,民族自治地方的人民代表大会制定的自治条例和单行条例等。狭义的法律仅指全国人民代表大会及其常务委员会制定的法律。

如果给法律下一个定义的话,法律就是一种国家制定或认可的以规定公民的权利义务为主要内容的以国家强制力保证实施的调整人们行为的社会规范。法律与其他社会规范相比,具有以下鲜明的特征。

法律是一种调整人们行为的社会规范。法律与道德、纪律同属社会规范,但是法律作为一种极其重要的社会规范,它只规范人们的行为,不规范人们的思想。

法律是国家制定或认可的社会规范。法律的制定主体只能是国家,其他任何组织和个人均无权制定法律。法律是以公民权利义务为其基本内容,不仅规定了公民应当履行的义务,更是规定了公民应当享有的权利。从这个意义上讲,法律被称为公民权利的"保障书"。

法律依靠国家强制力保障实施。这是法律与其他社会规范的很大不同之处。道德主要依靠社会舆论、传统习俗、主体的良心等软强制来保障实施。法律依靠国家暴力机器来保障其贯彻实施。对此,法学家霍贝尔很早就说:法律有牙齿,必要时会咬人。随后,林肯在通过美国废奴法案时的发言指出:无偿没收这笔曾为宪法承认的一度价值30亿美元的财产,如果没有格兰特和薛尔曼的刺刀作为强大的后盾,这条法令也只不过是一纸空文! 法律就是这样一种具有国家强制力的社会规范。

二、为什么要有法律?

人类需要法律,源于对法律价值的追求。法律可以给予人类以良好秩序。秩序是法律的基本价值。俗话说得好,有人的地方就有江湖,有江湖的地方就有利益,有利益的地方就有是非,有是非的地方就有爱恨,有爱恨的地方就有纷争。不同的人所组成的社会要得以维系其存在与发展,就必须确立基本的秩序形式。更何况,任何时代的社会,人们都期望行为安全与行为的相互调适,这就要求通过法律来确立惯常的行为规则模式。在众多规范中,法律作为强制性规范在促成人类秩序的形成方面发挥着无可替代的作用。法律可以保障人的自由。法律虽然是可以承载多种价值的规范综合体,然而其最本质的价值则是自由。法彦说:法典就是人民自由的圣经。法律必须确认、尊重、维护人的自由权利而不是践踏人的自由。从这个意义上而言,任何不符合自由意蕴的法律,都不是真正意义上的法律。法律可以最大程度地实现公平正义。正义是法律的基本标准。一项真正的法律必定合乎正义的准则，法律充斥着不正义的内容则意味着法律只不过是推行专制的工具。在阶级社会里，法律沦为专制的工具。在今天，我国的法律显然已经不再为某一个阶级或阶层所左右，它成为最广大中国人民的意愿表达，代表着14多亿中国人在价值追求上的最大公约数，引导着广大民众崇尚正义、追求正义，实现社会正义。

人类需要法律，源于对法律作用的重视。对于每一个生命个体而言，法律具有预测、指引、评价、教育的规范作用。法律通过其具体规定明确：人们可以做什么或不可以做什么，应该做什么或不应该做什么，如果违反该法律规定，应承担某种何种法律后果，从而指引人们走出迷茫。人们就可以根据法律规范自觉地预测自己的行为做出理性的选择。法律是一个重要的普遍的评价准则。作为一种评价准则，法律与政策、道德规范等相比，具有比较明确、具体的特征，人们可以根据法律更好地判断某种行为是否合法，进而帮助人们及时评价和矫正自身行为。法律通过对违法者的否定性制裁和遵纪守法者的认可性表彰，起到教育个体的作用，帮助个体者理性安定地工作和生活。法律的另一个规范作用在于制裁、惩罚违法犯罪行为，预防违法犯罪行为，增进社会成员的安全感，维护社会和谐有序。

除了上述规范作用外，法律对于社会秩序的运行也有着极大的作用。对于社会而言，法律具有以下两个方面的社会作用：一是维护阶级统治的作用。法律可以有效调整统治阶级和被统治阶级的关系，调整统治阶级和同盟者之间的关系，保障政治内部统治的有序。二是维护社会公共利益。法律可以维护社会良好秩序，同时协调处理社会公共事务方面的诸多事项，让社会健康有序运转。

人们为什么需要法律？其实，这是最简单的问题，也是最复杂的问题，径直地回答这个问题，其答案就是：人们的生活离不开法律。法律就像我们呼吸的空气一样，无处不在，它伴随着我们生产生活的每一个方面，从生到死，乃至身后之事仍需要被法律保护甚至监管。

法律是从哪里来的?

法律是从哪里来的? 这是在学习法律中必然要遇到的一个反思性问题。对此,古往今来的思想家们给出了各种各样的解释。面对众说纷纭的观点,孰是孰非? 让我们大学生们也颇感困惑。在回答这一问题之前,让我们先来看看几种代表性的法律起源说。

一、中外思想史上的法律起源说

自古以来,思想家们围绕法律的起源这一问题提出了不同见解或理论,概括起来主要有"神创说"、"父权说"、"自然说"、"暴力说"、"契约说"等。

(一)神创说

神创说是较早的法的起源理论之一,它用上帝的意志来解释"法律是从哪里来的"这个问题。神创说认为法是人格化的超人类力量的创造物,是由各种各样的神为人类创造的。这一学说的代表人物有中世纪的神学家奥古斯丁、阿奎那等。奥古斯丁从基督教教义出发,认为宇宙最初只有神法,它由上帝颁布,支配着整个宇宙。为了实现人类的和平、维护人类的秩序,上帝把他所要求的秩序和标准,用命令的方式,控制那些没有理性的人。这种秩序和安排来源于上帝的永远的正义和永恒的法律,即神法。

(二)父权说

父权说的创立者是古希腊哲学家亚里士多德。他认为国家是从世代相传的家庭中产生的,这一家庭的首领理应成为国家的首领——君主。君主的权力因此也就是父权的延伸,君主也就成了所有臣民之父。从父权理论出发,自然会得出人人必须服从国家权力和国家法律的结论。

(三)自然说

自然说认为法律是自然产生的,持这一观点的有古希腊哲学哲学家赫拉克利特、普罗泰哥拉和古罗马思想家西塞罗等。比如,赫拉克利特认为,法源自于战争,故而,他将法归结为永恒的产物;普罗泰哥拉认为,法律起源于自然状态,是正义的表现。西塞罗则认为，自然是最高的善，自然状态是一种理性的、和谐的状态，依照自然而生活，一切都会尽善尽美，这就是自然法。它先于国家而存在，是一种至高无上的法则和最高的正义。同时，他还认为，遵从自然法即是遵从自然、理性和神。

（四）暴力说

暴力说产生于19世纪，代表人物有考茨基、杜林等。他们用军事政治因素，即一个部落对另一个部落的征服来解释法的产生：为了镇压被征服部落而建立国家机器，并制定法律。从历史看，许多国家的出现确实是一个民族征服另外一个民族的结果，比如早期的日耳曼、匈牙利及其他国家，但是该理论忽视了国家的产生并不单纯是征服其他民族的结果，它的产生同样需要内部条件的，其中最重要的是必须达到一定的社会生产力发展水平。否则，任何征服本身都不能直接导致国家的产生，继而带来法的制定。

（五）契约说

这种学说认为，人类在进入政治社会之前处于自然状态，社会中的每个人都有得自大自然的不可剥夺的自然权利。但在人类发展的过程中，一些人的权利与另外一些人的权利发生冲突，秩序被破坏，产生暴力。为了克服自然状态的缺陷或更好的生活，人们之间相互缔结契约，同时将自愿将自己权利的一部分转让给国家，而这最初的契约就是法律。持此观点的主要有洛克、卢梭、斯宾诺莎、霍布斯等。这种学说虽然在反抗封建等级制度、促进人类平等方面有所贡献，但它忽视了国家的产生所需要的经济和物质条件，忽略了尖锐的社会矛盾是难以达成协议和契约的现实。

二、马克思主义法律起源论

马克思、恩格斯立足科学的世界观和方法论，提出了唯物主义的法律起源说。他们认为法律的产生有其相应的前提，并经过了一系列的表现形式。

（一）法律产生的前提

首先，个人与氏族的分离是法律产生的自然基础。在原始社会末期，随着个人需要的不断增加和个人对社会生活的有意识参与，原有的血缘共同体组织在新的人际交往条件下出现了崩溃的裂痕，原先个人无条件服从的氏族内部制度日渐丧失了往日的权力，新的制度，亦即是后来的法律制度在个人与氏族社会的分分合合中破土欲出。

其次，私有财产的出现是法律产生的物质要素。随着劳动生产率的提高，劳动产品的数量和品种不断增加，家庭关系越来越受物质资料生产的制约，最初的血缘家庭发展为对偶家庭。到了对偶家庭的后期,伴随着生产的发展,逐渐增多的剩余财富一旦转归家庭所有并且迅速增加,助长了父母要求其子女继承的意图,这一因财产私有而产生的财产继承的要求为法律的产生埋下了伏笔。同时,随着社会大分工及商人阶层的出现,社会利益的冲突和贫富矛盾日益尖锐,原先的社会组织体制和习惯再也不能适应新的形势,它迫切需要一种全新的社会组织和社会规范,促进了国家和法律的产生。

最后,氏族组织的壮大是法律产生的政治根源。氏族组织的不断发展,致使原有的氏族又不断地分裂出新的氏族,部落也不断地形成新的部落,不同的联盟之间因为财产、领土等不可避免地要发生冲突,为了使不同地域的联盟不致因冲突而使自己和社会消灭,迫切需要一种全新的力量制定适当的措施以控制冲突,把社会维持在一个有序的范围之内,于是法和国家出现了。

(二)法律的表现形式

首先,禁忌是法律的源头。禁忌首先表现为各种禁止性的规范内容,在原始社会,它是最早、最特殊的一种规范形式,扮演着法律的角色,发挥着法律的引导、警示、威慑、惩戒和社会整合、社会调整等功能和作用,是阶级社会法律的萌芽。因此,可以说,"法是从原始的禁忌习俗中摆脱出来的,是在原始禁忌的母体内孕育成长起来的,当建立在错误的因果关系的认识基础上的巫术、禁忌不能再直接调节重大的现实社会关系时,为了解决人与人之间复杂的接触、冲突、矛盾,法律就产生了"①。

其次,习惯是法律的萌芽。习惯,在法律的意义上多指人们在生产和生活的长期日积月累中逐渐形成的,用于调节人们相互之间社会关系的一系列行为规范。许多习惯是从禁忌中延习相传或者直接从禁忌中引申而来的,在人们长期的生产和生活中形成的习惯也具备着法律的雏形。随着谋生手段的增加和劳动能力的提高,调整社会关系的风俗习惯也越来越多。它们的内容类似于文明社会的法律规则,当生产力发展到一定程度,出现了剩余产品,产生了私有制,并使商品交换成为经常性的社会行为时,必然需要相应的规则以规范交换的主体和行为,由此也出现了习惯向法律的转变。

再次,习惯法是法律的前身。习惯法勾画出了民族习惯法产生、发展、演变的轨迹,例证了从习惯法向国家制定法的过渡。从习惯法跃进到国家制定法的事例由希腊、罗马社会得到了验证,他们从氏族社会直接跨入了具有国家观念的政治社会,此时他们都意识到有必要制定成文法以代替习俗成规,也都从氏族制度中

---

① 王学辉. 从禁忌习惯到法起源运动[M]. 北京:法律出版社,1997:68.

继承了下来。这明确地表明了习惯法作为文明社会制定法前身的历史事实。

从禁忌到习惯到习惯法,再到国家观念下地制定法律,逻辑地构成了文明社会法律漫长产生历程的生长链。与这缓慢而恒久进步的生长链相伴随,公共权力也经历了从无到有、从弱到强的艰辛进化过程,直至最后形成了从社会中产生但又自居于社会之上,并且日益同社会相脱离的公共力量——国家。由此,国家制度下的法律也就正式出现了。

我国法律属于什么法系？

自党的十五大提出依法治国以来,作为一项治国方略,逐渐为人们所感受和体会。尤其是党的十八届四中全会以来,全面依法治国观念日益深入我国民众的日常生活。对于普通老百姓来说,遵守社会主义法律的基本要求,维护社会主义法律的基本权威,是一个公民的基本职责。但对于大学生而言,作为未来的建设者和接班人,不仅要知其然,还要知其所以然,其中一个首要的问题就是要了解我们依法治国的"法"究竟属于什么法系的问题。有人说我国是大陆法系,也有人说我们是社会主义法系,那么我国究竟是什么法系? 对于大陆法系、英美法系与社会主义法系、资本主义法系的分类,我们应如何看待? 各个法系有什么特点? 这些问题都需要我们阐释和说明。

一、什么是法系

法学界将"法系"指认为"在对各国法律制度的现状和历史渊源进行比较研究的过程中形成的概念"①,从其英文词源 genealogy of law 中可以发现"法系"概念借鉴了生物学所涉的系谱学(genealogy)分类方法。"法系"概念的最初提出者是日本近代法学家穗积陈重,他通过比较的方法对法律制度及其渊源进行了类似生物物种的分类,从而建立起法律的系谱,在此意义上"法系"也可称为法族、法圈。弄清"法系"问题,有助于理解一个国家现行法律制度、法治体系的历史渊源,有助于预判其发展方向。

作为一个移植于生物学系谱学的研究范式,法系是一个法律族群渊源于共同的基因和共同的传统,"法律是文化的一部分,并且是历史悠久和根深蒂固的一部分"②,因此"凡是具有相同的历史渊源和传统,具有相同或相近的存在样式和运

---

① 张文显:《法理学》,法律出版社,1997 年版,第 195 页。
② [美]梅利曼:《大陆法系》,顾培东等译,法律出版社,2004 年版。

行方式的法律制度,便被视为属于同一个法律家族,即法系"①。在法系的范围内,不同时间、不同国别的法律制度有着大致相同的"基因"。

对于法系的类型,不同的学者的论说多有不同,如十大法系、五大法系等。但是伴随人类文明的进程,全球化交往互动的发展以及法律规范、法律技术的丰富与成熟,法系发展流变至今,较为成熟、颇有公论的是"三大法系说"——大陆法系、英美法系、社会主义法系。

大陆法系的"大陆"指的是欧洲大陆的意思,欧洲大陆上的德国、法国、意大利、荷兰、西班牙、葡萄牙等国是诞生、承袭大陆法系的主要国家,而后随着上述一些国家的扩展活动,大陆法系的覆盖范围进一步的延展到拉丁美洲、亚洲等更多。大陆法系以成文法为核心,故又称为成文法法系,"在大陆法系的传统里,制定法是最主要的,甚至是具有唯一性的法律渊源"②。总体上看,大陆法系多以法典为表现形式,体系逻辑严谨,覆盖面广,内部协调一致性强,强调对全部社会关系加以理性设计和安排。但是面对极其复杂并不断变化的社会关系,大陆法系有时则显得刚性过强,难以完全适应。

英美法系是承袭英国中世纪的法律传统而发展起来的各国法律制度的总称,其法律传统包括王室判决的普通法、衡平法以及成文法,但核心仍然是判例法,故也称作判例法法系。英美法系区别于其他法系最突出的特征就是将判例作为法律的主要渊源,英国、美国、澳大利亚、新西兰、中国香港等英语国家和地区的法律制度多属于英美法系。总体上看,英美法系的传统是强调根据具体的经验解决具体的问题,因而具有很强的针对性和灵活性,但是法律的庞杂、混乱、难以被非专业人士了解等缺点也很突出。

虽然大陆法系和英美法系在法律渊源、法律结构、法官权限、诉讼程序等方面存有许多不同,但进入21世纪后,由于各国之间的经济、政治和文化联系与交流的加强,两大法系之间的互相借鉴日渐增多,它们之间的差别也逐渐缩小。就根本而言,无论大陆法系还是英美法系都是资本主义国家法系的典型代表,都具有典型的资本主义意识形态性。

除了大陆法系、英美法系外,当下世界的主要法系还包括社会主义法系。就时间而言,社会主义法系出现较晚,有着与资本主义法律体系代表的剥削阶级类型法系不同的经济基础和阶级本质。

20世纪初,苏联成为历史上第一个社会主义国家,受其影响,在20世纪中叶

---

① 张文显:《法理学》,法律出版社,1997年版,第195页。

② 朱景文:《比较法导论》,中国检察出版社,1992年版。

一批国家通过社会主义革命实现了民族的独立与解放,确立了社会主义制度,并开始在各自法律渊源的基础上建设社会主义法律制度,逐渐形成了社会主义法系。社会主义法系是人类历史上唯一以公有制为基础,以消灭剥削、消除两极分化、实现共同富裕为历史使命的法律制度。^① 可见,社会主义法系是对以往类型法系的超越,它为实现更为普遍意义上的平等、自由开辟了广阔的空间。中国是社会主义法系的当代典型代表,但是也有自己的法系"基因",对于这一点,需要给予进一步厘清与辨析。

二、我国法系的传统流转与现实发展

对照生物系谱学意义上的法系概念,我国的法系属于中华法系范畴。最早提出法系概念的日本法学家穗积陈重曾在《法律进化论》中将世界法系分为印度法系、中华法系、伊斯兰法系、英国法系、罗马法系五种[②]。早年在游历日本的梁启超深受穗积陈重影响,在《中国法理学发达史论》一文中从中国学者的角度提出了法系问题——"近世法学者称世界四法系,而吾国与居一焉,其余诸法系,或发生蚤于我,而久已中绝;或今方盛行,而导源甚近。然则我之法系,其最足以自豪于世界也。夫高山大泽,龙蛇生焉,我以数万万神圣之国民,建数千年绵延之帝国,其能有独立伟大之法系,宜也"[③],从而最早把法系概念引入中国。

从中华法系的历史渊源来看,它在新中国成立之前有着清晰的延续脉络,大致可分为四个阶段。夏、商、西周时期,主要以天命和宗法制度为核心,主张"以德配天""明德慎刑";春秋战国时期,犹以法家为代表,法治被推崇为立国与治国的根本,主张"援法而治""依法治国";西汉至清中期,儒家法律思想居于核心地位,主张在"独尊儒术"的前提下,儒法合流、礼法合一;清末至中华民国时期,在中学为体、西学为用的背景下,西方法律思想输入我国,打破了传统的儒家封建法系,中华法系由此发生了巨大嬗变。[④]

从中华法系的历史渊源中我们不难发现其间蕴含的实质内核:

其一,重视成文法典并用文字记载相关社会规范。早在西周初期,我国古代思想家就把当时相关法律思想和制度记录在《尚书》等典籍中,同时体现在"礼""刑""誓""诰""命"等宗法律令之中。战国时期成书的《周礼》等古籍中同样蕴

① 《思想道德修养与法律基础》,高等教育出版社,2013 年版,第 123 页。
② 黄震:《中华法系与世界主要法律体系》,《法学杂志》,2012 年第 9 期。
③ 范忠信:《梁启超法学文集》,中国政法大学出版社,2000 年版,第 69 页。
④ 张文显:《法理学》,法律出版社,1997 年版,第 30 - 31 页。

藏着有关法律的宝贵资料,并对《唐律》及以后历代法律法典的制定起到了深远的影响。

其二,以天理作为法的理论根据,以合乎天理作为立法的指导思想。同时期的大多古代法,如《汉谟拉比法典》《摩西法》《十诫》等多具有"神授"倾向,即以某种人格神的意志作为立法根据,具有浓厚的宗教色彩。相比之下,中华法系强调的天理并不是简单的宿命观点,它是植根于某些自然现象以及具有因果关系的社会现象,诸如春夏秋冬四季的更迭、政治上治乱兴亡等,人们认识到了其中的规律性,无以名之,遂称天命、天理,或以"天"代称。合乎天理,实际上是说它顺乎人情,合情合理。既然合乎天理,人们自然要顺应顺从。汉代董仲舒所提倡的"王道之三纲可求于天,天不变,道亦不变"便是这个道理。

其三,强调礼法并重。古人所谓的"礼",既指一般性的礼仪节度,又指道德规范和行为规范。在我国历史上,儒法两家对礼与法虽各有偏重,但具体到实践中,往往双管齐下。尤其是作为先秦儒家集大成者的荀子,他所强调的礼高于法、法以礼为原则、礼法统于圣人之治的治理模式深深地影响了我国的法制历史。

总之,在现代意义上,中华法系的法律设置虽然有着明显的大陆法系即成文法特点,但从这一传统来看,中华法系又深刻蕴含着我国道德、人伦、天理的历史文化基因,加之作为社会主义上层建筑的表现形式,具有鲜明的社会主义国家的意识形态属性。通过这样的简单梳理,我国现行法律制度的法系归属也就变得清晰起来,我们既不能将之固封为传统的中华法系,也不能简单地将之界定为大陆法系,较为适宜的说法应当是我国法律是一种新形态的法系,是中国特色的社会主义法系。

怎样讲法治？

　　法律是治国之重器，良法是善治之前提。党的十八届四中全会通过《关于全面推进依法治国若干重大问题的决定》，提出全面依法治国的基本方略，一方面是对党探索法治建设历程的回应，体现了党对法治认识达到新高度；另一方面是解决当前现实问题的需要，确立依法治国的理念刻不容缓。那么，什么是法治？今天，我们该怎样讲法治呢？

　　一、什么是法治？

　　法治最早可追溯到亚里士多德的法治理论，亚里士多德提出的法治包括两点，一是有优良的法律，二是优良之法得到民众普遍遵守。这个思想得到了后来者的发扬，并构成了当代法治思想的核心与精髓。今天讲法治，就是讲依法治国。它是人类政治文明的重要成果，是现代社会的一个基本框架。大到国家的政体，小到个人的言行，都需要在法治的框架中运行。西方第一个主张"依法治国"者亚里士多德，在其著名的《政治学》一书中写道："由最好的一人或由最好的法律统治，哪一方面较为有利？"他说，凡是不凭感情因素治事的统治者总比感情用事的人们较为优良。法律恰正是没有感情的；人类的本性便谁都难免有感情，在许多事例上，群众又可能做较好的裁断。此外，多数群众也比少数人为不易腐败。单独一人就容易因愤懑或其他任何相似的感情而失去平衡，终致损伤了他的判断力；但全体人民总不会同时发怒，同时错断。因此，亚里士多德认为："法治应该包含两重意义：已成立的法律获得普遍的服从，而大家所服从的法律又应该本身是制定得良好的法律。"①今天，作为现代意义上使用的法治概念，在其基本理念上同两千年亚里士多德关于"法律面前人人平等"和"法律应善"的法治观念仍有基本精神的一致性。

　　在社会主义制度与法治的关系上，我们走过了一条从"人治"到"法制"再到

---

　　①　亚里士多德：《政治学》，商务印书馆，1981 年版第 199 页。

"法治"的艰辛探索之路。新中国成立之初,中国共产党即致力于法治探索。毛泽东亲自组织起草了第一部《中华人民共和国宪法》。但由于各种复杂的主客观因素的制约,中国的法治之路走得并不顺畅,曾在相当长的历史时期里,党习惯于依靠杰出领袖的个人才干进行国家治理和社会管理,各项法律、制度的制定和执行受人为因素的影响较大,给党和国家的事业造成了损失。实行改革开放之后,党在总结经验的基础上完成了执政理念的拨乱反正,重新探索法治道路。十一届三中全会公报指出"为了保障人民民主,必须加强社会主义法制,使民主制度化、法律化,使这种制度和法律具有稳定性、连续性和极大的权威,做到有法可依,有法必依,执法必严,违法必究",并提出要把立法工作摆上重要日程。随着中国特色社会主义的形成和发展,依法治国成为中国特色社会主义理论体系的重要组成部分。通过反思和总结改革开放之前我国社会主义探索的历史经验,邓小平指出,要避免"文革"悲剧的重演,唯一的办法就是"认真建立社会主义的民主制度和社会主义法制","必须使民主制度化、法律化,使这种制度和法律不因领导人的改变而改变,不因领导人的看法和注意力的改变而改变"①。

二、当代中国法治进程中存在的问题

进入20世纪90年代,党加快了依法治国的进程,十五大提出依法治国、建设社会主义法治国家,第一次把依法治国正式表述为党领导人民治理国家的基本方略。1999年九届全国人大二次会议通过的宪法修正案正式确认了党的这一治国方略,并以国家根本大法的形式确定下来。十六大提出发展社会主义民主政治,最根本的是要把坚持党的领导、人民当家做主和依法治国有机统一起来。十七大提出依法治国是社会主义民主政治的基本要求,强调要全面落实依法治国的基本方略。党的十八大强调法治是治国理政的基本要求,要更加注重发挥法治在国家治理和社会管理中的重要作用。十八届三中全会提出推进法治中国建设的任务,十八届四中全会首次正式把"依法治国"作为会议主题,通过《关于全面推进依法治国若干重大问题的决定》,指出全面推进依法治国的总目标是建设中国特色社会主义法制体系、建设社会主义法治国家,并把全面推进依法治国作为全面建成小康社会、实现中华民族伟大复兴的中国梦,全面深化改革、完善和发展中国特色社会主义制度,提高党的执政能力和执政水平的根本手段和方法路径。这也标志着我们党和国家进入了全面推进依法治国新阶段。

然而,不容回避的是近年来频发的冤假错案、钓鱼执法等明显违背法治的事

---

① 张正光:《依法治国:历史回应与现实需求》,《安徽日报》(第7版),2015-03-09。

件,严重地影响了我国司法的公信力。人们在法治和人治面前,仍存在着强烈的"青天意识",由此,大量的社会矛盾无法通过司法途径得到有效化解,反而是波涛汹涌地推向了党和政府,不仅造成了巨大的维稳压力,陷入了越维越不稳的怪圈。因为人们的法律信仰和法治的真正实现和不断完善不是一朝一夕或者短时间能够完成的,要真正把我国建成社会主义法治国家,不仅需要长时间持之以恒的努力,更重要的从学理层面梳理造成法治不彰、人治仍存的内在原因,从而为今天人们讲法治提供经验借鉴和理论启示。

根据《中共中央关于全面推进依法治国若干重大问题的决定》对中国法治进程中存在问题的总结,目前,我国的法治建设同党和国家事业发展要求相比,同人民群众期待相比,同推进国家治理体系和治理能力现代化目标相比,法治建设还存在许多不适应、不符合的问题。主要表现为以下几方面。

有的法律法规未能全面反映客观规律和人民意愿,针对性、可操作性不强,立法工作中部门化倾向、争权诿责现象较为突出;立法质量和效率有待提高。习近平在《中共中央关于全面推进依法治国若干重大问题的决定》起草说明中指出,我们在立法领域面临着一些突出问题,比如,立法质量需要进一步提高,有的法律法规全面反映客观规律和人民意愿不够,解决实际问题有效性不足,针对性、可操作性不强;立法效率需要进一步提高。

有法不依、执法不严、违法不究现象比较严重,执法体制权责脱节、多头执法、选择性执法现象仍然存在,执法司法不规范、不严格、不透明、不文明现象较为突出,群众对执法司法不公和腐败问题反映强烈。部分社会成员尊法信法守法用法、依法维权意识不强,一些国家工作人员特别是领导干部依法办事观念不强、能力不足,知法犯法、以言代法、以权压法、徇私枉法现象依然存在。这些问题,违背社会主义法治原则,损害人民群众利益,妨碍党和国家事业的发展,必须下大气力加以解决。

三、当代中国怎样讲法治?

法治文明是现代文明的基本标志,也是现代规则的重要体现。所谓现代规则,就是指法治的规则。在现代社会,普遍实行的是政党组织通过民主选举的方式掌握政权,并在法治的轨道上治理国家。"依法治国",即依照体现人民意志和社会发展规律的法律治理国家,而不是依照个人意志、主张治理国家。自从我国正式提出建立法治中国的任务以来,历任党和国家领导人都多次强调依法治国的重要性,并不断探索法治建设的有效路径。针对我国法治建设过程中尚存在的问题,习近平总书记在中央政治局第四次集体学习时强调,"要全面推进科学立法、严格执法、公正司法、全民守法,坚持依法治国、法治政府、依法执政、依法行政共同推进,坚持法治国家、法治政府、法治社会一体建设,不断开创依法治国新局面。"这为当代中国法治建设提供了根本方向和行动指针。

首先要加强立法的科学性。依法治国,首先要有法可依。改革开放以来,随着我国经济社会的快速发展,越来越多的问题需要法律予以规范,社会发展面临巨大的"立法缺口"。而具体行政部门在经验、信息等方面相比于立法机关更加熟悉,因此,部门立法在我国的立法进程中占据的比重较多。但部门立法容易造成裁判员和运动员的混淆,从而导致法律打架、立法部门利益化等背离法治精神等现象。要破解这一问题,就需要尽量消减部门立法现象。同时,要充分让相关领域专家参与立法,发挥他们专家理论水平高、专业知识精、实践能力强、利益中立等优势,多角度、全方位参与法规草案的论证把关。这样既破除部门、行业等局部利益对立法工作的干扰,同时提高立法工作的科学性。

其次,要加强严格执法。法律的生命力在于实施。如果有法不依或选择性执法,就会破坏公众对法律的信仰,依法治国就会成为一句空话。当前我们社会生活中发生的许多问题,有的固然是因为立法不够、规范无据造成的,但更多的则是因为有法不依甚至以权谋私、选择性执法而造成的。其中,有法不依和以权谋私的危害性比较明显,容易引起人们的重视。而选择性执法看似严格执法,但它对法治建设的破坏性更大,需要引起人们的重视。法律面前人人平等,但选择性执法却造成了法律面前的不平等。选择性执法不仅容易造成"破窗效应",导致人们对法律的敬畏感淡漠而越来越钻营于走后门,对法律的平等性、权威性、正义性和神圣性,构成严重挑战,对法制秩序是一种严重损伤;更重要的是选择性执法在逻辑上给执法腐败提供了操作的空间,执法者可以利用和控制执法的疏漏率或者选择执法威胁利诱管辖客体,从而达到其权力寻租的目的。在此意义上,某些地方发生的钓鱼执法其实和选择性执法有着共同的利益驱动。长此以往,看似法律的权威得当了弘扬,但实际上却是影响了人们对法律公正的信仰。

加强党的领导,为法治中国建设提供坚强政治保证是当代中国法治建设的重中之重。习近平总书记在在省部级主要领导干部学习贯彻十八届四中全会精神全面推进依法治国专题研讨班开班式上强调指出,全面推进依法治国,方向要正确,政治保证要坚强。党的领导是社会主义法治最根本的保证。我们要坚持的中国特色社会主义法治道路,本质上是中国特色社会主义道路在法治领域的具体体现;我们要发展的中国特色社会主义法治理论,本质上是中国特色社会主义理论体系在法治问题上的理论成果;我们要建设的中国特色社会主义法治体系,本质上是中国特色社会主义制度的法律表现形式。在处理党的领导和依法治国的关系上,要正确理解党的领导和依法治国的高度统一性。要正确处理党的政策和国家法律的关系。我们党的政策和国家法律都是人民根本意志的反映,在本质上是一致的。党领导人民制定宪法法律,也领导人民执行宪法法律,做到党领导立法、保证执法、带头守法。

法者,国之重器也。马克思主义法学认为,法律绝非永恒的、普遍有效的正义原则和道德公理,而是统治阶级意志的体现。今天,社会主义法治建设当然应该体现工人阶级领导下的广大人民意志和利益,反过来,也只有为人民服务的法治才是正义的。而党的利益和人民利益高度统一,因此,讲法治必须坚持党的领导,这不仅是依法治国的重要保障,同时也是"皋陶敬羊"所代表的东方司法文化的时代传承。① 历史事实和理论逻辑一再警告我们,脱离了中国法治实际情况的全盘西化是一条充满陷阱的不归路,在依法治国的重大问题上同样如此。讲法治必须立足我国经济社会发展的基本国情,所依之法必须来自我国社会主义现代化建设的实践,体现中国社会发展的基本规律。

---

① 王振钰:《"皋陶敬羊"对法治建设的借鉴意义》,《安徽日报》(第7版),2015-03-09。

讲法治思维还讲感情吗？

有人认为,情是情,法是法,二者水火不相容,不可混为一谈。如果带着感情来处理法律问题,就容易感情用事,会影响法治的公正性。所以法不容情,讲法治思维就不能讲感情,真的是这样吗? 要真正回答这一问题,我们需要准确理解"法治思维"和"感情"。

一、正确理解"法治思维"

法治思维是人们按照法治的理念、原则和标准,分析、判断和处理问题的一种思维方式。法治思维与其他思维不同的是,它突出强调法律至上、权力制约、人权保障、程序正当。

法治思维强调法律至上。美国潘恩说过:在专制政府中,国王便是法律。在自由国家中,法律便是国王。没有法律至上的理念,也就不可能有真正的法治思维。法律至上,其实就是指宪法法律在本国主权范围内对所有人均具有法律约束力。一切国家机关、团体、个人都必须遵守宪法和法律,任何组织或者个人都没有超越宪法和法律的特权。任何人都不允许违反宪法法律,一切违背宪法法律的行为,必须予以追究。至于"权大还是法大",就是一个伪命题,权力必须在法律框架下行使。

法治思维强调权力制约。借用习总书记的话说,权力制约就是"把权力关进制度的笼子里",不管是大老虎,还是小苍蝇,一旦违法,严惩不贷。现实中,无论是因亡者归来得以翻案的"杀妻罪犯"佘祥林案,还是 2013 年得以被洗冤的浙江叔侄强奸杀人冤假错案,都给我们以警示:如果当时权力制约、法律监督能够更加有力一些,这些冤假错案或许就不会发生。法治思维要求权力行使者真正做到:职权由法定;有权必有责;用权受监督;违法受追究。

法治思维关注人权保障。人权,是人作为人所享有或应当享有的基本权利。丧失了人权,人便无法成为真正意义上的人。我国非常重视对于人权的保障,于2004 年将"尊重和保障人权"写进了宪法,国家立法机关又通过具体单行立法对人权保障做出详细具体规定,如我国《民法通则》规定,公民有姓名权、名誉权、荣誉权、隐私权等具体人身权利。

法治思维追求程序正当。我国程序正当表现在程序的合法性、中立性、参与性、公开性、时限性等方面。只有严格按照一定的程序,按照程序做,才能防止主观任性、无序混乱。只有程序正当了,才可能有效防止权力滥用,保障人权,产生公正的结果并具有法治权威。

由此不难看出,现代意义的法治,不是简单机械的规则之治,而是人性之治、良心之治,是一种以保障公民个人权益最大化为使命,以限制国家公权力为手段,追求程序正义和社会实体正义的一种最优方案。法治思维旨在增进人们的福祉,让人们生活得更有尊严、更安全、更舒适。法治思维在它看似呆板的"条条框框"规则和原则之下里渗透着对人类最大的关怀和对世界的温情脉脉。我们中国特色的法治更是人民的法治。我们所倡导的"法治思维"绝不应该做出根本背离老百姓利益和情感的事情,它会更加注意倾听人民群众的心声,把人民的需求和法律的规定结合起来。

二、正确对待"感情"

中国人是比较讲"情"的。"情"在中国古代的语境中,有不同的内涵指涉。首先,中国古代社会中的"情"表达的是对人自身的认识。"民之性:饥而求食……此民之情也。"[①]其次,中国传统语境中的"情"的基本含义就是指人与人的感情联结。家庭成员之间形成感情关系,依次外推于与其他社会主体之间的感情关系。中国古代"家国"的秩序追求中,十分重视家族成员之间的感情模式。再次,"情"在中国古代很早就被用于说明社会的客观情况。商鞅曾说,"法不察民之情而立之,则不成。"这里所称的"情"就是指社会的实际情况。最后,"情"还指事件的事实情节,如法律案件的事实、案件的特殊情节、具体案件中行为人的行为动机、案件发生的社会背景等。

通过"情"之语义的简单考察,不难发现,在中国古代社会的语境中,"情"字的含义是丰富的,但是其核心含义有二,一是指感情,一是指事实、情况。今天所要讨论的是"情"中的"感情","事实、情况"不在考虑之列,因为讲法治思维一定要讲事实情况的,以事实为依据,以法律为准绳,这是法治的基本要求,毫无争议。

"感情",是中国人话语体系中使用频繁颇高的词汇。老百姓所说的"感情",大体包含两个层面:一是指绝大多数人公认的常理、常情,这是一个社会最基本的

---

① 商鞅:《商君书·算地》。

是非标准、最基本的行为规则，是一定社会中人性最本原的形态，是社会需要的最低要求和人民利益的最大共识。有时候，我们简单地用"社会良心"来表达。二是个别人之间的私情、私交。对此，费孝通先生《乡土中国》中提出了著名的"差序格局"学说，即"同心圆"的比喻，认为传统社会中的人是人际关系同心圆的核心，不同关系的亲疏远近就像水的波纹一样，一圈一圈推出去，越推越远，情感也越推越薄。重人情是中国传统农业社会的重要特征，因为传统农业社会是典型的熟人社会，人口流动性较小，人与人之间的联系较为密切。在这样的社会环境下，人情大如债，接受他人人情都要找机会偿还，正所谓"投之以桃，报之以李"。

三、法治思维与感情

我国改革现在进入攻坚期和深水区，社会稳定也进入风险期，我们比以往任何时候都更加需要运用法治思维和法治方式开展工作、解决问题。在执法、司法活动中，有时会陷入所谓"合法不合情理""合情理不合法"的矛盾境地，关键是未能正确理解"情"与"法"的内涵，未能用法治思维处理好法治与感情的关系。

如果我们将感情界定于个人之间的"私情"，那么，法不容情，讲法治思维就不能讲感情。法不容情主要包含以下几层含义，一是人与人之间应当按规矩办事，不能够跑关系、拉关系、讲人情。二是严格依法办事、执法如山、不徇私情。法网恢恢，疏而不漏，对违法行为应当严格依法处理，不能够法外开恩。如果法律工作者心存私情，就说明没有从根本上理解法律本质，并根据这种理解来解决具体社会冲突；如果法律工作者心存私情，就无法客观公正地执法，会刻意偏袒一方，而让另一方当事人无辜受损；如果法律工作者心存私情，就容易发生某些"精通"法律规定的人打着维护"法律权威"的旗号，将我们法律规定的某些不足之处歪曲为贪官污吏的护身符，他们也可能堕落，为犯罪分子的辩护；如果法律工作者心存私情，很可能将"维护人民利益的法律"异化为可以不顾人民群众呼声，可以违背人民公认的情理，并最终可能与人民的利益对立的工具，最终葬送了良好的法治秩序。

中国历史上，历朝历代都不乏秉公执法、不徇私情的公正之人。如汉朝不畏权势、不徇私情的张释之，秉公执法、主持正义的强项令董宣；唐朝"南山可以改移，此判终无动摇"的京兆尹李元；宋朝铁面无私铡亲侄、为民请命的包青天包拯；明朝刚直不阿、有如包公再世的"海青天"海瑞；清朝被称为"于青天"的于成龙等。千百年来，人们传颂着他们的故事，其实也是歌颂和赞美那些秉公执法、刚正不阿的清官，歌颂古代执法官员秉公执法、不徇私情的行为。

法外求情是当代社会中并不少见的现象。有人一旦违法，其第一反应并不是考虑其依法应当承担何种责任,也不是积极找律师提供法律意见,而往往是找各种关系,力图在法律规则之外解决纠纷。社会流行的潜规则就是"案子一进门,两头都找人",公关打点成为人情世故的表现。受人情的影响,一些执法者手下留情,"不看僧面看佛面",或者徇情枉法、法外开恩等。实践中出现的选择性执法大量都和"灵活通融"、"网开一面"有关,而一些枉法的裁判则与"法外施恩"直接关联。所以,讲法治思维,就要杜绝私人情感因素,客观公正地厉行法治。

我们反对以情代法、因情乱法,但这并不是说,法治思维完全忽视感情,罔顾感情。如果我们将感情界定于老百姓心中的"常理常情",那么法是可以容情的,也就是说,讲法治思维一定也必须是讲感情的。此种感情是广大人民利益的最大共识,是现代法治思维不可或缺的人性基础和人民基础。相反,如果法治思维排斥这种感情或与这种感情相背离,就不可能是人民意志的体现。我们也很难设想一个违背社会基本常识、人民基本伦理、人类基本感情的法律规定,在实践中能够得到人民的真正支持。从正面来讲,我们只要实现了常理、常情中所包含的那些最基本的是非标准,最基本的伦理要求,实现现代法治的目标就会有最基本的保证。

习总书记强调指出,运用法治思维时正确理解和把握法治意义上的公理、常情。法律作为人民意志的体现,法治意义上的理是公理,不是歪理;法治意义上的情是绝大多数人公认的常情,不是个别人的私情。公理、常情是构成国法的重要内容,国法是公理,常情是必须坚守底线。只有用法治思维把法理、事理、情理有机结合起来,才能真正实现法律效果与社会效果的统一。

法治思维和感情虽然有别,但并非对立、互不相容。常怀为民之情,执行公正之法,才能在情与法中求得公正,情与法的天平才会永不倾斜。立法者只有洞察人情世故,了解人性特点,其所制定的法律规则才能取得良好的社会效果。例如,我国继承法对于尽到赡养义务的继承人,在分配遗产时可以适当多分;对于丧失劳动能力和生活来源的法定继承人,规定了特别留给份额的制度,这在某种程度上也可以看作是"人情"的法律化。当然,立法者也必须区分法律调整的领域和道德、情感调整的领域,在个人的感情领域,法律不应当过多地介入,例如,夫妻之间、家庭成员之间发生口角,如果将此类纠纷作侵权处理,不仅不利于家庭关系的和睦,反而可能激化矛盾。另一方面,执法活动的过程也应当体现对弱者的关爱。在某一法律规则存在多种合理的解释时,执法者应当尽量选择对弱者有利的解释。当然,在司法活动中不得以人文关怀为由逾越法官自由裁量的范围而枉法裁判。

法治思维,不是毫无变通地蛮干,而应"以无情的目光论事,以慈祥的目光看人"。正如谚语有云:法乃善良公正之术。法律与情感之间密切关联,法治思维与感情存在一个辩证互动的关系,我们需要通过二者的良性互动,才能建设一个充满人情味而又崇规尚法的现代社会秩序。

怎样培养我们的法律思维?[①]

　　培养法律思维方式既是我们塑造现代公民人格和适应现代法律生活的需要,也是建设法治社会的需要。那么,大学生应该怎样来培养我们的法律思维呢? 对此,我们应该明确三个方面问题。

一、何为法律思维方式?

　　现代社会是一个高度法治化的社会,现代人很大程度上变成了"法律人,"现代人的生活很大程度上变成了法律的生活。要适应这种高度法律化的生存状态和生活方式,现代人必须具有法律思维方式,按照法律的要求观察、思考和处理生活中的各种问题,并使这种思维方式成为人格构成的基本要素。

　　但是,我们在社会生活中遇到的问题往往是非常复杂的。社会问题并不只是单一的法律问题,往往还包含着政治的、经济的或道德的问题。而相当多的情况下,当我们从不同的思维角度去思考、评价、处理的时候,就会得不同的结论。比如 2008 年著名地产企业万科老总王石的"捐款门"事情。在汶川地震当天,他宣布万科集团捐款 200 万,三天后他又在自己的博客上倡导万科所有员工只捐 10块,10 元以上不提倡。结果社会上很多人议论纷纷。这个问题是道德问题、经济问题、政治问题还是法律问题? 从不同的思维角度出发来评价,得出的结论是不一样的。从道德角度来看,很多人觉得王石做得不道德:200 万元只是万科当年企业产值的万分之四,而王石本身持有的股票折合市值有 1 个多亿,这么有钱只捐 200 万不够慷慨,而且还号召员工只捐 10 块,这不太符合道德的要求;从经济角度看,可能又会是另外一个结论:万科只是一个股份公司,王石只是股东之一,没有权力决定公司的捐款数目,且作为大股东而言,要为公司的利益着想;从政治角度看,当时举国上下一片悲哀,政府呼吁全社会捐物、出人、出力,在这个背景下,万科老总号召员工不多捐的行为是政治意识不强的表现;而从法律的角度看,他又

　　① 黄文艺:《论大学生法律思维方式之培养》,《思想理论教育导刊》,2006 年第 10 期。

是依法办事,因为《公司法》第 20 条明确规定:公司股东应当遵守法律、行政法规和公司章程,依法行使股东权利,不得滥用股东权利损害公司或者其他股东的利益。而捐 200 万,是公司给董事长最高的权限,如果多捐,不仅会损害其他股东和债权人利益,也违反了法律规定。可见,不同的思维方式有时会带来不一样的结论,会带来不同的处理方式。需要强调的是,一旦这些问题被纳入法律调整的范围,就应当按照法律的原则和精神来思考和处理。这就是我们讲的按法律思维方式处理问题。

二、法律思维方式的特征有哪些

作为一种特殊的思维方式,法律思维与道德思维、经济思维、政治思维等其他领域的思维方式相比有哪些显著的特征呢? 这是我们培养法律思维方式第二个要掌握的方面。

第一个特征体现在讲法律。讲法律即以法律为准绳思考与处理问题。某种行为是合法行为还是违法行为,是一般违法行为还是犯罪行为,是否应当承担法律责任,应当承担什么样的法律责任,都应当以法律为标准做出判断。这里,我们所讲的法律,不仅包括法律的规定,也包括法律的原理和精神。尽管法律的原理和精神可能未以法律条文的形式表述出来,但它们构成了一部法律、一个法律部门甚至整个法律体系的灵魂。高明的法律思维者往往善于运用法律的原理与精神去思考与处理复杂的法律问题,特别是那些法律没有明文规定的法律问题。在社会生活中,我们可能会遇到法与理、法与情的冲突,遇到合理不合法、合情不合法或者合法不合情理的情况。比如,"山东辱母杀人案"就是法与情理的冲突。我们要明确的是,即使在某些情况下,我们感觉到法律明显不合理,也不能随意地抛弃或搁置法律。一项法律规定,只要它没有被修改或废除,就是有效的,我们就有义务遵守或执行。如果我们觉得某项法律规定不合理,我们可以向有关国家机关提出修改或废除的建议,由有关国家机关修改或废除该项法律规定。但在国家修改或废除之前,我们仍然必须遵守或执行。

第二个特征体现在讲证据。讲证据即以证据为根据思考与处理法律问题。正确地分析与处理法律案件,无非就是抓住两个关键问题:一是查清案件事实,二是正确运用法律。第一个问题就是证据问题。只有收集到充分的证据,才能查清案件事实。一般来说,证据就是以法律规定的形式表现出来的、能够证明案件真实情况的事实。讲证据,意味着思考与处理法律案件时,既不能捕风捉影,更不能主观臆断。法律上的证据不同于一般的事实。首先,要具有合法性,即证据的形式、收集和查证都必须符合法律的规定。不符合法律要求或通过非法途径取得的证据是不具有证据效力的,不能作为证据来使用。如以刑讯逼供方式取得的证据,通过入室盗窃的方式取得的证据,都是非法证据,不能作为审判案件的根据。其次,还要具有关联性。也就是说,证据必须与案件事实有实质性联系,从而对案件事实具有证明作用。

我们无论是以当事人的身份参与法律案件,还是以旁观者的身份分析法律案件,都要讲证据。当我们以当事人身份参与司法审判活动时,要以证据来说话,靠证据来说服人。法律不相信动情的眼泪,也不相信华丽的辞藻,只相信可靠的证据。当我们分析和评论法律案件时,也要从证据出发,不要轻信道听途说,不要妄下结论。

第三个特征体现在讲程序。讲程序即以程序为中心思考与处理法律问题。程序问题在法律领域居于非常重要的地位,法律就是通过规定明确的程序来约束人们的行为的。例如,法律通过规定结婚登记的程序来约束人们的结婚行为。男女双方只有按照法定程序办理了结婚登记,才能成为法律意义上的夫妻。在法律生活中,是否依法定程序行事,直接决定人们的行为是否产生法律效力。假如一对男女按照民间的风俗习惯举行了结婚仪式,生活在一起,但若他们没有履行结婚登记这一法律程序,那也不是法律意义上的夫妻。反过来,只要履行了结婚登记程序,即使没有爱情,也是法律意义上的夫妻。也就是说,程序决定人们的行为在法律上的实质性意义。因此,与其他类型的思维方式相比,法律思维更为关心行为的程序问题。程序就是法律所规定的法律行为的方式和过程,它告诉人们实施某种法律行为时,先做什么事情,后做什么事情,如何做这些事情。其他类型的思维方式可能更为关心行为的实质问题,如道德对婚姻的关注是应不应当以爱情为基础,没有爱情的婚姻是不是幸福的,而不关心或较少关心行为的程序问题。在其他类型的思维方式那里,程序性安排是相对次要的,实体意义上的处理结果是否合乎意愿,才是问题的关键所在。正是因为法律思维讲程序,我们在思考、分析、解决法律问题时,必须重视程序问题。我们同学在从事各种法律活动时,要严格遵循法定的程序,养成按程序办事的良好习惯。

第四个特征体现在讲法理。讲法理即以正当而充分的理由来支撑法律的结论。尽管法律的实施要依靠国家的强制力,但是法律的生命力和权威性并不是来自法律的强制力,而是来自于法律的合理性和说服力。当我们思考与处理法律问题时,应当充分运用法律上的理由来支持我们的意见。任何理性的思维都应当有适当的理由来支持所获得的结论。不过,要知道法律思维对理由的要求有特殊之处。其一,理由必须有法律上的依据。它必须是一个在法律上能够成立的理由,而不是仅仅来自于纯道德的或其他方面的考虑;其二,理由不是某一方的一面之词,而是来自于相关各方的充分辩论。

三、大学生如何培养法律思维方式

大学生要培养法律思维方式不是一件轻而易举的事情,需要付出艰苦的努力。可以通过以下途径,在日常生活中逐渐养成从法律思维习惯。

首先,学习法律知识。学习和掌握基本的法律知识,是培养法律思维方式的前提性条件。一个对法律知识一无所知的人,是不可能形成法律思维方式的。法律知识通常包括两部分:一部分是关于法律规定的知识,一部分是关于法律原理的知识。只有了解国家在某个问题上的法律规定,才能对该问题进行法律思维;只有了解法律的一般原理、理论,才能把握法律思维的基本规律。一般来说,学习和掌握的法律知识越多,就越有利于形成法律思维方式。除了学习《思想道德修养与法律基础》课程外,学习法律知识的方式和途径还有很多。例如,收听收看法制广播电视节目,阅读法律类书籍报刊等。

其次,掌握法律方法。法律方法是人们从法律的角度思考、分析和解决法律问题的方法。法律思维的过程就是运用法律方法思考、分析和解决法律问题的过程,因此法律方法构成了法律思维的基本要素。我们要培养法律思维,必须掌握一定的法律方法。法律工作者使用的法律方法相当复杂,我们大学生作为普通公民不需要也不可能像法律工作者那样深入而系统地掌握各种法律方法,但也要了解和掌握一些基本的法律方法。例如掌握法律解释的一些基本方法,知道如何正确地理解和解释法律条文。

再次,参与法律实践。法律思维是一种在法律实践中训练、培养和应用的思维方式。脱离活生生的法律生活和法律实践,不可能养成法律思维方式。我们只有通过反复参与各种法律活动,在法律实践中运用法律知识和方法思考、分析、解决法律问题,才能养成一种自觉的法律思维习惯。随着法治建设进程的不断推进,大家参与法律实践的方式和途径会越来越多。至少可以通过以下几种方式参与法律实践:(1)参与立法讨论。我国中央或地方的很多立法都要面向全社会广泛征求意见,大学生可以参与这些立法的讨论,发表自己的意见。(2)进行法律监督。宪法和法律赋予公民对国家机关及其工作人员的行为是否合法进行监督的权利,包括提出批评、建议和申诉、控告、检举。大学生可以通过行使这些权利,进行法律监督。(3)旁听司法审判。凡是人民法院公开审判的案件,都允许公民旁听。大学生可以向人民法院申请旁听法院的庭审过程,了解法律案件的审判过程。(4)参与法律辩论。新闻媒体、互联网和其他机构经常组织有关法律问题的讨论和辩论,大学生也可以通过参加此类活动,训练自己的法律思维,提高法律思维的能力和水平。

怎样看待道德与法律的冲突？

　　道德与法律都是调整社会关系的社会规范,在本质上,二者是一致的。然而,在社会生活中,我们也会看到两者之间存在着冲突。那么,怎样来看待两者之间的冲突呢?

一、何为道德与法律的冲突

　　冲突,一般是指对立的、互不相容的力量或性质的互相干扰。照此理解,道德与法律的冲突,就是两者的互相干扰、不一致。一般来说,道德和法律是人类社会关系和谐的基石,前者依靠人的内心信念、传统习俗和社会舆论影响、引导人向善;后者通过外在强制性力量规范、约束人的外在行为而惩恶扬善。两者的最终目的都是弃恶扬善,保障人们的自由,因此,道德与法律在本质上应当是统一的,其目的应当是一致的。但是,从历史发展的动态角度看,法与道德之间的和谐与平衡是相对的,而冲突则是绝对的。在人类文明的进程中,始终存在着这两者间的矛盾冲突,始终是旧的和谐平衡逐步被打破,而不断寻求新的和谐平衡的过程。正是在平衡——冲突——再平衡的不断往复过程中,在将这种矛盾的冲突向积极方面转化的过程中,两者也在不断地谋求着自身的完善与发展。

二、道德与法律冲突的表现有哪些

　　道德与法律的冲突有着多种多样的表现形式,但是一般来说,有以下两种类型。

　　第一种是合法不合理型。在该类型中,主体的行为违反相应的道德要求,但其行为却受到相关法律的保护,从而导致法律保护与道德价值追求相背离的现象,对这类背离现象,有学者称之为"不道德选择的合法性"。所谓"不道德选择的合法性"是指主体的行为选择是从"利己"抑或"交恶"的动机出发的,给行为对象造成某种伤害,在道德上不符合人们公认的道德标准,会受到社会舆论的谴责,但是其行为结果却会受到相关法律保护,在审判中被赋予合乎"道德性"之善的解释的现象,比如,广东佛山"小悦悦事件"、老人摔倒不扶等旁观者的行为,皆属于此种类型。

第二种是合理不合法型。在该类型中,主体的行为明显违反相关法律规定而应受到法律制裁,但其行为却又符合社会基本道义要求,即当人们处于选择符合法律的行为与符合道德行为两难的特定情形下,基于不可抗拒原因或道德追求选择了符合部分人利益的道德行为而违反了法律,从而导致了法律行为与道德价值追求相背离的问题,这类"合情不合法"行为在现实生活中大量存在,如"私刻公章救妻案"等。

三、道德与法律冲突的原因是什么

首先在于两者评价标准的差异。善恶是道德对行为的评价标准,而善恶源自人的内心的评判,不同的人或不同的阶层、集团、阶级对善恶评价并没有一个公认的、统一的尺度和标准,只有相对的、符合各自利益的道德之善恶评价标准。

法律对行为的评价标准为是否合法,而法律则是社会上占主导地位的利益集团或群体观念的反映,同时,法律的标准相对统一的,一旦法律公布实施之后,其标准就获得了统一,并且必须加以遵守。相对而言,道德对行为的约束并不具有强制力,因而在评价标准上也难以获得高度统一,所以,对行为的法律评价,大多能够作出意见相对统一的合法或违法的评价,但从道德的角度看,可能仍然有不同评价意见,这种不同于法律上的评价就是冲突的表现。

其次在于两者价值取向的差异。道德的价值取向是"利他"。当"利己"和"利他"出于两难境地时,中国古代思想家一直在强调"义以为上""先义后利""见利思义""见义勇为",主张"义然后取",反对"重利轻义"和"见利忘义"的行为。但法律提倡权利与义务的对等,很多人更是以法律为武器为自己的权利而斗争,以满足其生存与发展的利益需要,当然,其中包含有对社会应尽的义务。但更为直白地说,法律是强调"利"的。由于道德和法律所追求的"义""利"价值取向的不同,人们对于同一行为的评价不同也就不难理解了。

再次在于两者发展的非同步性。一方面,社会在其发展过程中,人们的观念也会随之不断变化,但是法律与道德的发展并不具有同步性,有时法律因其滞后性往往落后于道德发展;有时道德因其延续性而滞后于法律的发展,这样一来,法律与道德就不可避免地发生错位和冲突;另一方面,我国法治现代化是在西方法律文化影响下进行的,法治现代化的过程,就是西方法律文化与中国传统道德文化全方位、多层次渗透和冲击的过程。西方法律倡导理性和规则,以法治主义为终极价值取向;而中国法律传统讲究德法结合,崇尚德治,这就加剧了现代法律与传统道德的冲突。

四、我们怎样面对两者之间的冲突

虽然法律与道德的冲突自古存在,但两者的冲突是源于对具体行为进行评价时因评价标准的不同而形成的不一致,其所折射出的价值取向和最终目的——为良好的社会秩序而服务——却是一致的。两者犹如车之两轮、鸟之两翼不可分离,道德强调将道德理念铸化为法律信仰,法律强调将道德内化为人们的行为逻辑。

首先,我们在面对两者的冲突时,要有理性思维,要客观评价两者之间冲突。不要一提及冲突,就认为它只会给社会和个人带来负面的影响。不可否认,"冲突"会给很多人带来道德上的困惑,甚至也会给法律带来错位,影响社会的和谐与稳定,但也要看到,在一定范围和程度之内的冲突不但可以促进道德与法律的相对分离与独立,保障道德对社会的调整功能,以及法律规约的权威,还可以一定程度上促进道德进步与法律的发展。在发生冲突之时,两者的冲突可以促使人们去分析、思考其冲突的原因,从而选择在一定情境下以适当的方式来有效处理其中的问题,同时这也将有利于新的道德体系的建立,当然,在不断的选择与适用中,法律也将从文本上的"死的"法律律条,演化为有生命力的活的的规范,成为"活法"。

在思想上接受而不否认二者之间冲突之现实的同时,我们应该把两者的冲突限制在一定的范围和程度之内,并使它们之间具有融合一致的可能。如果在一个社会中法律与道德的冲突超过必要的限度,那将使道德与法律"在和谐中冲突、在冲突中和谐"的状态遭到破坏,导致二者规范人们行为功能的失效,其结果,要么道德在社会生活中显得苍白无力,要么法律的权威性丧失殆尽。

其次,要尊重法律,树立法律规约的权威性。大学生可通过普法活动在心中树立法律的权威性,促使自身在日常生活中守法,以法律和道德双重标准作为自己的行为准则,既不可用合法的形式追求实质的非法目的,也不可以违法的方式实现合乎道德的目的,从对自己和他人行为的评价上力求实现两种标准的统一,以维持社会的和谐与稳定。

再次,要用正确的道德观念来分析现实的法律,促使其更加完善。对待现实的法律,我们应该严格的服从,但在学理上是可以分析批判的。法律与道德的冲突之所以发生,部分是由于法律制定与设计的不尽完善,导致其与道德提倡的价值取向背道而驰。因此消解法律与道德的冲突需要良法之制定。而良法的制定是离不开道德的,需要用正确的道德信念和信仰来分析和指导的。

最后,应尊重法庭的判决的结果。在现实中,我们可能会遇到法庭的判决不尽符合道德追求之价值的情形,在这种情况下,只要该判决是公正的,并且产生了法律效力,就应该得到遵守。毕竟,道德的诉求是法律的高线,不可以道德诉求替代现实法律之执行。

总之,法律与道德两者之间内含着价值追求的一致性。我们应该赋予法律与道德以新的时代意义,同时推进法律的道德化与道德的法律化,促进法律与道德之价值诉求的融合。当"每个公民都能将法治社会对公民的最低行为标准内化于心,外施于行,并且自觉按照法治思维和法治方式来维护自身的合法权益和诉求"[1]时,社会就会和谐而且有序地发展,必将为良好道德的运行打下坚实的社会基础。

---

[1] 李思辉:《让法治成为全民信仰》,《湖北日报》,2014-12-01 第11版。

冤假错案常常有，还能相信法律吗？

近几年来，媒体先后报道了诸如佘祥林案、赵作海案、呼格吉勒图案等冤假错案得以纠正的事件。盘点近年来纠正的冤假错案，有的被告人身陷冤狱长达十余年，有的被告人甚至已被错误地执行死刑。他们的近亲属长期奔走呼号，生活质量跌入低谷。据不完全统计，自党的十八大以来，经人民法院审核，至少有23起得到纠正的重大冤假错案。虽然迟到的正义总比没有正义强，可一系列重大刑事冤案的相继出现，使我们在庆幸佘祥林、赵作海等人的沉冤最终得以昭雪的同时，也引起了一些人对法律信仰的质疑——既然冤假错案常常有，我们还能相信法律吗？

一、冤假错案的危害性

冤假错案严重影响公平正义。习近平总书记在主持以"深化司法体制改革、保证司法公正进行"为主题的中央政治局第二十一次集体学习时指出，在我国的司法实践中，"由于多种因素影响，司法活动中也存在一些司法不公、冤假错案、司法腐败以及金钱案、权力案、人情案等问题。这些问题如果不抓紧解决，就会严重影响全面依法治国进程，严重影响社会公平正义。"可见，冤假错案的发生，不但对当事人和家庭造成了难以愈合的伤害，同时对整个中国的法治建设都将产生严重的影响。

冤假错案，不仅会使罪犯逍遥法外，更重要的是会使守法公民的身心遭受祸害。而法律的权威正是在每一个个案中才树立起来的。个案未被侦破只会使人们指责司法部门的办事效率不高，而冤假错案的发生却会使人们质疑自己的法律信仰；十个比较复杂的刑事案件中，一个案件被正确地侦破所造成的社会影响都足以使其他九个案件的罪犯得到震慑，都足以使人们对法律产生敬畏；一百个案件中，在去除较简单的显而易见的案件外，在那些较为复杂的案件中，只要有一个冤假错案，它所造成的负面影响都足以抹去其他九十九个案件所形成的正面影响。近年来，媒体曝光的冤假错案数见不鲜，有的甚至不断"发酵"，引起社会哗然。冤假错案的严重后果不言而喻。正基于此,党和国家领导人多次强调要竭力克减冤假错案,中央政法委、最高法、最高检等也多次出台相关规定,构建防范冤假错案的制度体系。

二、冤假错案的成因

问题是,在我国大力推进法治进程的当下,频频暴露出诸多冤假错案,其原因何在? 我们是该对法治建设失去信心还是继续保持对法治的信仰呢? 要正确看待这个问题,就需要对冤假错案的形成原因进行理性分析。

从总体上看,无论是近年来相继发现的冤假错案还是仍然在不断生成的新的冤假错案,绝大部分都形成于刑讯逼供。这其中虽然不能排除办案机关基于利益驱动而破坏公平甚至不惜制造冤假错案,但更深层次的原因在于司法体制和具体制度上所存在的缺陷。刑讯逼供和变相刑讯逼供是形成冤假错案的直接原因,也是与现代司法理念和司法制度相对抗的一种顽症。刑讯逼供在人类社会历史上是一种千年顽症,这种顽症至今没有消除。但是,它在现代诉讼理念和诉讼制度中已经难以容存。2012 年我国在刑诉法修正案中已经对刑讯逼供做出了更加严格的限制,为何刑讯逼供仍然不能根除呢?

无罪推定、疑罪从无、法律真实、保障人权,这些现代法治的基本理念,为何仍然没有全面落实到执法过程中,从而有效避免刑讯逼供呢? 这与中国传统的法律观念有很大的关系。

以《窦娥冤》为例,我们认为这是关汉卿揭露封建时代地主政权草菅人命、贪赃枉法的典型案例,而且剧本中也有"我做官人胜别人,告状来的要金银"佐证。但如果我们单纯从法律的视角来看,文本中既没有显示审判官是否受贿,即使可能受贿,张驴儿也没有窦娥及其婆婆家更有实力来行贿,所以审判官之所以最终判定窦娥是杀人凶手必定另有原因。如果我们排除了审判官可能受贿的个人原因外,是什么原因导致审判官非要采取刑讯逼供的办法迫使窦娥供认呢? 道理很简单,在证据不足,而三方都不承认是杀人凶手的情况下,审判官要么宣布无罪释放,要么只能凭常识推断。俗话说,虎毒不食子,反之也一样。因此,最大的嫌疑首先是窦娥的婆婆,其次才是窦娥。窦娥也是出于封建孝道才主动代替其婆婆承担罪责的。

我们需要追问的是,审判官为何不是"疑罪从无",而选择刑讯逼供呢? 问题的关键就在这里。长期以来,我们相信"天网恢恢、疏而不漏"。"杀人偿命"的观念对司法实践的影响甚广,一个命案发生了,方方面面都很关注,不仅是被害方要求尽快破案、严惩罪犯,民众和社会也会因为案件不能侦破而担忧自己的安全,从而以各种渠道给执法机关施加种种压力。如果执法机关不予关注，其结果可能会因一个案件而造成更大的社会动荡。所以，"命案必破"似乎成了实现正义、安抚民心、稳定社会的最好结果。如果既有的证据无法确证谁是真正的杀人凶手，就很有可能采取非常手段以牺牲最大嫌疑人的权益来换取社会的稳定。

正如有学者指出，"窦娥冤"实际上是古代中国维护社会秩序的必要代价，在一个技术、资金都缺乏的时代，无法靠程序公正和制度设计来实现实体正义。我们的观念中常有"不冤枉一个好人，不放过一个坏人"的认识，但要有效防范冤假错案，做到"不冤枉一个好人"，让无辜者获得保护，那就有可能会"放过"一些坏人，这种制度风险是客观存在的，在这个问题上社会各方面都要有心理准备，这也是维护司法公正、防范冤假错案必须要付出的代价。① 如果说在古代人权观念尚不先进的境域下，为了实体正义而牺牲程序公正是时代必须承担的代价的话，在保护公民自由和权利已经写进宪法的现代社会，人们更加不能容忍的是因为程序公正缺失而导致的无辜者被牺牲。反思冤假错案产生的原因和教训，从体制和机制上积极推动司法改革，及时有效防范和阻止冤假错案的发生，对于法治中国的建设有着重要的现实意义。

三、理性看待冤假错案

冤假错案的发生固然是我们都不愿看到的，它反映了我国法治进程中仍然存在着诸多较为严重的问题，是正义的缺失；但冤假错案之所以被称为冤假错案，正依据于迟到的正义终于来临。因此，面对冤假错案与法治信仰之间的关系，既不能单纯看到冤假错案对当事人的伤害而否认我国法治建设的成绩，同时，也不能因为看到诸多冤假错案得以平冤昭雪就盲目相信法治建设已经成功。关键是要看这些冤假错案的实质，我们能否以及如何从冤假错案中汲取教训。面对诸如聂树斌案等冤假错案，应该采取实事求是的态度，要考虑当时的执法理念、执法条件、执法水平，不纠缠于细枝末节，但对其中关系到案件基本事实是否能够认定、基本证据是否确实充分的问题，应该态度鲜明、不回避、不含糊，切实贯彻"疑罪从无"的原则。

从"以事实为依据、以法律为准绳"这一基本法律共识而言，所谓冤假错案，就是没有"犯罪事实"却被判定承担相应的罪责。这里的犯罪事实之所以要被打上引号，是因为在法律意义上，事实并非客观、真实意义上的事情发生本身，而是被"证据"呈现出来的所谓的"事实真相"。因此，一个被确定了的冤假错案，就应该

---

① 沈德咏：《我们应当如何防范冤假错案》，《人民法院报》(第2版)，2013 - 05 - 06。

是证据不足以支撑罪名成立却仍然被判定有罪。依据罪刑法定原则，事后被证实为冤假错案的案件当初被判定有罪，不是人为制造证据来支撑法律条文，就是通过变相释法以迎合已有证据，从而使案件审判从形式上符合罪刑法定的法治要求。所以，当我们一旦发现有冤假错案，就会误把人们的法律实践中出现的问题归结到法治本身或法律信仰违反正义而不值得尊重。

问题是，身为法律的执行者，他们是否意识到自身的行为有违法治理念呢？如果是无意识的，或者是法治理念在实践中的必然结果，我们当然可以质疑这种"法治"本身的正义性。实际上，刑讯逼供并非自古以来就是法律所不允许的。在古代社会，严刑拷打、刑讯逼供习以为常，且往往被看作司法审判的必要手段。即使进入新中国，在某些地方，刑讯逼供、暴力取证、隐匿伪造证据等行为也屡禁不绝。正是基于此，中央政法委才紧急出台《关于切实防止冤假错案的规定》，再次确认"罪刑法定""疑罪从无"以及"禁止刑讯逼供"等符合现代法治观念的基本原则。由此，我们可以看出，法治观念和法律内容并非一成不变，也并非以法治国就是法治。过去之所以刑讯逼供等现象存在，很大程度上就是把法律仅仅作为手段，一旦法律手段不足以达到目的，就很容易为了所谓的正义目的而采取非法手段。在这个意义上，今天我们披露出来的许多冤假错案实际上恰恰是反映了人们法治观念的进步和司法实践的进步。

既然刑讯逼供容易造成冤假错案，为何在司法实践中仍然暴露出诸多类似事件呢？对此，需要做的就是通过制度建设强化办案质量，实施终身负责制促使执法人员必须忠实于法律，通过司法审判独立和上级批示登记制度确保执法人员在办案时能够独立办案而不受其他人为干预。此外，通过审判公开等形式接受舆论与公众的监督，从而在审理过程中随时矫正可能出现的偏差。然而，事实上我们发现有许多冤假错案的造成并非执法人员主观有意为之。相反，他们往往抱怨出于正义的目的才不得不这样做的。就像许多电影所展示的"正义警察法外执法"等情节一样。这种为了正义却导致非正义的行为才是大多数冤假错案发生的深层原因。这也是法治中国建设将来需要从观念上、制度上加以深层反思和变革的内容。

美国著名的黑人运动领袖马丁·路德·金曾经说过这样一句名言："手段代表了正在形成之中的理想和正在进行之中的目的，人们不可能通过邪恶的手段来达到美好的目的，因为，手段是种子，目的是树。"这句话提醒我们公正的结果只能依靠公正的过程来实现，也即程序公正是实现实体公正的前提和基础，否则，"皮之不存，毛将焉附"。回顾近段时间社会热议的"呼格吉勒图案"，我们可以从中看到一系列有违程序公正、证据搜集不全甚至故意无视证据等明显漏洞。由此可见,要真正达到"法贵公正"的价值诉求,就必须从传统重视实体公正、轻视证据搜集转向重证据、重程序的法律思维方式。也正是基于这种现代法治观念,《中国共产党第十八届中央委员会第四次全体会议公报》明确指出,"公正是法治的生命线。司法公正对社会公正具有重要引领作用,司法不公对社会公正具有致命破坏作用。"由此,我们可以相信近期频繁暴露出来的各种冤假错案并不必然说明法治的失效,或者我们的法律信仰的不再值得信赖,相反,正是由于我们对法律的信仰和司法公正的永恒追求才赐予我们慧眼和力量勇敢地纠正曾经的冤假错案。

正义永恒!对于聂树斌案等冤假错案而言,正义的确来得太晚,来得太不容易了,但正义不会缺席,在全面依法治国的今天,每一起冤假错案的纠正都将为社会公平正义作出新的注解,每一个个案正义的实现,都将为司法公正积累更大的公信力!

不违法犯罪就可以不学法律了吗？

生活中有这样的现象：许多人不学法、不知法乃至不懂法，但却能"遵纪守法"，这就是所谓"守法未必知法"；相反，有的人学法、懂法、知法却犯法，如原中共中央政治局常委、中央政法委书记周永康，作为负责政法工作的国家领导人，知法犯法，成为人民的敌人和历史的罪人。这说明学法、知法并不代表就能守法。有的大学生因此认为：只要不违法犯罪就可以不学法律。对这种错误的看法，我们要从以下几个方面来分析。

一、法律既可以惩罚犯罪，也可以维护权利

从法律的维护社会运行秩序的作用来看，它既有惩罚作用，也有维权作用，就像硬币的两面，我们要摆脱"法即刑、刑即法"的传统观念的束缚。作为由国家制定的特殊社会规范，法律的作用总的来说可以分为规范作用和社会作用。法律的规范作用是指法律具有告示（代表国家告诉人们应当怎么做的意见和态度）、指引（通过权利和义务以及违反规定应承担的责任来调整人们的行为）、评价（可以判断、衡量人们的行为）、预测（根据法律规定对人们行为及其后果的预测）、教育（对违法行为的制裁可以教育本人及他人）和强制（制裁违法行为）等规范作用。法律的社会作用是指法律对促进物质文明、精神文明、政治文明、生态文明等方面的积极作用。①

简单地说，法律不仅具有惩罚坏人的作用，而且具有保护好人的作用。法律是权利与义务的统一体，我国的立法目的、宗旨和任务都包含着"保护公民、法人或者其他组织的合法权益"的内容。那种认为法律就是惩戒坏人的观点是狭隘和片面的，惩戒犯罪主要是刑法的功能，因此我们一提到刑法，往往就联想到"拘留""逮捕""通缉""审讯"等惩罚功能，但是这也仅仅是刑法的部分功能，刑法的核心任务是用刑罚同一切犯罪行为作斗争，维护社会稳定，保护公民安全，保障社会主

---

① 张文显，《法理学》，高等教育出版社，2007年版，第83－86页。

义建设事业的顺利进行。同时,那种认为"不违法犯罪就可以不学法律"的人狭隘地理解了"违法犯罪"的内涵,事实上民事活动领域也有很多违法犯罪行为,如非法集资、偷税漏税等。

此外,法律还可以规范公民的行为,防止违法行为的产生。与大学生关系密切的《中华人民共和国高等教育法》《普通高等学校学生管理规定》等法律法规就详细规定了大学生各项权利:参加学校教育教学计划安排的各项活动,使用学校提供的教育教学资源、参加社会服务、勤工助学,在校内组织、参加学生团体及文娱体育等活动,申请奖学金、助学金及助学贷款、获得思想品德及学业成绩等方面公正评价,完成学校规定学业后获得相应的学历证书、学位证书等。为保护特定对象的权利,我国还制定了诸如《消费者权益保护法》《未成年人保护法》《妇女权益保障法》《老年人权益保障法》等法律。通过上述法律的学习,我们一方面可以了解自己应该享有的权利并运用法律来维权;另一方面也可以防止自己触犯上述法律。

由上可见,制裁违法犯罪仅仅是法律作用的一个方面。在现代社会,法律在规定权利、维护权利、执行社会公共事务等方面的作用越来越重要。无论从法理上讲,还是从立法、执法等法律实践中看,保障公民的合法权益,都是法律作用的重心。法律约束人们的行为,制裁违法犯罪,最终的目的仍然是为了维护正常的社会秩序,从而有利于公民合法权益的实现。因此,即使不违法犯罪,法律也和我们息息相关:刑法打击犯罪,保护了我们的人身安全;劳动法限制了雇主伤害劳动者利益,保护了我们的合法权益;合同法规范了商业秩序,降低了我们的交易成本。大学生学习法律,不仅是为了预防和减少违法犯罪,更重要的应该是明确自己的权利,依法维护和行使自己的权利。从这一点来看,我们学习基本的法律知识是必要的。

二、"知法"和"犯法"之间的关系

首先,不"知法"更容易"犯法"。守法就要知法,知法必须学法。不学法,不知法,就不可能做到自觉守法,就不会维护自己的正当权益。因此,每个公民都要学一点法律知识。法律是无情的,不管你懂不懂法,只要犯了法,就要受到法律的制裁。而懂法是守法的前提。诚然,生活中我们看到有些老百姓对法律条文知道得很少,但是也能遵纪守法,不过我们决不能认为他们对法律全然无知,或者把他们的不学法认为是一种绝对化的状态。事实上,他们通过各种途径和方式接受全民法制教育和传统道德教育,在长期的社会实践中,逐渐形成了诸如"欠债还钱"、"杀人偿命"、"若要人不知,除非己莫为"等朴素的法制观,以及爱国守法、明礼诚

信等道德观,因而一般不会违法。所以说,"守法未必知法"不是必然的普遍的现象,而不学法律、不懂法律更容易触犯法律。如生活中有的家长因不知道《未成年人保护法》而出现的虐童案件,不知道《野生动物保护法》对野生保护动物的捕杀事件等,无不暴露出法盲违法的经常性和必然性。而因为不懂法律导致的违法犯罪更是青少年犯罪的重要原因之一。

其次,"知法"也可能会"犯法"。一些"精致的利己主义者"可能会钻法律的空子。现实中一些领导干部不屑学法、心中无法,有的以言代法、以权压法,有的执法不严、粗暴执法,有的干预司法、徇私枉法,有的利欲熏心、贪赃枉法,这些现象都或多或少地存在着。天津市政协原副主席、市公安局原局长武长顺因涉嫌贪污、受贿、挪用公款、单位行贿、滥用职权、徇私枉法被提起公诉,成为十八大后落马"老虎"中涉嫌罪名最多的一个。天津市公安局前两任公安局长宋平顺和李宝金,都曾是武长顺的上级领导,武长顺通过结交他们,从一名基层交警,一步步升任天津市公安交通管理局局长、天津市公安局副局长之职,并于2003年接替宋平顺出任天津市公安局局长。2006年,已任天津市检察长的李宝金案发,次年因受贿罪、挪用公款罪被判处死缓。2007年6月,已任天津市政协主席的宋平顺在东窗事发后在办公室自杀身亡。李宝金、宋平顺相继案发后,武长顺也被有关部门调查,但时任中央政法委副书记的周永康,违规干预司法调查,庇护了武长顺。周永康身为中央政法委副书记,对法律不可谓不熟悉,但是他依然知法犯法,这说明只知法、懂法也可能会违法犯罪,更不能成为"不学法"的论据和理由。这只能说明"守法"不能仅仅靠教育,还需要诸如自律、惩戒等其他手段;只能说明仅有法律知识还远远不够,最主要的是要树立正确的人生观、价值观和法制观,更要有对法律的信仰与敬畏。

三、大学生要通过法律学习培养法律意识

对于大学生来说,学习一些法律知识是必要的,但更重要的是法律意识和法律观念的培养。通过学习法律知识、参与法律实践等途径,大学生在日常生活中可以逐渐养成从法律角度思考、分析、解决法律问题的法律意识和思维习惯。

首先,大学生要认真学好法律。学习和掌握基本的法律知识,是培养法律意识的前提性条件。一个对法律知识一无所知的大学生,不可能具有法律意识和法律观念。思想是行动的先导。大学生只有充分认识法律的重要意义和作用,才会端正对待法律的态度,才会重视法律素养和法律意识的培养。而学习法律、了解法律是提高认识的重要手段。大学生可以通过互联网、报纸杂志等途径学习与自身密切相关的各种法律法规知识,来提高对法律的兴趣,增强学习的主动性和积

极性,提高法律意识。

其次,大学生要积极参与法律实践。法律意识和法律观念需要在法律实践中训练、培养和应用。只有经常参与各种法律活动,在法律实践中运用法律知识和方法思考、分析、解决法律问题,才能养成一种自觉的法律意识和法律观念。因此大学生要学会自觉运用法律,在学好法律的基础上还要学以致用,培养法律意识与法律思维,以法律为行为的准绳,守牢法律底线。以法律为武器,注重自己的权利的保护,维护自己的正当权利。

法国思想家卢梭认为一切法律中最重要的法律"既不是铭刻在大理石上,也不是铭刻在铜表上,而是铭刻在公民们的内心里"。① 就是说,公民法律意识和法律观念的培养是最重要的和最根本的。党的十八届四中全会提出了全面推进依法治国的总目标和重大任务,随着依法治国进程的不断推进,对大学生的法律素养提出了新的更高的要求。当代大学生要树立法律观念和法律意识,学习法律知识,把对法治的尊崇、对法律的敬畏转化成法律思维方式和行为方式,加速推动我国法治社会的建设进程。

---

① 卢梭:《社会契约论》,何兆武译,商务印书馆,2003 年版,第 70 页。

为什么中国人不愿意打官司？

相对于西方国家民众和政府倾向于用法律解决纠纷和矛盾而言,很多人中国人则不愿意打官司,民间有"屈死不告状"的传统。中国人自古崇尚人际和谐,主张"和为贵、忍为高",遇到矛盾纠纷不愿意打官司。孔子说:"听讼,吾犹人也。必也,使无讼乎!"(《论语·颜渊》)古人以无讼为最高追求,即使出现了矛盾纠纷,也喜欢"私了","大事化小小事化了",所谓"忍一时风平浪静,退一步海阔天空",尽可能通过第三方调解、相互妥协忍让等方式来解决。20 世纪 80 年代,由张艺谋导演、巩俐主演的电影《秋菊打官司》,讲述了秋菊的丈夫与村长发生争执,被村长踢中要害后,整日躺在床上干不了活。秋菊执意要找村长说理,一次次踏上漫漫的告状路途,最后村长因伤害罪被拘留的故事,生动地说明了当代中国人法律观念和维权意识的觉醒,但是这种觉醒是缓慢的、有代价的和反复的。在当代中国,仍然有许多人遇到问题不愿意通过法律途径来解决。

一、为什么中国人不愿意打官司?

导致我们中国人不愿意打官司的原因是很复杂的,既有历史传统文化的深刻影响,也有着维权成本高、司法不公正等现实问题的困扰。

首先,我国的传统文化中诉讼意识很薄弱。中国古代有"无讼以求"、"息讼止争"的文化传统,诉讼意识薄弱。在漫长的历史发展过程中,我国形成了一种颇具特色的传统法律文化——"无讼"。"无讼"是存在于传统法律文化中的价值理念以及人们所追求的理想境界,它体现了古人所追求和憧憬的和平安宁的理想社会状态以及人与人之间的和谐关系状态。《周易·讼卦》云:"讼,终凶。"孔子说:"听讼,吾犹人也。必也,使无讼乎!"(《论语·颜渊》)明人程允升编写的古代儿童启蒙读物《幼学琼林》云:"世人惟不平则鸣,圣人以无讼为贵。"明末清初的朱柏庐《朱子家训》云:"居家诫争讼,讼则终凶。"古人主张和为贵,忍为高,多一事不如少一事。饿死不做贼,冤死不告状。古人把诉讼认为是一种破坏和谐安宁社会环境的极端方式,打官司不是"光彩的事"。因此自古有"讼不可长"、"讼不可妄兴"之说。

中国的厌诉文化,本质上是农业文明的产物。农业文明崇尚伦理至上,伦理道德成为调解人们利益关系的主要手段。农业文明下的中国人固守的是自己的一亩三分地,人际交往的面比较窄,平时交往的多是本宗族或本乡村的人,因此矛盾纠纷也主要是发生在熟人的邻里左右、亲朋好友之间,所以著名的社会学家费孝通把我国古代社会称之为"熟人社会"。发生在这种人际间的纠纷,主要靠伦理道理来解决,如果诉诸法律,最后只能使自己成为举目无亲和举目无情的人。诉讼对当事人双方都不是最佳解决办法,甚至是下下策的选择:一个人打赢了官司,可能却输了"人情"、损伤了"人脉",赢官司后获得的收益,远远低于在此过程中丧失的人情和人脉的社会资本。所以中国人解决矛盾纠纷,能用伦理方式解决的就尽可能不用法律形式解决。"讼师"(律师)在传统中国人心目中就是一些"挑拨离间的小人","刀笔吏"(讼师幕僚的代称)是一种被人鄙视的角色,在中国传统社会里是没有地位的。①

中国的厌诉文化,与古代社会等级森严的社会制度也有关系。中国人的"无讼"追求,既有其鄙视诉讼的一面,也有其害怕诉讼的一面。"礼不下庶人,刑不上大夫",古代社会人与人之间的身份是不平等的,并且体现到社会生活的方方面面,而普通老百姓和权贵阶层对簿公堂被视为"犯上作乱"、"大逆不道",所谓"民不与官斗,胳膊扭不过大腿"。中国人有着浓厚的"官本位"思想,普通百姓既害怕"官"的欺凌压迫,又想当"官"以光宗耀祖,封妻荫子。中国人还有"清官"意识和情结,民众受到贪官污吏的欺压又敢怒不敢言,所以就期待包青天一样的"清官"出现为他们申冤做主,而这种申冤做主往往不是通过法律途径和程序来解决,老百姓更愿意通过"拦轿喊冤"的方式表达心中的诉求。

中国的厌诉文化,还与中国传统诉讼制度的设计有关。古代的司法体制是行政长官兼理司法,除了刑事审判外,民事审判也都与刑讯、拘禁相伴随,都被视为"家长"对"子女"的管教和惩戒。对于受审者,无论原告或被告均毫无诉讼权利可言,在影视作品中我们也经常看到,对于诉讼案,主审的县太爷往往不分青红皂白,"先打三十大板"再说。所以无论是《杨乃武与小白菜》还是《窦娥冤》,尽管主人公背负奇冤大屈,但是在这种诉讼制度下,要想证明自己的清白,必须遭受酷刑的折磨,甚至是付出生命的代价。因此,言及诉讼,立即让人与阴森恐怖的衙门公堂、与令人发指的残酷刑罚联系在一起,教人望而却步,轻易不敢涉讼。

其次,诉讼的成本高。主要表现是诉讼时间长、诉讼费用贵、结果执行难等方

---

① 费孝通:《乡土中国》,北京出版社,2005年版,第77页。

面。古代如此，当今社会这些问题仍然存在，并没有杜绝。第一是诉讼时间长。比如医疗纠纷的诉讼，单是漫长的诉讼时效，就会让患者及其家属心力交瘁、难以应对。医疗纠纷案件，因为涉及取证、鉴定、举证、质证、庭审和合议等诸多环节，一审下来往往需要一年以上。因为涉及患者和医疗机构的核心利益，医疗纠纷案件的一审，很少有患者或医疗机构"服从判决"的，不是患者上诉，就是医疗机构上诉，或者双方共同上诉，这在医疗纠纷案件审理中屡见不鲜。上诉后，又是漫长的等待、庭审、结果、执行，足以让心急如焚的患者焦头烂额、丧失信心。第二是诉讼费用贵。目前我国的诉讼费主要包括三个部分：一是案件受理费；二是在诉讼中实际支出的费用，如鉴定费、勘验费、公告费、翻译费等；三是执行费用，包括申请执行案件、申请财产保全措施等。诉讼中，还有额外的费用需要当事人开支，例如鉴定要交鉴定费、评估要交评估费、拍卖要交手续费、保全要交保全费、公告要交公告费等。这些费用加在一起，对于诉讼标的额不大的当事人来说是一个沉重的负担。许多撤诉或和解、调解的案件，与其说是当事人理智选择或相互妥协的结果，不如说是因"诉讼贵"而作出的无奈选择。新华网曾有"法官买假也不愿打官司"的尴尬维权报道。[①] 诉讼贵，更让许多弱势群体打不起官司，不愿意打官司。第三是结果执行难。法律"打白条"在很多地方是不争的事实，有许多案件最后的结果虽然是胜诉，但法院就是执行不了。受害者花了很多的时间、金钱、精力，得到的却只是一纸空文。尤其是经济案件，许多被告方往往耍赖不给钱，明明具备偿还能力，就是不兑现法院的裁决。如果被告已经破产，失去了偿还能力，这个"判决"就更没有任何意义了。面对这样的官司，许多受害者选择放弃诉讼也就情有可原了。

再次，可能存在司法不公正。"自古衙门朝南开，有理没钱别进来"。这是封建社会里耳熟能详的"民间俚语"。《窦娥冤》就生动地说明了这个问题。窦娥虽然蒙受千古奇冤，但是在被张驴儿收买的贪官桃杌的荒唐判决下，仍然难逃一死。虽然最后沉冤得雪，但是也要依靠鬼魂的力量。即便在法治社会，司法不公正也不是绝无仅有。权大于法、钱大于法、办关系案、人情案、金钱案的现象并非个例。司法腐败已成为社会的一大肿瘤，法院在民众中的公信力，法官在公众中的形象都不尽如人意。老百姓流行的口头禅"大盖帽两边翘，吃完原告吃被告"，这个说法虽有偏颇，但反映了人民群众对这种现象的深恶痛绝。最近国家重新审定了一批冤假错案，无论是呼格吉勒图案，还是聂树斌案、陈满案，都暴露出我国司法制

---

① 毛一竹：《透视消费维权尴尬：法官"买假"也不愿打官司》，新华网，2014 年 3 月 14 日报道，http://news. xinhuanet. com/2014 - 03/14/c_119780248. htm？prolongation = 1。

度中存在的不公正现象。

英国哲学家培根说:"一次不公正的裁判,其恶果甚至超过十次犯罪。因为犯罪是冒犯法律——好比污染了水流,而不公正的审判则毁坏法律——好比污染了水源。"①司法不公必然导致司法信任的危机,司法就像一个风向标,它会引导着社会风气向好的或坏的方向发展。健康的司法是惩恶扬善,激浊扬清,引导社会风气向好的方向发展。司法不公和司法腐败不仅仅是司法本身的问题,还会导致社会道德堕落,社会风气恶化。司法腐败使得社会正义无处伸张,人们有冤无处伸,有理无处诉。老百姓对司法公正失去了信心,自然不愿意通过打官司这样的司法途径解决日常的矛盾纠纷。今天,我们已经欣喜地看到,随着中国特色社会主义法治体系的逐步完善,随着"四个全面"的推进和深入,中国社会的法治水平和质量已经在发生巨大改善。

二、全面推进依法治国和司法制度改革,教育群众用法律武器维护自己的权益

从新中国建立至今,我国的法律环境在逐步改善,法律条文逐步丰富,法律制度逐步完善,老百姓的诉讼意识也在逐步提高。2014 年召开的党的十八届四中全会专题讨论依法治国问题,通过了《中共中央关于全面推进依法治国若干重大问题的决定》,我国对司法制度进行了全面、全方位的改革,包括最高人民法院设立巡回法庭,审理跨行政区域重大行政和民商事案件;改革法院案件受理制度,变立案审查制为立案登记制;实行办案质量终身负责制和错案责任倒查问责制;完善人民陪审员制度;建立生效法律文书统一上网和公开查询制度等等。这些制度的落实,有助于全面贯彻"有法可依、有法必依、执法必严、违法必究"的基本原则,有助于依法行政、公正司法、全民守法,树立起宪法和法律的尊严。

另外我们还要加强对广大群众的宣传教育,让老百姓对我们的法律制度充满信心,愿意用法律武器维护自己的切身利益。党的十八大以来,随着司法体制改革的深入,我国掀起了一轮纠正冤假错案的高潮。随着呼格吉勒图案、聂树斌案、陈满案等一批社会关注度高、群众反映强烈的冤假错案相继得以昭雪,随着最高人民法院副院长、党组成员奚晓明等司法领域的腐败分子相继落马,广大群众看到了党和国家亮剑冤假错案、促进司法改革、治理司法腐败、推动依法治国的意志和决心,我们要以此为契机,不断提升群众对我国司法制度的信心,建立公正的司法体系和环境,切实降低维权成本,教育引导广大群众敢于拿起法律武器,切实维

---

① 培根:《培根人生随笔》,何新译,人民日报出版社,2007 年版,第 177 页。

护自身合法权益,让人民群众在每一个司法案件中都能感受到公平正义。

当然我们也要看到,我国几千年的文化传统决定了我们不能和西方国家一样,动辄"法庭上见",因为无休止的诉讼无疑会增加社会运行的成本。而推动有中国特色的信访制度和人民调解制度的发展,则可以对诉讼制度起到很好的补充和配合作用。信访制度和人民调解制度是我国除法律之外的其他的利益解决方法,能够化解矛盾纠纷,预防犯罪,减少诉讼,增进人民团结,维护社会稳定。我国的司法改革中既要以"无讼"为最高追求,又要切实唤醒广大民众的法律意识,同时要注意信访和人民调解作用的充分发挥,从而建立起有中国特色的司法制度。

7

"范跑跑"跑得有理吗？

虽然是和平年代，但偶尔也会有一些危险的事件发生，或天灾或人祸。危险来临，逃命是人的本能反应，也是人的普遍反应。但有人在危险来临时逃之夭夭，却引发了一场口水大战。这背后是我们苛求了他，还是逃跑本就是他的权利？简言之，他跑得有道理吗？

一、"范跑跑"事件始末

2008 年 5 月 12 日汶川大地震发生时，正在课堂讲课的都江堰市光亚中学教师范美忠不顾学生的生死，自己第一个跑出了教室。22 日在天涯上发帖《那一刻地动山摇——"5·12"汶川地震亲历记》一文，细致地描述自己在地震时所做的一切以及过后的心路历程，称"我是一个追求自由和公正的人，却不是先人后己勇于牺牲自我的人！在这种生死抉择的瞬间，只有为了我的女儿我才可能考虑牺牲自我，其他的人，哪怕是我的母亲，在这种情况下我也不会管的。因为成年人我抱不动，间不容发之际逃出一个是一个，如果过于危险，我跟你们一起死亡没有意义；如果没有危险，我不管你们，你们也没有危险，何况你们是十七八岁的人了！"这番言论引起了网民的铺天盖地的批评与谩骂。同时，"五岳散人"在自己的博客上发表文章《自由与道德——从"范跑跑"事件说起》，"范跑跑"一词就这样出现了，并成了范美忠在网上的另一个称呼。①

由此，"范跑跑事件"在全国引起了广泛关注，并不断发酵。教育学、伦理学、社会学、历史学、法学等不同学科领域的专家对此事件发表了评论，中国青年报、新京报、扬子晚报、广州日报、新华网、光明网、凤凰网等各种媒体发表了不同看法，凤凰卫视中文频道"一虎一席谈"安排了《范美忠不顾学生逃跑是不是失职？》专题节目，当事人范美忠在现场以对话的形式进行了自我辩解。同期，凤凰网进

---

①   https://baike. baidu. com/item/%E8%8C%83%E7%BE%8E%E5%BF%A0/2791163? fr
  = aladdin&fromid = 2906045&fromtitle = %E8%8C%83%E8%B7%91%E8%B7%91

行了一项调查,似乎也暗示着多数中国人的态度。这项名为"你怎样看待范美忠率先逃跑的行为"的调查共吸引了高达245888位网友的投票。其中有58.9%的人认为范美忠"已经不适合继续做教师了",有17.1%的人对范美忠"不管是言论还是行为都不赞成",而赞成范美忠言行的只占4.5%。这也充分体现了人们对范美忠率先逃跑行为的基本态度和是非判断。①但节目播出后,"范跑跑事件"出现重大转机。同时,在节目中反对范美忠的网络"评论家"郭松民对范美忠大加指责与漫骂,被网民指责为"郭跳跳""伪君子",支持范美忠的人开始大幅上升。英国《卫报》认为"范美忠的坦率是罕见的"。"范美忠在中国引起愤怒。但这位教师表示,在地震发生的一刹那,老师也是弱者。'国家和学校没有教过我任何逃生、营救技能'。'当时我也被吓坏了,本能反应就是往外跑'"。《卫报》认为范美忠坦率承认自己的行为并大胆辩护,"勇气可嘉"。"海明威会认为怯懦只是'无法暂停想象力的运作。'但马克·吐温曾说,人类是懦弱的种族。因此,要真正承认懦弱,必须相当有勇气。"②

"范跑跑"从被谴责、辱骂到被支持、认可,舆论在这其中发挥了不小的作用。可是,"理"在其中却没有越辩越明,反而稀里糊涂。对于公众来说,正是"范跑跑事件"的褒贬反复,才让大家陷入是非迷茫的困惑之中,到底"范跑跑"的言行应该如何认识?

二、"范跑跑"的是与非

想要说清楚"范跑跑"的跑是否有理,必须突破"公说公有理、婆说婆有理"的评论立场,注意分清层次、找准定位,在既定的情境中捋顺人物关系、廓清角色职责,逐一分析"范跑跑"的人物形象。

首先,作为一个普通人的"范跑跑"临危跑了,跑得是否有"理"? 如果说有"理",理就在于他是一个普通人,面对攸关生命的危险,惊慌、害怕、恐惧之下逃离危险是人的本能反应。所以,他说"当时我也被吓坏了,本能反应就是往外跑"。在这一点上,不必太苛求。就某种程度来说,人和动物的趋利避害并没有太大区别,或许正如恩格斯所说:"人来源于动物界这一事实已经决定人永远不能完全摆脱兽性,所以问题永远只能在于摆脱的多些或少些,在于兽性或人性的程度上的差异"。③于是,有的人可能会受本能的驱使,有的人则突破了本能的束缚,在危险

---

①　http://groups.tianya.cn/post－185186－260536062599135988930929－1.shtml

②　http://groups.tianya.cn/post－185186－260536062599135988930929－1.shtml。

③　《马克思恩格斯选集》第3卷,人民出版社,1995年版,第442页。

面前作出了不一样的人生选择。所以,有的人让我们肃然起敬,有的人让我们身怀同情。同情,是一种理解和宽容。确实,我们希望每一个人在危险来临时都能做一个英雄,都能做到舍己为人,但事实是人是存在境界高低之分。冯友兰说,人生有四境界:自然境界、功利境界、道德境界及天地境界。对待境界不高的人,我们不能一味地谴责和辱骂,要持理解和宽容的心态,毕竟,英雄不是所有人都能做到。

其次,作为一个普通人的"范跑跑"跑得心安理得、跑得理直气壮,是否真的有"理"? 我们说这个"理"很有限。诚然,人的境界有高低,可以提要求,不能硬强求。但这并不意味着给予"范跑跑"以同情理解就代表这种行为是对的,是要肯定的,不能误解了宽容的意义。大无畏的高尚行为,自己做不到,但不能因此就否认了高尚的价值,不能以自己的卑小作为衡量的依据,由此就否认伟大的存在。所以,我们可以理解"范跑跑"跑的行为,却不能接受他跑的言论。如果说他的跑是胆怯之人的正常反应尚且可以同情理解,那么他跑之后的心安理得却说明他对人之为人的认识何其浮浅。古往今来,多少哲人都在探讨人之区别于万物的根本所在,赋予人不一样的存在,力求将人从万物中挺拔出来,由此构建了一个属人的价值王国。在这里,荀子根据人类的需要,而且是顺着自然界演变的程序,在人类与其他物类之间划出了最为明确的界限:"水火有气而无生,草木有生而无知,禽兽有知而无义。人有气、有生、有知亦且有义,最为天下贵也。"[1]在人与物的类比逐步推进中,"义"字凸显出了人作为天下贵的特质。对此,"虽不能至,然心向往之"[2]。"范跑跑"做不到义无反顾,跑则跑矣,但不能因此去否认、拉低人之为人的高度。

再次,作为一名教师的"范跑跑"跑得义无反顾,跑得是否有"理"? 那是值得深思的。每一个人在生活中都不是原子式的孤立个体,总要扮演着很多角色,诸如丈夫、父亲、儿子、教师等不同的社会角色,每一个角色都有其职责和要求。虽然这些角色并不会总是同时出现,但有时候这些职责和要求还会有矛盾和冲突。比如,"范跑跑"就遇到了这个难题:一方面,他和学生一样,是个普通人,遇到危险也想要第一时间逃生、自保;另一方面,他和学生相比,是个教师,教师就有教师的职责和要求,他不应该第一时间丢下学生独自逃跑。换个情境,如果地震发生时,"范跑跑"在家而不是在上课,那么他也不会面临这样的纠结和两难。问题在于,没有如果,地震来临时,身为教师的"范跑跑"正在教室里上课。所以,第一时间里

---

① 《荀子·王制》。
② 《诗经·小雅》。

到底该做什么就成了一道难题。当然,对于"范跑跑"来说,没有难题,因为他毫无疑问地选择逃跑。

做选择容易,做正确的选择很不容易。危难来临时,我们正处在一个职业角色之中,那么履行职业角色要求就是当下我们应该要尽的义务,此即职业道德。不能因为有生命危险,就和一般人一样望而却步、踯躅不前,属于我们的犹亦应在职业选择时就要慎重地考虑。所以,姑且不论"范跑跑"对其行为的自我辩护是否合理:"有哪一条规定说教师要冒着生命危险,甚至牺牲自己的生命去救学生"?"不能因为我批判国家的问题,就说我不爱国;而且也不能以不爱国这个理由取消我的教师资格",但根据他自己的心路历程,他第一时间选择保护自己的生命安全,显然在他的思想观念中是根本没有职业角色这种意识的,也就是说,他根本就没有想过,在那一刻他应该要做什么,而不是想做什么。

再者说,教师职业道德到底有没有规定说教师要冒着生命危险,甚至牺牲自己的生命去救学生。或许,我们的《义务教育法》、《未成年人保护法》没有那么明确具体的规定。但《中小学幼儿园安全管理办法》第五十五条规定,在发生地震、洪水、泥石流、台风等自然灾害和重大治安、公共卫生突发事件时,教育等部门应当立即启动应急预案,及时转移、疏散学生,或者采取其他必要防护措施,保障学校安全和师生人身财产安全;第五十六条中关于教师职责的规定更加明确:校园内发生火灾、食物中毒、重大治安等突发安全事故以及自然灾害时,学校应当启动应急预案,及时组织教职工参与抢险、救助和防护,保障学生身体健康和人身、财产安全。

根据这些法律、规章,学校在教育教学期间负有保护学生安全的职责是确定的。毫无疑问,教师在履行角色的过程中是对学生负有保护的义务和职责的。当然,这个职责在什么样的范围内是一个合理的范围,包括教师是否应要冒着生命危险,甚至牺牲自己的生命去救学生,是值得思考和讨论的。

真爱要不要"秀"出来?

爱情是个美好的词,尤其是对青春期的大学生来说更是如此。走过懵懂的少年时期,摆脱了高考的繁重压力,不少象牙塔的学子们开始寻找萌动情感的寄放之处。在 20 世纪的大学校园里,受传统文化的影响,大多数学生的恋爱多是处于"地下活动或半地下活动"状态,而时下许多的大学校园里,不管是在教室、图书馆、食堂等公众场所,还是在 QQ、微博、微信等虚拟场所,都可以看到一对对亲密无间"秀恩爱"情侣,引发了诸多争议。

一、大学生"秀"恩爱的常见方式

2014 年 4 月,广西医科大学在校内张贴了一组宣传海报,罗列常见校园不雅行为。其中,"秀恩爱篇"列举的不雅行为,迅速引起网友热议。大家围绕着真爱要不要秀出来,展开了激烈的辩论,并形成了三种基本观点:第一种观点表示反对,认为恋爱的重要特征在于隐蔽性,拥抱、接吻这些行为不应该在大庭广众之下去做,这是最起码的礼仪,也是对他人的尊重;第二种观点表示赞成,认为大学生已经成年,谈恋爱拥抱、接吻是很正常的事情,学校不应该对这些行为加以限制;第三种观点属于中立态度,认为将"秀恩爱篇"列入校园不雅行为可能会引起学生反感,应该通过讲座、心理辅导等形式对大学生在恋爱方面遇到的困惑进行指导和帮助,让他们认识到什么才是真正的美,什么样的行为才是文明得体的,这样引导的效果应比图片展示要好。那么,真爱到底要不要"秀"出来呢?要回答这个问题,可能需要首先搞清楚何谓"秀"。

"秀"恩爱意指在公共场合展示感情,英文名称为 PDA(Public Display of Affection),指的是身体上相对温和的亲密方式,比如牵手、拥抱、接吻、爱抚等。当前随着计算机互联网和智能手机的日益普及,不少大学生将秀恩爱的场所从现实空间延伸到了虚拟网络空间,因此秀恩爱的传播范围更广,造成的影响也更为持久。

曾有媒体总结出了七种常见的大学生"秀"恩爱的方式。① (1)你会为 Ta 卸载手机上的交友 app,因为觉得"不再需要"。(2)你会和 Ta 合影自拍,然后传上社交网络,宣示主权,表明自己名花有主。(3)Ta 的朋友们会在社交网络加你成为好友,表示愿意接纳你成为他们中的一员。(4)你和 Ta 的音乐账户或社区账户彼此关注,听对方听的歌,看对方看的电影,了解对方的品位。(5)你们交流时,使用许多表情而非文字,仿佛心有灵犀一点通。(6)当 Ta 用你的电脑时,你心里不会惊慌,因为浏览器历史记录没有任何"不光彩"的痕迹。(7)你们喜欢分享搞笑图像和视频,不介意丑化自己,也喜欢彼此"互黑"。

二、大学生"秀"恩爱的原因

大学生为什么这么喜欢"秀"恩爱呢? 其主要原因在于:

其一,自我呈现的需要。自我呈现又称自我表现、印象管理,意指人们通过运用各种策略控制和把握自己的外在形象,以便给他人留下最佳印象。1959 年,美国学者欧文·戈夫曼在《日常生活中的自我呈现》一书中对自我呈现作了详细的论述。他认为,每个人都有向他人表演自己的问题,每个人总试图在社会情境中保持适当的印象,以求得到肯定的评价。② 社会生活也要求每个社会成员尽可能通过合适的自我呈现而给他人留下一个良好的角色印象。因而,在现实的校园生活里,一些陷入热恋中的大学生情侣常常会有意或无意地向身边的同学"秀"一下自己的恩爱状况。随着计算机互联网的快速发展,网络又逐渐成为他们"秀"恩爱的新场所。所以,常常可以在学生的 QQ、微博、微信上看到他们的说说,如今天陪女朋友看了一场什么电影了、逛街时买到什么衣服了、吃饭时尝到什么美食了……部分大学生正是基于自我呈现的冲动而去"秀"恩爱的,在他们的眼里,这和平时的说话聊天没有多大的区别。

其二,虚荣攀比的需要。受大学恋爱风气的影响,部分大学生认为恋爱是个人能力和魅力的体现,大学期间如果没有谈过恋爱会被别人瞧不起,所以在选择恋爱对象时常常并不考虑真心相爱,而是以对方长得能否对得起观众、能否带得出去为标准,以至于身高、长相、皮肤、家庭环境、社会关系等都成为选择恋爱对象的砝码。有时明知自己不爱对方,但为了虚荣攀比而欺骗自己的感情。有的男生为了在恋爱中撑足面子,往往不顾家庭经济条件,倾其所有去博得女友红颜一笑。

---

① 凤凰网:《90 后最爱的 7 种秀恩爱方式》,http://fashion. ifeng. com/a/20150202/40079594_0. shtml.

② [美]欧文·戈夫曼:《日常生活中的自我呈现》,北京大学出版社,2008 年版,第 17 页。

2011 年,重庆某高校大学男生在网上晒出自己的恋爱成本,一年花销竟然超过万元。[1] 还有的女大学生把交男朋友作为满足自己虚荣心的手段,常常会和身边的女生比谁的男朋友更帅气、更有钱、更有社会关系。这种不正常的虚荣攀比心理导致她们一旦开始谈恋爱时,往往会不分场合地去"秀",容易招致别人的反感。

其三,宣示"主权"的需要。这是一种非常重要的"秀"恩爱原因,甚至可以在生物源头上找到根据。在动物世界中,动物们往往喜欢用体味、粪便来宣示自己对领地的占有。人作为高级动物,行为自然不能如此粗俗,用情侣头像挂在社交网站比用粪便文明多了。况且,人类的表达也更加讲究艺术性。有时一张一起逛街的自拍,表面上是在说事,实质上强调的确是这件事是与谁在一起做的。这种"秀"恩爱其实是在向外界传递一种信号,我和恋人关系亲密、稳定,其他人不应再对自己的恋人有非分之想了。这种宣示主权式的"秀"恩爱虽然具有排他性,但同时也在表达着一种忧虑,即担心自己的恋人会被别人抢走,这是情侣间恋爱缺乏安全感的重要缘由。

三、真爱其实不用"秀"出来

首先,真爱不用刻意去证明。爱情是需要相互信任的。只有相信自己所爱的人,才会收获真正的爱情。美国学者戴维·威斯格特说过,信任是一种有生命的感觉,信任也是一种高尚的情感,信任更是一种连接人与人之间的纽带。你有义务去信任另一个人,除非你能证实那个人不值得你信任;你也有权受到另一个人的信任,除非你已被证实不值得那个人信任。恋爱中刻意去"秀"恩爱的人,有时恰是一种缺乏信任的表现。曾有人统计近四年媒体曝光的娱乐圈离婚消息,竟然有高达近百对夫妇离婚,其中就包含了谢霆锋与张柏芝、王菲与李亚鹏、董洁与潘粤明等人。可以看出,先前没事儿就去"秀"恩爱的夫妻,往往不能长久。这正应了网民的调侃:"秀"恩爱,分得快。

其次,真爱不用刻意去展示。真正的爱情,只要自己心里明白就好,没有必要刻意去"秀"。恋爱的最终归宿是两个人好好地生活下去,而不是一味地在公众场合去表演。在众人看不见的场合,恋爱双方是如何相处的,是如何进行精神交流的,这是决定恋爱能否修成正果的重要因素。当恋爱双方真正明白两人相爱的乐趣之后,就会发现高调的炫耀实际上是一种不成熟的表现。刻意去"秀"的爱情是没有感情基础的。真正的爱情是不需要去"秀"的,"秀"出来的不一定是真爱。

---

[1] 新华网:《大学男生晒"恋爱成本":一年花销超万元 虚荣所致》,http://news. xinhuanet. com/2011 – 01/17/。

最后,真爱不用刻意去言说。真正的爱情,是两情相悦的默契,不需要刻意的表白与抒情。时下流行的大学生"毕业表白潮"常常不会取得好的结果,有报道称2013年安徽某大学毕业男生到女生楼下向心仪女生表白,结果表白未成反倒招来20个矿泉水瓶乱砸。[①] 这种刻意的表白有作"秀"的成分,是一种盲目的从众行为。看到别的同学表白了,自己也跟着去学,完全忽视了被表白方的感受,所以常常招致对方的反感。真正的爱情,不应是众人面前的豪言壮语,更不是拿来炫耀的谈资。真正的爱情,讲究的是平淡与从容,拥有了平淡与从容,也就拥有了真正的爱情。

---

　① 　中安在线:《在女生楼下高声表白招来20个矿泉水瓶》,http://ah. anhuinews. com。

爱情如何经营？

"生命诚可贵，爱情价更高"，这诗肯定了爱情之于人生的意义。黑格尔也认为，爱情是构成生命的一个环节，没有这个环节的生命是残缺的。生活中，人们都渴望得到真正的爱情，为它而生，为它而死。但美好的爱情不会从天而降，它需要我们去经营、去呵护。如何经营爱情呢？这就需要遵循恋爱的规律，培养爱的能力，并且能遵守恋爱中的道德规范。

一、经营爱情需要遵循恋爱的规律

爱情是人生一道亮丽的风景线，是一种内涵丰富而又复杂的特殊情感。不同的人有不同的恋爱，不同的恋爱有不同的爱的体验，但这些不同的背后总有一些共同性的规律存在，遵循这些规律就是在经营爱情。

首先，恋爱要尊重对方。何谓尊重？弗洛姆说："要把每个人当作独一无二者，要意识到每个人皆有不可替代的个性。关怀他人，使其能发展自己，敞亮自己，这即是尊重。"①它包括对彼此的生活习惯、业余爱好、职业选择、人格尊严的尊重以及劳动成果的尊重。如果恋爱的双方缺少尊重，就可能打着"爱情"的旗号去奴役或控制对方，将自己的意愿强加到对方身上，甚至将对方当作自己的附庸。这既是对爱情的误解，也是不尊重对方的表现。

尊重是以相互理解为前提的。相互理解的恋人总是站在对方的角度思考问题，而不是用自己的固有观念去评判对方。一般来说，纯真的且能走进婚姻的恋情都不乏相互理解，而那些"夭折"的爱情往往缺乏理解。

尊重既包括双方彼此之间的尊重，还包括自我尊重，即自尊。它是自我意识中的核心要素，反映个体知觉到的现实自我状态与期望自我状态之间的差异。②

---

① ［美］弗罗姆:《爱的艺术》，陈维纲等译，四川人民出版社，1986 年版，第 32 页。
② 汪勇，韩明:《某卫校新生自信心——学习动机与家庭关系的调查》，《现代预防医学》，2007 年第 14 期。

自尊对人们的情感、认知及行为都有非常重要的影响。在恋爱的过程中,自尊能够使我们采取积极的态度,并且获得幸福的巨大动力。懂得自尊的人,才能洞察爱情的真谛,重视自己的价值和名誉,进而才能在恋爱的过程中自立、自信、自强;缺乏自尊和主见的人,要么会被对方奴役,要么让"温柔"成为一种负担,令爱情蒙上阴影。因此,自我尊重与尊重对方同等重要,只有做到自我尊重,才能得到他人的尊重。所以,恋爱的双方只有做到相互理解、相互尊重和自我尊重,爱情才能得到不断地升华,才能培养出美好的、真正的爱情。

第二,恋爱要包容对方。包容是一种境界,也是一门艺术,更是一种智慧。恋爱的双方要学会及时调整和控制自己的情绪,不要一味地争强或示弱,更不要一味地热情或冷淡,不能得理不饶人,也不能将事情做绝,不留后路,没有回旋的余地。遇到问题,双方要及时沟通和交流,通过协商解决问题,不能一意孤行。恋人间即使发生点小矛盾和小摩擦,也要适可而止,见好就收,退一步海阔天空,给对方留下思考的时间,也就是为自己赢得回转的余地。

能包容他人的人,也就能考虑他人的存在与发展,从而亦为自己赢得生存与发展的空间。庄子说:"常宽容于物,不削于人"(《庄子·天下第三十三》)。孔子亦说:"己所不欲,勿施于人"(《论语·颜渊》)。这也就意味着,能包容他人的人会克服一己私利,赢得自己的幸福,反之,不能包容他人的福也会变成祸。朱熹说:"心只是放宽平,便大;不要先有一私意隔碍,便大。心大则自然不急迫。如有祸患之来,亦未须惊恐;或有所获,亦未有便欢喜在。少间亦未必,祸更转为福,福更转为祸。"(《朱子语类》卷九十五)

当然,包容需要把握好"度"。包容不是纵容,每个人都要为自己的行为负责,每个人都要承担自己行为所造成的后果。面对一而再,再而三无理取闹的人,如果一味地包容就意味着纵容。纵容对方不仅不能赢得爱情,反而会把爱情推向无底的深渊。

第三,恋爱要保持与对方的忠诚。爱情是人类远离动物一个重要标志,爱情的一个重要原则就是排他性和忠诚性。所谓忠诚,就是忠心、真诚,不欺骗、不欺瞒,每个人在同一时间里只能有且忠于一个恋爱对象。爱情之舟只能承载一男一女,既不能脚踏两只船,也不能充当第三者强登他人的爱情之舟。爱情的忠诚扎根于每个人的心底,需要慎独和自律来呵护它,虽然在法律上较难评判其是非,但在道德上它的评判标准却非常清晰。忠诚对爱情有呵护作用,建立在忠诚基础上的爱情非常牢固。

恋爱中的忠诚,要求信任对方,不无端猜测、胡乱猜疑,疑神疑鬼,更不能喜新厌旧、朝三暮四,为满足个人的欲望,搞三角恋,或者放纵自己。忠诚于爱情其实就是忠诚于对方，虽然每个人都可以允许有独立的空间和小秘密，但涉及情感问题，必须坦诚相待，以免造成相互之间的误会。遵循爱情忠诚性原则，需要有正确的恋爱态度，"对于爱情，我只要曾经拥有，不求天长地久"的态度是不可取的，因为爱情不是一场游戏。

二、恋爱要培养爱的能力

爱情是人生的组成部分，我们要想经营好爱情，必须培养爱的能力。对于大学生来说，爱的能力是决定未来生活是否幸福的重要指标。那么如何培养爱的能力呢？

第一，要树立正确的恋爱观。恋爱不是游戏，它不仅要重视过程，更要重视结果。其实，大学生谈恋爱是生理、心理发展的客观规律所决定的正常现象。但现代的相当一部分大学生在"为什么恋爱"的问题上，存在说不清、道不明的现象。有学者通过调查数据表明，有63.2%的人是因为别人恋爱了所以自己才去恋爱。他们谈恋爱的动机不外以下几种：第一种空虚寂寞，谈恋爱是为了排解寂寞；第二种赶时髦，看了别人在恋爱，仿效他人，求得心理平衡；第三种为了了解异性，满足自己的好奇心；第四种为毕业后就业考虑；第五种，害怕失去机缘，为了把握机会；第六种为了寻得真爱，为了爱而爱。同学们，不管你是属于哪一种动机谈恋爱，记住要抱着认真负责的态度谈恋爱，培养自己正确的爱的能力。

第二，要摆正爱情的位置。对大学生来说，要想爱情天长地久，就需要摆正爱情的地位，处理好以下几方面的关系。比如，爱情与学习的关系。爱情或许是人生的必修课，但只是大学时期的选修课。大学阶段的主要任务是学习，我们相信爱情、追求爱情，但不能将爱情放在至高无上的位置，更不能把爱情当成生命的唯一，将爱情演绎得超凡脱俗。需要明确的是，学业才是最重要的，因为今天的学业是明天的事业基础。没有事业，我们可能要丧失安身立命之本；没有事业，浪漫的爱情也是脆弱的，因为恋人也要食人间烟火。摆正爱情和学习的关系，经营好我们的爱情，让其有一个更新更高更为厚实的起点，这样获得的爱情才可能真正振奋我们的心灵、激励我们的人生。因此，大学阶段，大家应将学习知识、充实自己放在第一位，不要沉湎于感情的缠绵之中，虚掷光阴，耽误学习。再如，爱情与其他感情的关系。爱的情感丰富博大，不仅有恋人之爱，还有父母、兄弟、祖国、社会之情。亲情、友情、爱情不是排位取舍的关系，而是缺一不可的关系。弗洛姆说："我因爱你而爱每个人，我因爱你而爱整个世界，我因爱你而爱我自己。"[1]因此，

---

① ［美］弗罗姆：《爱的艺术》，陈维纲等译，四川人民出版社，1986年版，第53页。

不能因为恋人之爱,而忽视了其他的情感内容。对此,弗洛姆认为,"爱本质上非为个人与另一特定人之间的关系。它是一种态度,一种性格倾向,它决定着个人与整个世界而不是某个所爱的'对象'之间的关联。倘若他只是爱某一个人而对其他人持漠然冷淡的态度,则他的爱乃是虚假的,它不过是由共生而萌发出的依恋之情,或者说,不过是一种扩大了的利己主义"①。此外,还有爱情与他人的关系。恋爱着的双方,很容易在二人世界里自娱自乐,这将疏远了同学,脱离了集体,淡化了友谊。这种做法极不利于自身的成长与进步,更不利于爱情与外界环境的自由沟通,促进爱情的健康成长。

三、要恪守恋爱的道德规范

　　男女双方培养爱情的过程或在爱情基础上进行的相互交往活动,就是我们日常所说的恋爱。恋爱是建立婚姻家庭的前奏,恋爱中的道德关系到未来婚姻家庭生活的幸福。在现实生活中,恪守恋爱中的道德规范非常重要。恋爱中要遵守的道德主要有尊重人格平等、自觉承担责任、文明相亲相爱。

　　尊重人格平等。爱情是一种互爱关系,具有对等性和平等性特征。恩格斯曾说过:爱情"是以所爱者的互爱为前提的;在这方面,妇女处于同男子平等的地位。"②因此,尊重人格平等是恋爱的基本道德。恋爱中的双方是平等的,如果一方把另一方当成附庸,或者依附于对方,都是对爱情实质的误解,也是不尊重对方的表现。并且,如果恋爱中的双方毫不考虑对方,而都只追求个人需要的满足,其结果注定是分手。恋爱中的双方要尊重人格平等,这需要遵守公平的原则:你和你的另一方从感情中所得相同,那么他们的贡献也应该是相同的。处于公平关系中的恋爱双方对对方的满意度往往非常高,处于关系不平等的双方往往觉得不舒服:占了便宜的一方会觉得内疚,而被占便宜的一方往往会感到愤怒。

　　自觉承担责任。责任,通俗地说,即是你不一定喜欢做,但你却必须做。真正的爱情需要相互给予,相互承担责任。苏联教育家苏霍姆林斯基教育儿子说,"要记住,爱情首先意味着对你的爱侣的命运、前途承担责任。爱,首先意味着献给,把自己的精神力量献给爱侣,为他(她)缔造幸福。"爱情的责任意识首先是给予而不是索取,在给予的过程中品尝爱情的蜜果,在给予的过程中以自己对生命的热爱去燃起另一个人对生活的热爱。正如鲁迅与许广平的爱情故事。

　　"害马"闯进了鲁迅的生活,给他带来了青春的热力和女性的柔情。她向他请

---

① 　[美]弗罗姆:《爱的艺术》,陈维纲等译,四川人民出版社,1986年版,第52页。
② 　《马克思恩格斯选集》(第四卷),人民出版社,1972年版,第73页。

教,和他倾谈,切磋着学问、写作和战斗的策略、方法,还帮助他抄写稿子,流着眼泪劝他爱惜身体,担心地询问他褥子底下两把匕首的用途,而且实行了"缴械"。许广平的劝喻,其词恳切,其心坦诚。鲁迅笑了:"你真是个傻孩子!""刀是防外来不测的,哪里是要自杀。"和许广平的交往,给鲁迅带来了感情上的慰藉,使他那强制抑制而沉睡了的爱情苏醒了。但"人生最苦痛的是梦醒了无路可走"。爱情苏醒了,固然有欢娱,同样也有苦痛。这里有内在的与外在的、家庭的与社会的、新道德的与旧道德的种种矛盾、种种障碍。但最使鲁迅踌躇、不安的,还是许广平的青春年华和幸福,他们相差 17 岁,一方已婚,一方未婚。所以鲁迅一直有这样的自知和自省:"那个人不是太为我牺牲了吗?"他考虑的,首先不是自己,依然是女方,是她的青春和幸福。① 鲁迅与许广平的爱情为我们提供了鲜活的爱情范本。

正如弗洛姆所说,他应该把他内心有生命力的东西给予别人,他应该同别人分享他的欢乐、兴趣、理解力、知识、幽默和悲伤——简而言之,一切在他身上有生命力的东西。通过他的给予,他丰富了他人,同时在他提高自己生命感的同时,他也提高了对方的生命感。因此,学会给予,勇于承担责任是坚贞爱情的试金石,也是维系爱情天长地久的防护墙。

文明地相亲相爱。大学校园里,不乏情侣在恋爱过程中一直追求所谓的轰轰烈烈,公共场合形影不离、亲密无间,别人却不得不躲着他们走。教室、食堂、图书馆、林荫道随处可见热恋中的学生情侣,就像校园打油诗所描述的:"昨夜饮酒过度,醉卧情人之路,呕吐、呕吐,惊起鸳鸯无数。"文明地相亲相爱,要求恋人在公共场合出入要遵守社会公德,不要对他人、社会公共生活造成不良影响。即便恋人独处,也要持慎重的态度,讲文明,讲道德,避免在恋爱中对感情的表达把握和处置不当。

恋爱在很大程度上改变着人的思想、心理和行为。在恋爱过程中,双方都有一种取悦对方、获得对方深爱的积极心态,于是常常主动改正自己的缺点,放大自己的优点,并设法迎合对方的志趣。此时如果对方指出自己的不足之处,是很乐意设法加以改进的。假如恋爱双方都这样做的话,那么恋爱过程不仅能使爱情之花开得更茂盛,而且也会塑造出一对文明意义上的新人。对于大学生来说,如果在大学时代与爱情相逢,那就应该用心呵护,倍加珍惜。处理好恋爱中的各种关系,是对爱情的祝福,也是对自己的祝福,更是对未来人生的祝福。

---

① 林志浩:《鲁迅传》,北京十月文艺出版社,1991 年版,第 267 – 303 页。

你认同"干得好不如嫁得好"吗?

许多人认为"干得好不如嫁得好",而所谓"嫁得好"就是"傍个有钱人"、"钱是第一位,只要有钱其他都不重要"。这种认识存在一定的市场,很多女性在择偶时,对方的社会背景、家庭状况成为考察的首要对象,嫁个"高富帅"成了许多人的追求。反映在校园生活中,部分女大学生尤其相貌出众的女大学生在校期间不是忙于学习,而是忙于到社会上找"金龟婿",她们希望通过婚姻来改变个人生活现状。为什么会有这种现象的发生呢?

一、"干得好不如嫁得好"观点存在的根源

俗语曰:"嫂子穷,无冬夏;姑子穷,有一嫁"。这表明"嫁"对女子来说很重要,很多女性希望通过"嫁"来改变自己的命运和社会地位。在现实生活中,有事业很成功的女性,家庭生活并不完美;而有的事业平平乃至没有事业的女性,因"嫁得好",生活得很风光。

果真"干得好不如嫁得好"吗? 为什么许多人都认同"干得好不如嫁得好"呢? 笔者认为其有存在的历史根源和现实原因。

首先,"干得好不如嫁得好"的历史根源主要是"男尊女卑"的传统思想。在传统性别观念中强调"男尊女卑"的等级秩序,女性是男性的附庸,"在家从父,出嫁从夫,夫死从子",在此基础上衍生的职业观念是"男主外、女主内"。尽管新中国成立以后,对此陈旧观念进行了清理,提出了"男女平等"、"妇女能顶半边天"等观点,但"男主外、女主内"的职业观仍有很大的市场。有调查发现,"北京大学80%的男生都表示,他们不能容忍女孩子与他们并驾齐驱。为了得到某个男人的承认,女生们开始自我塑型,认可'男主外女主内'、'干得好不如嫁得好'"。[①] 这样不仅导致女大学生成就动机被弱化,而且更重要的是"男主外、女主内"的分工

---

① 梁飞琴:《校园文化建设视角下女大学生婚恋观的形成与引导》,《成都教育学院学报》,2006 年第 12 期。

观念导致职业女性的境遇尴尬:男人在外工作一般被看作家庭生存和发展的需要,而女性就业则是满足自己的需要。

随着社会的发展,女性受教育的机会增加,女性的家庭观和恋爱观也发生了一些改变,她们走出厨房,走进社会,不少行业出现了能力出众的杰出女性,这些女性常常被冠之"女强人"的称号。而"女强人"并不是对女性"干得好"的一种褒奖和鼓励,在其身后有不同的"嘘声",这是男性抵触情绪的显现,是男权思想的折射和"男尊女卑"观念的残余。因此,部分女权主义者认为,在强人前面加个"女"字,就意味着存在性别歧视。

其次,"干得好不如嫁得好"的现实原因主要有两个方面。一方面,女性就业困难。就业是现代女性得以生存和发展的基础,她们的就业状况直接关系到其心理健康、自身素质、经济地位以及社会地位的提高,间接地影响到男女在权利、地位等方面的平等问题,从而影响到社会的稳定和发展。但女性就业明显处于劣势,在 2000 年进行的"五普"城市在业人口行业大类分布调查数据显示,在 92 个行业中,男性所占比例大于 60% 的行业有 51 个,而女性在这些行业的就业占城市在业女性总数的 25.8%。女性就业比例大于 60% 的行业只有 5 个,包括偏女性行业,近 58.5% 的女性在业人口,此类行业相当一部分是传统的女性行业、经济效益不高,如服装、纺织、零售、餐饮业、居民服务;同时也有部分现代产业,如卫生、教育女性参与率仍比较高,达 63.9% 和 58.0%。[①] 随着高校扩招,在校女大学群体人数的迅速增长,加上一些用人单位所持有的性别偏见,使得女性就业越来越难,女性就业心理压力问题越发突出。据统计,在当今的就业市场中,性别问题已成为仅次于户口问题的第二条件。面临着就业压力,许多女性选择了通过"嫁"来改变自己尴尬处境。

另一方面,部分女性生活的享乐化。由于我们正处于社会转型时期,多种文化和价值观念相互交融、相互冲击,导致了当代大学生爱情观呈现复杂多变的样态,部分大学生特别是女大学生不再将爱情看作是自己和恋人对理想生活的追求。为了追求物质生活的享受,许多女大学生不自觉地陷入商品化的陷阱,将自己的青春与他人的权势结合。对恋爱对象的选择现实和功利,对拥有金钱或权势的"成功男士"趋之若鹜。为了依附于这样的男性,甘愿放弃自己的职业理想和平等权的追求,回归家庭做"全职太太",更有甚者不惜出卖自己的灵魂和肉体,甘愿成为他人的"二奶"和笼中"金丝雀",为取悦男人而煞费心机,隐藏自己的才智,

---

① 全国妇联妇女研究所课题组:《中国社会转型中的妇女社会地位》,中国妇女出版社,2006年版,第 163 页。

抹煞自己的个性,以男性标准校正自己,努力把自己修炼成为宽容忍让、温良贤淑、富有牺牲精神的"好女人"。

这种用交换的方式取得的爱情,不是真正的爱情,没有幸福可言。也许它能满足人们的虚荣心和对物欲的享受,但最终不能填补内心的空白。简·奥斯汀在她的小说《傲慢与偏见》中,通过对夏洛蒂婚姻的描写,就佐证了这种观点。奥斯汀说:"大凡家境不好而又受过相当教育的青年女子,总是把结婚当作仅有一条体面的退路。尽管结婚并不一定会幸福,但总算给自己安排了一个可靠的储藏室了。"夏洛蒂本来是一个非常聪明的女子,只因为家里没有财产,人长得又不出色,到了27岁还是个没嫁出去的老姑娘;后来她答应嫁给柯林斯,并不是爱他,而是为了自己有个归宿。婚后,夏洛蒂对除了她丈夫以外的一切都感到很满意。因此,只看重经济条件和生活享受,很难觅得知音,获得真正的爱情。

二、正确处理"干得好"与"嫁得好"的关系

"干得好"与"嫁得好"的关系,其实反映的就是事业和家庭的关系。女性应从以下几方面入手处理好二者之间的关系:

首先,要正确地认识"嫁得好"的内涵。"嫁得好"不等于"傍大款、附权势","嫁得好"是男女双方的平等结合,是两个独立人格完美地合成一个家庭人格的过程,他们相互尊重、相互体贴,有共同的理想。共同理想是爱情生长的内在依据,人们经常说,林妹妹永远也不会爱焦大的,同样,焦大永远也不会爱林妹妹的。英国19世纪初的小说家,简·奥斯汀的《傲慢与偏见》中叙述的班纳特夫妇就是这样的。班纳特夫妻二人在性格、品位和爱好上没有任何共同的地方,奥斯汀写道:"班纳特先生是个古怪的人,一方面乖觉诙谐,好挖苦人,另一方面又不苟言笑,变幻莫测,他太太积二三十年经验还摸不透他的性格",而"这位太太的脑子就不那么难捉摸了,她是一个智力贫乏、孤陋寡闻、喜怒无常的女人。她平生最大的事,就是把女儿们嫁出去;她平生最大的慰藉,是访亲拜友和打听消息。"这两个旨趣完全不同的人,怎么走到一起了呢?奥斯汀写道,班纳特先生当年被他现在的太太美貌迷住了而结婚。婚后不久他就发现,自己的妻子原来是心胸狭窄而又一个智力贫乏的女人,他在懊悔中终结了对她的爱,以一生的追悔惩罚自己在年轻时犯下的大错。因此,真正的爱情是两个人情感的交汇,只有人格上的相互映衬,志趣上的相互认同,以及在此基础上形成的对于生活的共同理想,这样的爱情才有可靠的基础,这样的爱情才会天长地久。

第二,摆正爱情与事业的关系。爱情是人生的必修课,但我们不能将爱情放在至高无上的位置,更不能将爱情当成生命的唯一,将爱情演绎得超凡脱俗。没

有事业,我们可能要丧失安身立命之本,没有事业,浪漫的爱情是脆弱的,鲁迅曾经说过:"不要只为了爱——盲目的爱——而将别的人生要义全盘疏忽了。人生第一要义便是生活,人必须生活着,爱才有所附着。"事业不仅是我们谋生的方式和手段,它也是奉献社会、完善自我的必然要求。如果我们只从个人的工具性的和物质性需要的角度看待我们的职业,就必然会忽视职业生活所具有的更丰富的、更深刻的人生内涵。因此,将职业上升为事业,树立崇高的事业观,不仅是为了拓展职业的价值领域,更能提升人生观、价值观的境界。

第三,"干得好"是"嫁得好"的前提。一个好的婚姻对女性来说非常重要,它可能是其人生的第二起跑线,但一个女性要想得到真爱,需要有成功的事业做其坚强后盾。从女性自身来说,只有"干得好",才能真正赢得社会的公平对待、男女的平等相处;只有"干得好",才能获得经济独立、人格独立、思想独立。只有"干得好",获得了经济独立,她的自尊才会有保障。反之,"女人在被决定扮演他者角色的同时,也被判决仅仅拥有靠不住的力量。"[1]所以,只有干得好,有了经济基础才可能产生对等的爱,才可能有长期稳定的婚姻,恩格斯曾在《家庭、私有制与国家的起源》中指出,妇女的解放,只有在妇女可以大量地、社会规模地参加生产,而家务劳动只占她们极少的工夫的时候,才有可能。从男性的角度来看,虽然男性很喜欢同温柔美貌的女性交往,但在选择为终身伴侣的时候,他们更愿意接纳学识素养较高的、能够与他对话的、头脑敏锐的、内心丰富的女性为妻,而不愿意娶一个以自己为等价物的女性,因为这样自贬人格的女性,不仅会让自己的情感粗鄙化,而且让自己失去对爱情的美好憧憬,一旦对方的金钱、财富、权势丧失时,"爱情"也就会随之消失得无影无踪。

总之,"干得好"是一个女性在社会上生存和发展的前提,而"嫁得好"只是女性一生中的一项重要选择。两全其美是每个女性美好的愿意,但不能两全其美的时候,一个女性有可能嫁得不尽如人意,但她一辈子却不能不工作。

---

[1] [法]西蒙娜·德·波伏娃:《第二性》,陶铁柱译,中国书籍出版社,1998年版,第87页。

分手后还能做朋友吗？

歌德说过,哪个少男不钟情,哪个少女不怀春,青春期里的情愫遇到合适的土壤,就会播下爱情的种子。但爱情的种子不一定会生根发芽,分手是这一段爱情的终结。那么,分手后是继续做朋友,还是老死不相往来,这是大多数人要面临的抉择。选择之前,需要弄清楚分手的原因、选择好分手的方式及把握爱情与友情的界限,处理好这些问题,才有可能分手后也会做朋友。

一、为什么要分手

发展与维持一段浪漫的恋爱关系,对大学生的身心健康成长有积极正向的意义。而分手则意味着一段恋爱关系的结束,它也是大学生成长过程中很难避免的人生经历,尤其是分手过程中的被动方,他承载着比主动方更多的心理压力,遭受着更多的负性情绪的困扰。因此,对涉世不深的大学生来说,分手是一个需要积极应对的负性生活压力事件,如果处理不当,会在不同程度上给恋爱的一方或双方造成心理挫折感。这种挫折和痛苦体验通常包括孤独、悔恨、羞耻、嫉恨甚至悲观绝望,因此不要轻易分手。真正遭遇情感危机的时候,一定要冷静分析原因。分手的原因很多,主要有以下几个方面:

第一,赌气分手。恋爱的时候,由于某种原因而吵架这是非常正常的事情,这时候很可能因为一时生气就赌气分手。每个青年男女都希望自己的爱情能够一帆风顺,而事实是不可能的。因为恋爱本身就是双方加深认识和了解的过程,也是不同生活背景、不同性格的双方不断磨合的过程。在恋爱中因看问题的角度和方式不同而产生分歧和争执是正常的,这时候如果赌气分手是非常不明智的。在现实生活中,不乏存在因赌气分手而错失美好姻缘的现象,当事人一般都懊恼、自责,乃至悔恨终生。因此,作为当事人应该正确对待这种分歧和争执,千万不能不分时机和场合,不顾对方的颜面和感受,抓住对方的某一弱点和不足,唠唠叨叨,一味地数落对方,如果这样,你有可能失去真爱,即便以后你遇到新恋情,也可能会因为这段失败的恋情而失去自信。因此,我们要善于与恋人沟通,彼此开诚布公、豁达大度、珍视情缘，不轻言分手。

第二，性格不合分手。每个青年男女都有自己的情感偶像，在现实生活中发现与自己情感偶像相吻合的人，就会产生难以抑制的爱情之火，这就是人们通常所说的"触电"的感觉。一旦进入恋爱的过程中，可能才发现自己与他/她性格完全不同，而且对方有许多你无法接受的缺点，因此提出分手。对此，我们需要理性地认识：爱需要包容，包括包容对方的缺点，而不是一开始就来改变对方。你如果爱他/她，你就要心甘情愿地接受他/她的缺点和不足，并且出于善意地去帮他/她改正；他/她如果爱你，同样也应如此。倘若因为一方发现性格不合或趣味差异较大，无法继续相亲相爱，也一定要和平分手，不能伤害对方。

第三，理想不同分手。共同的理想是爱情生长的内在依据。人们常说，《红楼梦》中的林妹妹永远也不会爱焦大，原因在于林妹妹和焦大之间没有爱情生长的内在动力。英国19世纪初的小说家，简·奥斯汀在《傲慢与偏见》中所讲的班纳特夫妇之间爱情的泯灭，也表明了没有共同的理想，爱情有时候很难维系。喜剧演员理查德·刘易斯曾经开玩笑地说："如果你正处在恋爱之中，那在你一生中最为绚丽多彩的时间也就只有两天半。"在现实生活中，我们发现，有着共同理想的情侣成功率要大得多。因为，爱情是两个人情感的交汇，人格上的相互映衬，志趣上的相互认同，以及在此基础上形成的对于生活的共同理想，这样的爱情才有可靠的基础。反之，如果两个人理想不同，看待问题的角度也就存在着很大的差异，再加上两个人又不能相互包容、相互学习，就可能因为很小的事情发生争执而导致分手。

二、分手方式正确才能做朋友

有人说过，在对的时间，遇见对的人，是一种幸福；在对的时间，遇见错的人，是一种悲伤；在错的时间，遇见对的人，是一声叹息；在错的时间，遇见错的人，是一种无奈。人生在世，短短几十年，如果能够在对的时间里遇见一个对的人，成就一段美满的爱情是非常难得的。如果在对的时间里遇到错的人，或者在错的时间中遇到错的人，都可能要分手。而分手需要采取正确的方式，这样才能避免不必要的伤害。

恋爱关系中，很少有双方同时提出分手的现象，绝大部分都是由一方提出，而另一方并不情愿分手。恋爱中主动分手者与被动者如果存在不同的归因，就会加剧分手所带来的不适应感甚至矛盾，尤其是"失恋被动方通常有极端的消极情绪和自我评价,并引发自杀或伤害他人的行为"。① 因此,恋爱的双方,提出分手一定要慎重。即便分手了,双方都需要冷静地思考问题到底出在哪里,是不是一切都真的结束了。如果没有,要想办法挽回;如果结束了,双方要设法缓和矛盾。

分手后,不要马上找一个人来填补情感缺位,以免造成不必要的误会而伤害了另一方的感情,甚至造成不可设想的后果。2008 年 9 月 16 日,山东太原市发生的一起意想不到的惨案,就是因分手造成一方伤害而导致的恶果。山东某事业单位的罗安伟与女朋友盛雪分手后,盛雪"闪电"般地与其同事兼铁哥们尹业平同居,罗安伟认为尹业平破坏了他们爱情,并怀疑他们早有奸情,于是怀恨在心,遂精心策划了这一爆炸惨案。其实,盛雪开始与尹业平并没有什么不正当的关系,只是两人情趣相投,互有好感而已。

因此,分手的时候需要以正确的方式结束两者之间的关系,要好聚好散,切不可以过激的行为刺激对方,冷静地处理好双方关系,否则可能造成意想不到的伤害。能否正确地面对失恋,是分手能否做朋友的决定性因素。

每一个人谈恋爱都渴望能够成功,成功固然皆大欢喜,但不是每个人都会成功,因为恋爱是双向选择,你选择了她或者他,但是她或者他不一定喜欢你,因此每个人在追求爱情的过程中都要有失败的心理准备。失恋了,我们不仅需要理性认识它,更需要我们从痛苦和失败的经历中汲取成长的养分。古今中外有很多名人,因战胜了失恋的痛苦,最终收获了幸福的爱情,也做出了巨大的成就。譬如,诗人歌德第五次失恋以后,痛苦万分,几乎要自杀,不过最终他还是战胜了失恋的痛苦,完成了著名的《少年维特之烦恼》。所以当失恋无可避免地来到我们身边时,勇敢而积极地接受它,并收回注意力,让自己的生活过得更美好。当这份情感淡化以后,你们再回想当初那份纯真的情感,相互之间就会多了一份祝福。

尽快地减轻失恋所带来的痛苦,有利于修复两者之间的关系。首先,要明白失恋不是某个人的错。在爱情的世界中,没有对错之别,只有适合与否,如果能认识到这一点,相互之间关系就会尽快修复,因为一般情况下,恋情是由友情发展来,恋情不在,友情可以长存。其次,要学会让时间来冲淡一切。要相信时间的力量,它是一剂良药,无论快乐或是忧伤,总有一天它都将成为历史。再次,要学会转移注意力,当我们过分关注某件事情时,往往会不自觉地放大其严重程度。失恋的时候,去旅行,或找个朋友倾诉,或专心致志地看看书,都不失为消解失恋痛苦的好办法。

---

① 朱海燕,宋志一等:《不同立场大学生恋爱分手归因比较》,《心理技术与应用》,2016 年第 3 期。

请记住：要始终拥有爱的憧憬和追求，一次失恋只不过是一段人生经历，不能代表和说明你是一个彻头彻尾的"不可爱的人"；失恋了，仍然不能放弃爱的勇气，那或许是为自己未来成熟的爱情再积累经验。

三、分手后恪守友情和爱情的界限

许多分手后的恋人，都选择成为患难与共的好朋友，正所谓"爱情不在，友情还在"。分手后继续做朋友，会让你们相互珍惜这份情感，并把这份情感化做动力，更加珍惜自己、更加追求上进。尤其是外在的原因导致分手，突如其来的分离，会带来焦虑和恐惧，这时候选择做朋友，可以缓解内心的不安全感；同时也开始了一段新的聚合关系，并且这种聚合关系能避免分离焦虑。

不过，有以下几种情况导致的分手是不适宜做朋友的。有的分手对你造成很大伤害，分手后还做朋友，会干扰你的正常生活，甚至可能带来更大的伤害；有的人分手后出于利益关系提出继续做朋友，比如想利用你的能力和关系帮助他/她发展，这往往带来一种欺骗和上当的感觉，令伤害更深；有的分手后还想继续做朋友，常常借朋友之名，行骚扰之实。这些都不再适合做朋友，应该以避而远之为宜。因为，这种纠缠不清没有尊重，只是一种支配和占有的关系，继续下去也只是痛苦和无奈。

因此，即使分手后还是朋友，也要恪守友情和爱情的界限。爱情和友情是两种性质不同的感情体验，它们之间存在着很大的差异。爱情是源自灵魂的震撼和心灵的悸动，是隐含了平等、谦逊、敬畏、独立的感情，是发生于异性之间更为亲密的、身心趋于一体、具有排他性的特殊情感；友情则不拘泥于两性之间的，只要有相同的兴趣、爱好和目标，就可能产生好感，从而会收获友情。C.S. 路易斯曾经将爱情和友情做了区分："情侣总是谈论彼此的爱情，真正的朋友几乎从不谈论彼此的友爱；情侣通常面对面，沉浸在彼此之中，真正的朋友则肩并肩，沉浸在某个共同的兴趣之中。最重要的是，爱情必须只存在于二者之间，友爱却远远不能局限于二者。"[①]真正的友情会在你烦恼的时候充当聆听者，在你困难的时候，会伸出友谊的手。

分手后如果还是朋友，情感定位一定要清晰，如果将友情误读为爱情，将二者混为一谈，这不仅会伤害自己，还会给对方及你们两个家庭带来伤害。正确地区分爱情和友情的关系，有利于人们树立正确的恋爱观。友情和爱情可以从几个方面加以区分。支柱不同：友谊的支柱是理解，爱情的支柱是感情；体系不同：友谊

---

① C.S. 路易斯：《四种爱》，王咏梅译，华东师范大学出版社，2007 年版，第 48 页。

的系统是开放的,爱情的系统是封闭的;基础不同:友谊的基础是信赖,爱情则纠缠着不安和期待;心境不同:友谊充满"充足感",爱情则充满"欠缺感"。

　　总之,在恋爱中,双方是平等的,我们要以宽容、无私的胸襟去爱对方,假如我们注定要分手,失恋只是一个人在感情道路上遇到的一个坎坷。面对坎坷,我们要勇于接受,敢于面对,要不断地改变自己,完善自己,而不是去怨恨对方。在分手过程中没有绝对的赢家,分手以后,重新牵起友谊之手,才能拥有那段恋情的美好回忆。

为何"清官难断家务事"？

不知何时,社会上流行这么一句话:邻居、朋友都好相处,唯独家人难相处。而且,一旦家人之间发生矛盾、冲突,各说各理,外人很难进行有效的调解,正应了那句俗话:清官难断家务事。这到底是怎么回事呢? 或许要从"清官难断家务事"的根源说起。

一、"清官难断家务事"之个案

"清官难断家务事",出自明·冯梦龙《喻世明言》第十卷:"常言道清官难断家事,我如今管你母子一生衣食充足,你也休做十分大望",意指再公正的官员也很难论断家庭纠纷的是非曲直。这句话因其形象易懂,所以常被引用,如《红楼梦》第八十回:"这魔魔法究竟不知谁做的? 正是俗话说得好:'清官难断家务事',此时正是公婆难断床帏的事了"。今天,当我们面临家庭矛盾、债务纠纷等家庭琐事时,常常会面临"清官难断家务事"的困境。

2015年1月,北京市密云法院受理了一对老年夫妻的起诉。这对夫妻说,自己有一儿一女,长时间以来都是儿子在身边照顾,女儿却一直都不过问父母的生活,也不支付赡养费。如今老两口身体每况愈下,多次要求女儿承担做子女的义务支付赡养费,并希望女儿能够回家探望,使他们得到精神上的宽慰,但女儿对此却置之不理。这对老夫妻将女儿告上法庭,希望判定女儿每月支付赡养费600元,每月回家探望一次。现年40岁左右的女儿陈好(化名)已经18年没有迈入父母家的大门了,陈好与父母结怨主要是因为当年父母不同意她的婚事。1997年,20多岁的陈好与李乐(化名)确立了恋爱关系,相处一段时间后两人情定终身。陈好兴冲冲地与父母谈及此事却遭到反对。原来,父母对陈好选择的男友并不满意,也不愿女儿远嫁到其他区县。此外,老两口早已经替女儿物色好了一位他们心中的"乘龙快婿"。不过,陈好心意已决,坚持要和李乐结婚。有些拧脾气的陈好父亲多次劝说女儿无效,便抛出了狠话,"你要与他结婚可以,第一没有嫁妆,第二我不陪送,你自己走"。在陈好大喜日子来临之际,她含着眼泪孤身上了男方家的接亲婚车,一去不回头,再未回过娘家。18年过去了,陈好已育有一子,而陈好父母也已经年逾古稀,却再也没有听过女儿叫他们一声爸妈。密云县法院法官在了解情况后,对陈好进行了细心劝说,指出赡养父母是子女的法定义务,赡养包括精神赡养和物质赡养。经过法官耐心开导,陈好向法官承诺,一年中会四次前往家中探望父母,自己每个月收入并不宽裕,但仍然会每月支付父母600元的赡养费。至于是否带着丈夫和15岁的儿子一起去看望父母,陈好觉得自己还没想好。

这期由赡养父母引发的家庭纠纷,较为典型地反映了"家务事"的难断性。从父母一方的主张来看,要求女儿履行赡养义务,不论是法理还是情理,都很合理;但从女儿一方来看,当年是父亲撂下狠话,彻底伤了女儿的心,令养育之情恩断义绝。如果只是从法律角度出发,按照法律明确规定处理,这期家庭纠纷很容易判决,但如此一来,可能会让亲情雪上加霜,更难以为继。而这和法律的初衷是背道而驰的。如何在左右为难之间,既维护法律的威严,又兼顾亲情的温度,是"清官"对"家务事"难以决断的根源所在。所以,认真剖析"清官难断家务事"的原因和实质,对于构建依法治国背景下的和谐家庭具有十分重要的意义。

二、"清官难断家务事"之因由

家务事是在婚姻家庭生活中所产生的各类琐事,绝大部分属于法律所调整的婚姻家庭关系。因其成员之间的关系较为复杂,所以常常难以理清头绪。

1. 当事人之间情感的深厚性

与其他法律关系相比,在爱情、血缘基础上所产生的婚姻家庭关系,有着更加浓厚的情感色彩。夫妻之间久经考验的爱情、父母子女之间与生俱来的亲情使得他们在面对家庭事务上往往具有很大的主观性,从两个方面可以看出来:一是家务事极为复杂,成因各种各样,追根溯源费时费力,性价比不高,处理不当可能会引发严重后果,所以需谨慎对待;二是家务事能否圆满解决也难以确定,他人在参与家务事的调节、审判时经常不能准确把握当事人的内在要求,所以也不能判断家务事的解决是否满足了当事人的要求。

2. 人身关系的依赖性

在家庭内部,由于生活资料占有的多少、自身能力的大小、习惯道德社会舆论的倾向等原因,人身依附关系在客观上是存在的。在经济上,由于个体能力的差异,每个人所获得的经济报酬不同甚至差异巨大;另一方面,为了彼此更好的生活,相互间还有很强的依赖关系,正如恩格斯所说:"劳动愈不发展,劳动产品的数量、从而社会的财富愈受限制,社会制度就愈在较大程度上受血的支配。"①今天,随着个体能力的不断增强,这种经济以来关系有所减弱,但是作为婚姻家庭关系产生、维持的决定性因素,其作用依然是基础性的。

3. 财产关系的不明确性

家务事中的当事人相互间的关系较为密切,因此在财产上不可能分得一清二楚。在共同生活期间,家庭成员所取得的财产实际上是共同努力的结果。一人在取得财产收益的同时,他人在操持家务、抚育子女等方面也作出了无法用金钱去估量的贡献。婚姻家庭生活就是一个相互帮助、相互扶持的过程,他们之间既有夫妻间共同财产关系、家庭之间共有财产关系,也有各个主体的自身财产关系。这几种类型搅在一起便很难判断一起财产的具体归属。

三、"清官难断家务事"之实质

清官难断家务事,究其实质是道德与法律的冲突与协调。道德与法律都是重要的社会调控手段,两者相辅相成、相得益彰。法律属于制度的范畴,道德则属于社会意识形态的范畴。法律规范的内容是权利和义务,强调两者的均衡。道德强调对他人、对集体履行的义务,承担的责任。法律规范是由国家立法机关制定或认可的,其结构由假定、模式、后果三部分组成,而道德则是在社会生活中自发形成的,缺少具体的制裁措施和法律后果。法律是刚性的,由国家的强制力保证实施,道德则是柔性的,依靠人们的内心信念、社会舆论、传统习惯来维系。法律以道德作为价值基础,但是由于道德的主观性和不确定性,审判时不能高于法律成为审判公正的标准。家庭纠纷难免会涉及道德上的纷争,如果一味采用法律手段去解决道德色彩浓厚的家庭纠纷,势必效果不佳。如果过多考虑道德要素则会导致"以德审判"的现象,这与当前倡导的依法治国理念不太相称。所以,在依法治国背景下,当前应当树立法律信仰,将法律作为最后审判的依据。在法律与道德冲突不能两全时,在适当兼顾道德规范的情况下,尊重法律权威,做到真正的司法独立。

从现实中诸多家庭纠纷的个案来看,人们对现行法律的诸多规定的认同度还是较高的,涉及家庭成员关系的权利与义务基本上都能理解和接受,问题主要在于当事人彼此之间在情与理上的纠结。很多时候,家庭成员彼此之间缺少尊重、体谅、理解和换位思考,总是从自己的立场出发,以"爱"的名义进行诸多不必要的干涉,反而导致家庭矛盾重重,伤害了彼此的感情。其实,即使是在家人之间,乃

---

① 《马克思恩格斯选集》第4卷,人民出版社,1995年版,第2页。

至父母与子女之间,谁也不是谁的附属品,都是独立的个体,彼此之间需要尊重,需要平等的相处和交往,但家庭的血缘关系及其情感性往往容易遮蔽这种家人相处的要求。但是,从法律调解来说,调解家庭纠纷,必须要注意家庭纠纷和其他纠纷的不同,需要注意方式方法。社会和谐需要家庭和谐,以法律手段解决家庭纠纷会对亲情造成无法弥补的伤害。因此,采用非法律手段解决法律纠纷是较理想的一种选择,有利于家庭矛盾的化解,这种温和的方式能有效激发情感因素,达成调解协议,从而履行的可能性较大,真正有效地解决家庭矛盾。

孝心如何表达？

"孝"，按照我国辞书之祖《尔雅》的解释即"善事父母"。在《说文解字》中，"孝"也被认为"善事父母者，从老省，从子，子承老也。"意思是说，子女承担支撑和奉养老人的道义和责任就是"孝"。这种语义逻辑表明传统孝道内含一种非常质朴的家庭伦理观念：父母养育子女长大成人，子女应当回报父母的养育之恩。这种孝道的要求如何理解呢？我们大学生应该如何表达孝心呢？

一、孝的三种道德要求

从道德价值的逻辑来分析，"善事父母"应当包含三种道德要求。一是孝心，即对父母养育之恩所持有的良知。这一点在《论语》的相关记述中对此有很好的诠释。如："孟武伯问孝，子曰：'父母唯其疾之忧。'"①孔子认为，子女侍奉父母只有付出自己孩子生病的时候那种程度的关心，才是孝。这种要求在今天来看即是要求子女对父母应付出责任、关注、牵挂和帮助，以使父母解除现实的困扰，拥有轻松愉快的生活。再如："父母之年，不可不知也。一则以喜，一则以惧。"②为人子者要了解父母的年龄，一方面为他们的长寿而高兴，另一方面为他们的衰老而担忧。如果子女对父母没有关注，没有牵挂，就不可能做到这样。而这种关注和牵挂，对于子女而言，就是孝心。所谓"百善孝为先，原心不原迹，原迹天下无孝子"说的就是子女对于父母的孝，关键在有没有孝心。我们知道，子女的孝心并不会天生成就，而是需要后天养成。如果子女没有养成孝心，就不可能做善侍父母之事。因此，古人多注重培养子女的孝心，如《三字经》中有"香九龄，能温席，孝于亲，所当执"的要求，《小儿语》中有"宁替父母分过，莫为父母添祸"的规劝，《弟子规》中有"父母呼，应勿缓；父母命，行勿懒"、"丧尽礼，祭尽诚，事死者，如事生"的规约，等等。这些都是培养子女孝心的具体行为规范。

---

① 《论语·为政》。
② 《论语·里仁》。

　　二是孝行,即尽孝的实际行动。从价值结构看,孝行要求子女对父母要做到养体和养心两个方面。即所谓"修宫室,安床第,节饮食,养体之道也"①,"孝子之养老也,乐其心,不违其志,乐其耳目,安其寝处,以其饮食忠养之"②等。在孔子那里,养心尤为重要,"今之孝者,是谓能养。至于犬马,皆能有养。不敬,何以别乎?"③就是说,人们一般以为能养活父母就是尽孝了,这是连犬马类的动物都能够做到的,如果没有对父母心怀敬意,那与犬马类的动物有什么区别呢? 又说:"啜菽饮水,尽其欢,斯之谓孝。"④尽管是吃粥喝清水,但能使老人精神愉快,这也就是孝了。可见,孔子对子女的孝行十分强调养心的内在要求。这种对于孝行的认识较为符合人们的生活逻辑。就养体而言,人们的实际能力是不同的,能够在物质上满足父母要求的程度也各不相同,富裕人家相对可以满足更多的物质享受,而贫穷人家子女对于父母的孝行就无法用同样的标准来衡量。由此看,养体只能作为孝行的内在要求之一,而不能作为判断子女是否尽孝的标准;但是养心则可以作为标准而存在。因为让父母精神上得到愉悦,是每一个子女都可以尽力做到的。虽然不同的父母各自的素质和要求不尽相同,但是,对于子女的期望却有很多相似之处。如子女的健康、进步、孝顺,能够成家立业,继承和发展父母的志愿等,几乎是所有父母对子女的共同要求和期盼,这些方面获得满足,都可以使父母得到身心的愉悦。而对于子女来说,无论自身的物质条件如何,这些方面一般都可以做到。

　　三是孝法,即表达孝心和孝行的方式。不难理解,"善事父母"在逻辑上除了表现为孝心与孝行之"善",即尽孝之心的善意和尽孝之行的善果以外,还应当包含与孝心和孝行相适应的"孝法",只有将"孝心"、"孝法"、"孝行"三者统一起来才能真正实现"善事父母"孝道的价值本义。换句话说,就是孝心之善必须通过恰当孝法才可能获得行孝之善果,否则,就可能不能达到目的甚至是走向孝心之善的反面。对此,孔子就曾指出要做到"生,事之以礼;死,葬之以礼,祭之以礼"⑤,又说"三年无改于父之道,可谓孝矣"、"父母在,不远游,游必有方"⑥等。孔子所提倡的这些"孝法"到了后来,特别是宋明时期越来越强化"孝法"的外在形式,而弱化其内在要求。比如《论语》中的"父母在,不远游,游必有方"在《三字经》中就

---

① 《吕氏春秋·孝行》。
② 《礼记·内则》。
③ 《论语·为政》。
④ 《礼记·檀弓下》。
⑤ 《论语·为政》。
⑥ 《论语·里仁》。

被删减为"父母在，不远游"。诸如此类，以致后世对于"善事父母"的理解，多轻视乃至忽视"孝法"，只是一味地要求子女尽孝，而不问该怎么尽孝，有没有能力和条件尽孝，漠视子女自身生存与发展的需求，片面强调对父母的"善意"和"善果"，以致历史上围绕尽孝演绎出许多愚孝的荒唐故事，如"卧冰求鲤"、"割股疗亲"等所谓"二十四孝"几乎无一不是以牺牲子女的合理需求与自我发展为代价的。

由于不能把"孝心"、"孝行"与"孝法"三者有机统一起来，传统孝道在家庭伦理维护中难免会把"善事父母"与"善待自己"对立起来，致使这一家庭美德发生"自相矛盾"的道德悖论现象。① 问题不仅在此，还应当看到，子女由于没有或不能被"善待"而弱化以致失去"善事父母"的必要条件，最终会身陷"心有余而力不足"的窘境，"合乎逻辑"地背反尽孝的初衷，难能真正做到"善事父母"，这又强化和固化了"善事父母"传统孝道的悖论性征。

在生产力落后的封建社会里，"善事父母"传统孝道在家庭伦理维护中表现出的悖论性征，具有天经地义的必然性和合理性。自力更生、自给自足的生产和消费方式，小生产者的社会交往和公共生活需求十分简单，子女"远游"既无必要又难得机会。这一方面为子女提供了"善事父母"之地缘意义上的必备条件。另一方面，致使子女"善事父母"和"善待自己"之"善"都十分有限，后一种"善"甚至可以作忽略不计，或根本没有必要的"合理"解释。这也就不难理解，作为传统孝道核心的"善事父母"为什么会出现自我相悖的情形了。

二、孝的现代传承

现实社会生活中，人们都普遍意识到"善事父母"的传统孝道在现代传承中存在诸多问题，要实现"善事父母"传统孝道的现代转型，只有把"善事父母"与"善待子女"统一起来，彰显"善事父母"的现代价值。这就要求我们在认识和实践两个层面做到两个统一。

在认识层面的统一是改变观念。一方面，要看到，"善事父母"在当代中国所遭遇的挑战，本身是一种社会进步。人类社会的发展史已经表明，社会的发展进步总要以否定以往的道德文明为"代价"，与此同时不断地生长和发展出新的道德文明。比如，资本主义社会的个人主义的形成以否定"大一统"的封建文明为代价，社会主义集体主义的形成则是以否定资本主义个人主义为代价的，如此等等。

---

① 所谓道德悖论现象，简言之，是指人和社会在道德选择（或包括与道德有关的非道德选择）和价值实现过程中出现的善果与恶果同在的一种特殊的自相矛盾现象。

这种否定之否定的辩证运动过程,所反映的正是人类道德文明不断走向进步的客观规律。

另一方面,要充分肯定"善待自己"的社会意义和道德价值。"善事父母"在当代中国社会所生成的道德悖论现象,其根本原因是改革与发展,直接原因是"善待自己"的普遍觉醒。社会的改革与发展,一方面为人们拓宽新的人生道路和追求新的人生价值提供了前所未有的机遇,另一方面也为人们走出家门,将"善待自己"和"善事父母"统一起来提供了思想观念和道德心理上的支撑。由此看来,"善事父母"所遇到的悖论情境与"善待自己"的普遍觉醒直接相关。在看待社会和个人的关系问题上,封建社会强调的是家庭本位,新中国成立后我们长期强调的是社会本位,即所谓"大河有水小河满",它掩饰大河之水源于小河的客观逻辑,忽视"善待自己"对于"善待社会"的重要性。因此,从"解悖"的理路来看,今天强调"善待自己"的社会意义和道德价值是至关重要的。当然,这样说并不是要袒护那些因"善待自己"或借口"善待社会"而不愿对父母尽孝的人,相反,我们主张"父母在、已远游"的人们要"常回家看看"。

在实践层面的统一是改善孝法。如前所述,"善事父母"悖论困境的发生,是因为不能将孝心、孝行和孝法有机统一起来的结果,其中的关键在孝法不当。我们知道,孝法回答的是"怎么做"的问题,即子女怎么做,才能将自己的孝心和孝行结合起来,以达到孝顺父母的目的。传统孝道在解决"怎么做"的问题上规定得十分严格,最终滑进了教条主义的泥沼,我们应该吸取这个教训。

首先,要从改变"怎么做"的思想观念开始。一要做到原则性与灵活性相结合。"善事父母"的原则就是要"养",而至于达到什么程度,则应根据不同的人、不同的条件灵活掌握。二要做到继承传统与现代创新相结合。如就"远游"的农民工子女来说,如果他认为出去挣钱不仅可以减轻父母的负担,还可以实现自己的人生价值追求,而孝顺父母又必须是自己在父母身边才能做到的事情,那么,他就无法摆脱"善事父母"的悖论境地。如果他能够将"养"的原则性与"孝法"的灵活性结合起来,结果就会完全不同。因为善事父母,不一定非要自己在身边伺候左右,自己出去挣到了钱,解决了家庭的经济困顿,改善了父母的物质生活,自己的努力和奋斗也应是父母精神享受的一部分,自己还可以通过聘请陪护的形式,解决父母生活中的一些实际困难,这样既可以解决照顾父母的问题,也可以满足自己的"人生价值追求"。从而"善事父母"和"善待自己"就能实现统一。

其次,要充分发挥社会功能,从根本上解决子女"善事父母"的后顾之忧。这种后顾之忧主要有二,一是父母的日常生活中遇到的困难尤其是体力工作无人帮助解决,二是在父母生病需要照看时无人随侍在侧。这两个方面的困难在农村表现得尤为突出。因此,社会应当因势利导,为解决"善事父母"之忧做出实质性的努力。第一,积极探索和创新相关的制度,从而为"善事父母"创造良好的社会环境。当前,我国社会正在进行大规模的城镇化建设和新农村建设。这种前所未有的城乡结构深层调整,客观上为"善事父母"创造良好的社会环境提供了契机。第二,积极建立和实行相关的社会救援和保障机制,为解决"善事父母"的后顾之忧提供切实的帮助。伴随着新农村建设的深入开展,相关的农民合作组织与社会保障机构应运而生。比如,机械化程度较高的耕作队的出现可以解决父母们的农事劳作之忧;养老院可以解决父母们的医疗卫生保障之忧,等等。这些条件的改善将逐渐消解长期以来形成的善事父母中的道德悖论现象,我们可以想象,未来的我们想尽心尽"孝"将不再是一件困难的事。

考研还是找工作？

对于大学毕业生来说,考研还是就业,本不是两难的选择。从时间上来说,考研在前,就业在后,并不冲突,同学们有足够的时间来安排这两件事。但很多同学却在此踌躇不定,很难决断。究其原因,主要有两个方面:一是为一些不确定的价值选择观念所左右;二是不好确定考研和就业哪个更能够给自己带来最大利益。其根本原因在于不知道就业或考研的根本目的是什么。为增强意欲考研同学的学习动力,也为拟放弃考研的同学分清利弊,有必要在这里梳理一下这个问题。

一、影响大学生考研与否的主要因素

当前,不少大学生对选择考研还是选择就业举棋不定,其中原因主要有两个方面。

一方面是对读书目的的认识不清晰。不少同学以为读书上大学就是为了就业,即使考上了研究生,最终还是要面临着就业,迟就业还不如早就业。在目前就业形势十分严峻的情况下,要是能够找到一份"好"工作,特别是"有编制"的稳定的工作,何必还要读研究生呢?其实,读书与就业的关系并不是这种必然的联系。能就业的人并不一定就读了很多书,读了很多书的人并不一定就有好工作。其实,我们读书的根本目的在于改造自我,从而使自己更好地体验生活和改造生活,而工作不过是这种体验和改造的手段。

另一方面是对"能不能考"、"应不应该考"等问题的认识不准确。比如,有人以为,研究生应该是那些适合搞科研的同学考虑的事情,"我"是一个不适合搞科研的人;又如,部分同学以为,考研究生都得是那些大学期间成绩很好的同学才适合考虑的事情,"我"这样的成绩还考虑考研,岂不让人笑话?再如,同学认为,考研还需要考英语,"我"英语学得不好,还是放弃吧。此外,还有部分同学以为,"我"本来对专业学习的兴趣就不大,本科阶段就学得很吃力,考研就更勉为其难了。这一类的观点和认识其实是对考研究生或者读研究生缺乏全面的认识。从读研同学的现有经历来看,读研究生不一定非要搞科研;考上研究生的同学不一定大学期间的专业成绩都很好;平时英语成绩不好的同学照样可以考得上研究生;对于大学期间本专业不感兴趣的同学来说,考研也是改变自己专业学习方向的一个契机。由此可见,这些都是一个问题的两个方面,不少大学生正是因为对这些考研或者读研问题的认识不够全面、缺乏利弊均衡的考虑而影响了他们作出应有的决断。

就利益而言,考研或就业哪个能够给自己带来最大利益呢? 这不是仁者见仁智者见智的问题,而是需要在实践中检验的,甚至是需要长时间在实践中检验才能得到证实的问题。所以好像谁也说服不了谁。一者由于"最大利益"到底是什么并不好确定;二者由于社会的变化使得各种职业在社会中的地位处于经常变化之中,究竟哪种职业可以给自己带来"最大利益",并不能从一时的得失做出判断。

综上所述,考研还是就业的选择所以困难,其关键是两者在未来结果的指向上有太多的不确定性所致。那么,有没有一种相对确定的"坐标"可以让大学生做参考,帮助他们做出自己的选择呢? 回答是肯定的,那就是青年大学生成长的需要。

二、就业考研与大学生的成长成才

一个大学生最终将会成为一个什么样的人,或者说,大学生自己想成为一个什么样的人,这是个人努力和社会实践共同作用的结果。大学毕业前夕是考研还是就业,是关乎大学生成长的重大选择。因此,选择考研还是就业,当根据个人成长的需要来确定。

青年大学生的成长需要什么? 一般来说,第一是文化的滋养,第二是社会实践的锻炼。文化的滋养至少在三个方面可以满足大学生的成长之需:一是文化传承,二是文化创新,三是灵魂塑造。承载民族文化传承和创新的历史使命,无论你是否愿意或是否意识到这一点,都是每一个大学生无法推卸的社会责任。中华民族的知识分子,从古至今,概莫能外。而要做到这一点,就必须进行灵魂的塑造。这些都离不开文化的学习和熏陶。从个人需要来说,文化的滋养是一个人所以能成为一个"人"的核心和灵魂;从历史事实来看,古今中外,文化人从来都是一个民族或一个国家进步的领跑者。青年时期正是文化学习和传承的重要阶段,无论从时间和精力上看,都是最佳时期。从社会实践的层面来看,一个人的文化水平决定和影响着他在社会实践中所能释放的能量大小,因为文化水平至少可以在一定程度上反映一个人的人文素养和技术水准。这也是社会所以给部分人以一定的社会地位的基本准则。大学本科阶段的学习虽然已经在文化学习上达到了某种高度,但与研究生阶段的学习还相距甚远。

　　社会实践是一个人价值实现的必要手段,但是价值实现的大小却各有不同。这与一个人的成长成熟是密切关系的。大量的事实证明,一个人过早地走入社会,对于价值实现来说可能并无大益。一方面因为他的受教育水平不高,能做的贡献有限;另一方面更因为他还没有形成一定的人生观和世界观,很容易受到社会不良风气的影响和污染,从而影响价值实现的质量。青年大学生正是人生观、世界观和价值观形成的关键时期,在成长的意义上,接受文化熏陶要比参与社会实践更具价值。

　　说到这里,我们的态度不言自明,我们倾向于大学生在毕业前参加一次考研。一方面,一个不争的事实需要大学生掂量一下自己是否适合尽快地走入社会实践的大舞台。由于受改革开放和市场经济的影响,国人的物质文化生活水平得到了极大的提高,当前在校大学生多是90后的青年,他们多数在享受着改革开放的大好成果中成长起来,相比以往的大学生,无论是思想还是心理的成熟程度都稍显不足。通过读研,适度延长在校的时间,可以让大学生们得到更多的心智上的成长与锻炼。

　　另一方面,考研也不是上刀山下火海,参加一次研究生考试,并没有太难。通过一次考试,有益于增强专业基础,即使考不上,经历了考研的全过程,也可以为未来的可能挫折磨炼一下耐挫力。有不少同学信心满满地说,考是想考,但觉得还是到社会上去闯荡一下再考不迟。试问,在大学期间,无忧无虑时尚且放弃,将来到社会中有着各种压力和干扰时,还会考虑放下一切来选择报考研究生吗? 大量的事实是,当他们越到挫折时,宁愿就地爬起来,很少会回过头来重拾考研:"我都这么老了,还读什么书啊!"因此,考研或终将成为一种拣不回来的记忆。

有修养的人一定会成功吗？

有修养的人一定会成功吗？想清楚地回答这个问题,我们首先回答什么是"成功",或者说,怎样才算是"成功"。

一、怎么理解"成功"

成功是个人预期目的的实现,每个人活着的目的不一样,因此对成功的理解也就不一样。

我们可以将人生目的所追求的对象之成功粗略地分为物质成功和精神成功两个方面。有的人其生之目的就是追求物质上满足,人生在世就是吃喝玩乐。对于这些人来说,成功就是过上抽雪茄、喝洋酒、穿名牌、开跑车的生活,成功与票子、房子、车子等联系在一起,成功就是物质上的满足与感官上的享受,这种成功可以定义为物质成功。有的人其生之目的是追求精神的满足,比如雷锋,雷锋一生乐于奉献,助人为乐,在帮助他人的同时收获了精神的快乐,并把快乐诉诸文字,形成了精神财富的"雷锋日记"。雷锋是成功的,他在奉献中获得了精神上的满足,给后人留下的是"雷锋精神",这种成功可以理解为精神的成功。

我们也可以从人生目的之实现层次上来理解成功,从这个维度去理解成功,可以将其分为自我层面的成功和社会层面的成功。有的人追求的是自我满足,再扩大一点范围就是惠及家人,实现"光宗耀祖"、"封妻荫子"的人生目的;有的人追求的是社会的认同,为他人、社会、民族乃至整个人类做出贡献。中国贤哲认为,立功、立德、立言才是成功;北宋大儒张载认为,人生在世应该"为天地立心,为生民立命,为往圣继绝学,为万世开太平"①。当然,这类成功追求的不仅仅是读书的文人,还包括科技报国、发明惠世的科学家、革命家等。比如,发明家爱迪生,"为中华崛起而读书"周恩来,"为实现全人类解放"的马克思等,如果说他们是成功的,那么,他们的成功都是为社会作出了贡献的成功,是社会层面的成功。

---

① 张载:《张载集·张子语录》,北京:中华书局,1978 年 8 月版,第 320 页。

可见,人们对成功有不同的理解,成功也的确有不同的类型,问题在于我们是否认同、如何理解、怎样选择。

二、怎样理解"修养"

如果说成功是一个的生存面相,那么,修养就是一个人的精神长相。一般而言,修养是指人之道德上的高尚品质、正确的待人处世的态度和进取所求的学识品德。演员赫本被很多粉丝誉为女神,不仅仅因其貌美,貌美的人很多,很少能被世人记住;她也不是因为学历的优长,比她学历高的人比比皆是。但她用她的一生诠释了修养这个概念,她在遗言里这样说:"若要优美的嘴唇,就要讲亲切的话;若要可爱的眼睛,就要看到别人的好处;若要苗条的身材,就要把你的食物分享给饥饿的人;若要美丽的秀发,在于每天有孩子的手指穿过它;若要优雅的姿态,走路时要记住行人不只你一个。人之所以为人,是必须充满精力,自我悔改,自我反省,自我成长;并非向人抱怨;当你需要帮助的时候,你可以求助于自己的双手;在年老之后,你会发现自己的双手能解决很多难题,一只手用来帮助自己,另一只用来帮助别人。"①赫本这一席话既是对修养最好的注释,也是人生的一种境界。一个有修养的人必然也是一个乐于奉献、追求精神修为的人。

三、修养与成功

如果我们将成功仅限于物质财富方面的成功和自我层面的成功,那么"成功"仿佛和修养没有太大关系。反观当下社会中的某些人,他们虽然取得了自我奋斗、满足个人物质欲望的成功,但却毫无修养可言。坐飞机头等舱的某些成功人士,因为乘务人员的微小疏漏就将开水泼到乘务员的脸上;开着兰博基尼的富家子弟,无视社会公共安全在繁华的城市道路上疯狂飙车。在世人眼里,这些人的确在物质财富和自我生活层面是成功的,但他们却是那么自私而粗鄙,毫无修养可言,他们的成功与修养断无关联。很多时候,我们甚至可以说那些投机钻营、毫无修养的人更容易取得物质的和自我层面的成功——搞权钱交易的官员比谈党性修养、为民服务、清正廉洁的官员更容易谋取不义之财;弄虚作假、奸猾狡诈的商人可能要比诚信经营、童叟无欺的商人更容易牟取丰厚的利润;乱开药品,要求病人无限制地做无关检查的医生要比合理用药和检查的医生更容易赚取私利。这些事实残酷地说明,某些"成功"可能不需要什么"修养",而且,那些没有修养的人甚至更容易取得某种成功。

---

① 奥黛丽赫本的遗言,可以参见百度"奥黛丽赫本的遗言"词条。

　　然而,没有修养获取的"成功"仅仅是个人的、物质方面的成功,个人私利的成功是真正意义上的"成功"吗? 我的答案是否定的。一味追求个人私利的成功是不可持续的,一种不可持续的成功不是真正意义上的成功,成功应该是一种持久的稳定的状态。

　　我们首先看看仅有物质成功是否具有可持续性。在当下社会,很多人理解成功往往都是物质财富方面成功。我们不否定物质财富方面的成功人士所付出的努力及其价值,没有物质财富的保障是无法谈及精神上的满足和成功,"仓廪实而知礼节,衣食足而知荣辱"。按照马克思主义的观点,物质生活是精神生活的基础,只有物质富裕起来后,才能更好地从事精神方面的工作。但是,如果我们有了物质上的富有而没有精神层面追求,不提高精神修养,那么,精神将无处皈依,或是陷入永不知足的疯狂敛财中,以财富的不断增加来体现更多、更大的成功;或是将金钱挥霍于车子、房子、毒品等物质与肉欲的消费以体现成功。在中国古代,集荣华富贵于一身的莫过于皇帝。然而,我们不难发现真正名垂千史的帝王却是屈指可数的。不仅如此,可考证的皇帝的平均寿命只有 29.2 岁。物质上的富足没有让大多数皇帝们为后人留下太多的记忆。相反,声色犬马的物欲生活加速了他们生命的终结。改革开放后,我们当中也有些人物质上富有了,但是精神方面却并没有随之丰富,相比之下却显得更为贫瘠。缺乏理想信念,缺乏精神引领,最终欲壑难填,在物欲之中毁灭了自己。为什么会出现陈冠希的"艳照门",房祖名的吸毒案,李天一的强奸服务生案等"奇闻怪事",不能说与他们的精神贫瘠没有关系。因此,一味地谈物质上成功,不谈精神修养的提高,最终只会导致自我毁灭。也就是说,只将成功限于物质方面是非常危险的,也是不可持久的。我们不能因为物质财富方面的成功而忽视充实内心,提高精神修养。

　　我们再来看看个人层面的成功是否具有可持续性。追求个人层面的成功为人生之奋斗提供了直接的动力,这是人的自利性使然。然而,人是社会关系的总和,是生活社会之网上的"蜘蛛",脱离了社会之网,孤立的"蜘蛛人"便失去了人之为人的最为基本的属性,所以,不顾及他人和社会的利益,只追求个人利益的最大化的成功是不可持续的。开过车或者做过车的人都知道这样一个事实:有时候我们在上班的时候为了赶时间,一看到旁边车道上的车比较少,就溜到那条车道上去,当开车的人都这样做的时候,道路很快就会变得拥挤不堪。这就是当我们每个人在非常聪明地追求一己私利的时候,结果却导致公共利益的巨大损失,而公共利益的损失反过来又会使个人利益跟着下降。同理,当我们每个人只顾个人成功而不顾忌他人和社会的利益时,那么这种成功是不可持续的。试想,当官员为了自己的"成功"大搞权钱交易,商人为了自己的"成功"使用地沟油、三聚氰胺、苏丹红,医生为了自己的"成功"兜售昂贵药品,那么我们在这个社会每个人都将无法独善其身。稻盛和夫在《活法》①一书中说过一个寓言:有人去天堂和地狱都看了一遍,发现天堂和地狱吃的东西都是面条,而且就餐的方式也差不多,就是一群人围着一口非常大的锅。但是天堂里大家用很长的筷子夹着面条送到对方的嘴里;而地狱里则每个人自己为自己夹面条,由于筷子很长,面条是怎么也送不到自己的嘴里,很是痛苦。这是个非常典型的情景:"人人为我,我为人人"便是天堂;反之,"人人为己"就是地狱。因此,作为社会成员中的一分子,我们不能抛开他人和社会,只顾自身利益,追求个人成功,应该具有谦让、奉献、爱心、诚实等品性修养,将我们个人成功与社会成功联系起来,将个人成功寓于社会成功之中。

沃伦巴菲特可以说是当今世界上最富有的人之一,然而,巴菲特居住生活的条件与他显赫的身价相比较简直是太朴素太简单了。巴菲特目前居住在美国一个名不见经传的城市里——奥马哈。如果说这个城市还有点名气,可能就是因为巴菲特居住在那里的缘故。巴菲特在这里深居简出,居住的房子是美国典型的中产阶级二层别墅。然而,巴菲特的声名可不仅限于奥巴哈,也不仅仅限于美国,他的名字在全世界都家喻户晓。巴菲特声名远播不是因为他在物质上的富有,而是他对待财富的态度。巴菲特虽然富可敌国,但是他并没有认为他是财富的占有者,而是把自己看作是财富的看守者。他认为自己只是替上帝看管财富的人,因此他把巨额的资产捐献给了慈善机构,通过慈善机构把钱提供给需要帮助的人。目前,在中国越来越多的企业和企业家,在企业获得成功之后也开始创办慈善机构,建设学校的教学楼、图书馆,创立各种各样的奖学金,资助广大学子,勇于承担社会责任,与众人分享自己的财富,分享着企业和个人的奉献精神。

随着中国社会的改革向深水推进,随着国家精准扶贫的力度和成效越来越显著,随着大学教育大众化稳步发展,我想,财富对中国人来说越来越不是特别重要的问题。那么,财富问题基本解决之后,我们的精神将安置何处,唯有"诗和远方",唯有内在的精神修养才能让我们获得滋润,活得体面而不失尊严。那样的话,我们才真正触摸到成功的大门,感受到持久的、稳定的成功所带来的人际的温馨和心灵的宁静之快乐。

---

① 稻盛和夫所著的励志作品《活法》单本在中国发行突破 200 万册。他是两家世界 500 强企业京瓷及 KDDI 的创立者,是日航起死回生奇迹的缔造者。他虽是经营界的传奇式人物,却始终坚持简单而平实的活法。

怎么做一个让人喜欢的人？

做一个让人喜欢的人，是每个正常人的心理需求，是一种情感上的满足。一般来说，拥有积极、正向的品质就会获得别人的肯定和赞许，而一个让人喜欢的人，则不仅拥有正能量，还应具有立身处世的诚信之本、待人接物的友善之心及幽默诙谐的人际交往技巧。当然，一个让人喜欢的人并非仅有这些就足够了，但从"怎么做一个让人喜欢的人"的努力方向而言，这三个方面是不可或缺的。

一、立身处世的诚信之本

"诚"不仅是德、善的基础和根本，也是一切事业得以成功的保证；"信"则是一种基本的道德品质，是个人乃至国家形象和声誉的标志，所谓"人无信不立、国无信不强"。

诚于中而必信于外，一个人要获得别人的喜欢，就必须讲求诚信。社会心理学研究发现，诚信是讨人喜欢的最重要品质。在人际关系实验中，研究者给出一些形容人品质的形容词，让受试者按其人际吸引力的高低排序。结果发现，在评价最高的8个词中，与诚信相关的占了6个，它们分别是：真诚、诚实、忠诚、真实、值得依赖、可靠，而被评价最差的词语是说谎和欺骗。"狼来了"寓言故事中的小男孩，就因为失信于人，才导致他的羊全被狼吃了。

诚信不仅是一种严谨的态度，也是科学的方法。以这样的态度和方法作保障，思想就可以找到现实的土壤，行为上才能有的放矢。作为在校大学生，认真完成作业，不欺骗老师，不蒙混过关，在考试中安分守己，自己不作弊的同时也不帮助不参与他人的舞弊，对于学术性论文自己认真完成，不剽窃抄袭他人的论文，尊重他人的劳动成果，不用非法手段骗取国家助学金，及时并且积极偿还国家助学贷款等，就是具体而实在的诚信表现。

真诚作为与诚信最相近的一个概念，也是"一个让人喜欢的人"必须具备的一种品质。真诚地微笑，真诚地赞美，会给对方带来愉悦，也会给自己增加好人缘，让别人更加喜欢你。因为对别人的欣赏与肯定会满足对方的心理需求，对此，詹姆斯曾说："人的内心深处最殷切的期望，就是获得赞赏。"大多数人在一生中只发挥了不到一半的才能,而鼓励与赞美可以激发人的另一半潜能。每个人都有优点和不足。我们不能只看到别人身上的缺点,而是要发现别人比自己强的部分,并加以赞美。你怎么对别人,别人会同样回报你。

二、待人接物的友善之心

友善是处理人际关系的基本准则,是一种出于善意的友好。"友"是友好。表现友好,这是行为要求,是表面现象;而"善"是善良,心怀善意,这是心理要求,是内心态度。如果只强调表面的友好而不顾内心真情实感,就容易沦为伪善,如果只强调内在的善心而不谈如何外化于行,就容易产生隔阂误解。"人之初,性本善","君子莫大乎与人为善"。与人为善是君子最高的德行,善中友外,方为友善。

友善是一种美德,一种修养,也是衡量一个人道德境界的尺码。当与别人产生矛盾时,我们应在坚守原则的基础上,努力化干戈为玉帛。那种"以牙还牙"、"针尖对麦芒"的处事方式只会使自己走入人际关系的"死胡同",实不可取。伟大的音乐家贝多芬曾经说过:"没有一个善良的灵魂,就没有美德可言。""善"是我们不可或缺的品德,是我们人类区别于世间万物的独特品质。

在与人相处中,宽容也是友善的一种表现。美国著名的试飞驾驶员胡佛,有一次飞行中,在距地面90多米高刚好两个引擎同时失灵,幸亏他技术高超,飞机才奇迹般地着陆。胡佛立即检查飞机用油,发现他驾驶的那架螺旋桨飞机,装的却是喷气机用油。当他召见那个负责保养的机械工时,对方已吓得浑身哆嗦。但胡佛却并没有大发雷霆,而是伸手抱住维修工的肩膀,信心十足地说:"为了证明你能干得好,我想请你继续做我飞机的维修工作。"从此,胡佛的飞机再也没有出过差错,那位马虎的维修工也变得一丝不苟了。心地善良的胡佛深深懂得过失者的心理。当对方因出了严重差错而痛苦不堪时,他宽以待人,出人意料地给予宽慰,使其恢复自信和自尊,这就是友善的巨大力量。

友善待人要求我们学会乐于助人,关心他人,要设身处地为他人着想,学会"换位思考",关心他人,也要选择适当的方式,一句温柔的话语,一个细小的动作,一条温暖的短信、一条励志的飞信、一次饱含深情的QQ留言,也许就能给人带来宽慰,在他人遇到困难的时候给予"雪中送炭"帮助,会让人印象深刻,产生好感。有这样一句格言:"你一天的爱心,可能带来别人一生的感谢。"善待他人,获得友谊、信任、谅解和支持,拥有更多快乐的感觉,走向充满希望的未来,从而成就自己的人生。

三、幽默诙谐的人际交往

幽默常会给人带来欢乐,其特点主要表现为机智、自嘲,调侃、风趣等。从心理学角度,幽默是一种绝妙的防御机制。这个机制,不仅可以使当事人从尴尬中解脱,化烦恼为欢畅,变痛苦为愉快,而且还可以化干戈为玉帛,使当事人平息激动,回归理智,使彼此在新的基础上重拾默契,增进感情。文学家富有幽默感,会使其作品趣味无穷;演说家富有幽默感,会使听众笑声不断;企业家富有幽默感,会使下属感到亲切;教育家富有幽默感,会更有效地启迪受业者的心灵;婚姻中夫妻充满幽默感,会使平凡的生活快乐温馨。

具有幽默感的人,在日常生活中都有比较好的人缘,能在短期内缩短人际交往的距离,赢得对方的好感和信赖。而缺乏幽默感的人,会在一定程度上影响交往,也会使自己在别人心目中的形象大打折扣。阿姆斯特朗在迈上月球时,因为说了一句"我个人迈出了一小步,人类却迈出了一大步",而让全世界的人记住了他的名字。但一同登月的还有一位叫奥尔德林的人,虽然对我们来说很陌生,但同样让我们敬佩。在庆祝登月成功的记者招待会上,有一位记者突然向奥尔德林提出了一个很尖锐的问题:"作为同行者,阿姆斯特朗成为登陆月球的第一个人,你是否感觉到有点遗憾?"现场轻松的气氛一下子凝固了,在众人有点尴尬的注目下,奥尔德林很风趣地回答道:"各位,千万别忘记了,回到地球时,我可是最先迈出太空舱的!"他环顾四周笑着说,"所以我是从别的星球来到地球的第一个人。"大家在笑声中,给予了他最热烈的掌声……

幽默是与高情商和创造性的思维方式相联系的。有一则幽默说,某人多次戒烟,没有成效。朋友对他说:"抽烟害处太大了,你还是戒掉吧,当你想抽烟的时候,你可以买一根雪糕试试。"此人回答说:"我试过了,但是无论如何点不着!"美国作家马克·吐温关于戒烟说过一句更精彩的话:"戒烟最容易了,我都戒了好几百次了!"此话是突破了一般人关于"难"、"易"的思维模式,经过艺术加工的语法是创造性的语言,自然是出于智慧的。

幽默首先得有一颗幽默的心,还要有乐观的生活态度。学会幽默,就要学会雍容大度,克服斤斤计较。平时要多留心生活中的幽默,要多看些笑话、喜剧片、相声、小品等,最好是看看名人逸事中的幽默。幽默是一种智慧的表现,它必须建立在丰富知识的基础上。一个人具有广博的知识,才能做到谈资丰富,妙言成趣,从而做出恰当的比喻。因此,培养幽默感必须广泛涉猎,充实自我,不断从浩如烟海的书籍中收集幽默的浪花,从名人趣事的精华中撷取幽默的宝石。此外,培养机智敏捷的能力是提高幽默感的一个重要方面。只有迅速地捕捉事物的本质,以恰当的比喻,诙谐的语言,才能使人们产生轻松的感觉。做到幽默而不俗套。学会幽默,为人际关系不断增添"润滑剂",让自己成为一个让人喜欢的人。

附：

柴静:人类利益大于国家利益
中国科学院院士:你错了①

2005 年全球哥本哈根气候会议后,柴静采访丁仲礼,就"什么是公平的减排方案"展开激烈交锋。

背景:哥本哈根世界气候大会

丁:涨两度地球升高 7 米只是计算机模拟,没有现实依据。

柴:如果计算得可信那不就是依据吗?

丁:那只是计算结果,不是事实,你怎么知道他可信?

柴:这份报告是一大堆科学家的研究结果,这个大会也是基于这份报告,给我们的认识是这是得到了主流科学界的认同的。

丁:科学家有主流吗? 科学家是根据人多人少来定的吗? 科学是真理的判断。

柴:IPCC 并没有对发展中国家提出要求啊。

丁:它有一个总量,8000 亿吨,给发达国家定了一个量,剩下的是发展中国家的,发达国家人均排放权是发展中国家的 2.3 倍,而 1900 - 2015 年发达国家人均排放是发展中的 7.54 倍。

柴:IPCC 是不算过去的,而且发达国家率先减了 80%!

丁:减排说起来好听,但发达国家排放基数是发展中国家的 4.8 倍,这里面包含了一个非常大的陷阱,如果按照这个限制,二氧化碳的排放权会成为稀缺商品。

柴:发达国家说我给自己定指标不行吗?

丁:那不就是自己定切蛋糕的大小,那我也自己定,从 1995 - 2005 中国只要你人均排放的 80% 行不行?

① 源自网络视频:http://v.qq.com/page/i/i/1/i0148ffe4i1.html1,2017 - 08 - 06。文字版转自铁血社区 http://www.tiexue.net。柴静曾任中央电视台"东方时空""新闻调查""看见"等栏目的记者和主持人。丁仲礼现任中国科学院副院长、中国科学院大学校长等职,主要研究第四纪地质学、古环境学、古全球变化等。

柴:他们会觉得中国的人口基数太大了。

丁:那中国人是不是人,为什么同样的中国人要少排,你是以国家为单位算还是以人为单位算?

柴:那他会觉得说现在常规都是以国算。

丁:那我没必要跟你算,摩纳哥多少人,我们中国跟摩纳哥比?讲不讲理了。

柴:他现在的概念说我不管你人均还是贫富,只以碳排放大国为界限。

丁:我承认我们是碳排放大国,那你给我定个数,你发达国家给自己分配了一个数,你减80%就是分配了一个数,现在你们分配的大,我们分配的小。那根据G8的方案,27个发达国家11亿人口分配了44%,剩下55亿人分56%的蛋糕。你说公平吗?我是没有机会,我有机会要问问发达国家领导人本人,这样公平吗?

柴:他这个方案没有按人口计算。

柴:那IPCC这七个方案有一个是公平的吗?

丁:没有,IPCC的方案还是最好的。其他的更黑。(插播音:按此方案,中国排放量仅够10年,丁在大会发言称,如果通过,那这是人类历史上罕见的不平等条约)

柴:您现在是直接指责IPCC?

丁:对,为什么不能?科学是可以批评的,如果你承认你是科学,你就要承受人家的批评,我在《中国科学》写的文章就是直接批评IPCC。

柴:而且我看到你的措辞其实是很激烈的。

丁:非常严厉。

柴:有这么严重吗?

丁:如果告诉你2020年后中国每年花一万亿人民币买排放权,你怎么想?你觉得公平吗?

柴:科学家在谈论一个问题的时候为什么要用激烈的带有情绪色彩的字眼?这样合适吗?

丁:你说批评不公平他们是不会理你的,我必须用激烈的语言引起重视。

柴:您在大会上提出您的观点之后场上有什么反应吗?

丁:有一个美国人提了一个很好的问题,"中国该怎么行动"?我说中国很简单,政府应该制定一个长期排放的承诺"1990－2050年,中国人均排放量坚决不超过发达国家同期水平的80%"。不管你怎么减,我都要比你少,而且你们发达国家已经建完了所有的基础设施,中国很多还没有建呢,在这样的发展背景下,中国应该让全世界看到,中国在应对气候变化上要比你们雄心勃勃多了。美国人也没办法和我争了,后来有个比利时人和我说,你回答得很好,我赞同你(地主问我打算咨办,我说我以后定标准只要你80%,我需求量比你大多了,才要你80%够厚道了,他们没话说了)(插播音:最终通过的不具有法律效力的协议中,发达国家减排目标具体数字没有写进协议,各方希望达成一个有法律约束力的协议,丁认为这应建立在公平的基础上)

柴:什么是公平?

丁:我把排放权视为发展权、基本人权,人与人之间应该有个大致相等的排放空间。

柴:您原来研究古气候的,很专业的科学家,但这次气候谈判,您一直在做政治解读,甚至提出很多方案和策略,别人会对您的身份提出疑问,您觉得适当不适当?

丁:你是觉得我搞科学研究的就不应该了解后面的政治?

柴:这倒不是,他们会觉得,科学家甚至不应该以国家利益为前提,而应该在人类共同利益的前提下去提方案。

丁:我没有否定人类的共同利益,维护发展中国家的利益,保证联合国发展中国家千年计划的落实,这难道不是人类的利益吗? 这是国家利益吗? 是个人利益吗?

柴:那这个方案发达国家不接受的话,这么拖下来,几年下去情况会不会更糟?

丁:我很乐观,我是地质学家,我研究几亿年来的地球环境演化。这不是人类拯救地球的问题,是人类拯救自己的问题,地球用不着你拯救,地球温度比现在高十几度的时候有的是,地球二氧化碳浓度比现在高十倍的时候有的是,地球都是这么演化过来的,都好好的。

柴:毁灭的只是物种。

丁:毁灭的只是物种,是人类自己,所以是人类如何拯救人类。

柴:到底能不能拯救自己的核心取决于什么?

丁:取决于文化,文明。人类在应对各种挑战的时候,能不能有更包容更有弹性的文明产生,现有文明能不能有更好的发展。

高校设置思想政治理论课的合法性与合理性①

　　大学是知识的殿堂,是追求真理的地方,为什么要开设思想政治理论这种"没有什么用"的课程,这种课程是不是与生活毫无关系的"洗脑"课?尽管高校开设思想政治理论课已有多年,但这种质疑却不时地被大学生以"求解"的方式发布在网络上,甚至盘绕纠结于其内心而挥之不去。这些质疑关涉高校设置思想政治理论课的合法性和合理性问题,不能充分而且恰当地回答这种前提性的问题,教师就会失去讲授思想政治理论课的底气,就不能彻底消除部分学生对思想政治理论课的误解,也就难以实现高校设置思想政治理论课的教育教学之目的。

一、高校设置思想政治理论课的合法性与合理性之评判依据

　　对高校设置思想政治理论课"有什么用"的质疑至少包含着两个方面的问题:首先是这种课程是否应该设置。"是否应该"表达的是价值正当性问题,而这里的"正当性"实质上是指能否满足某种需要以及满足什么需要问题。这既是高校思想政治理论课"有用"与否的体现,也是在拷问其存在合法性的前提设定问题。其次是这种课程"有多大用"的问题。能够满足某种需要的进一步追问便是满足的程度如何。这既是思想政治理论课"用处"大小的体现,也是在反思和评判其存在合理性的理据与程度问题。径直地说,高校设置思想政治理论课的合法性问题主要是指涉其存在的根据问题,而其合理性问题则是依据其存在根据而给出的合宜与否的评判问题。这是两个既不相同却又有密切关联的问题。

　　把"能否满足某种需要"和"满足了什么需要"作为指认高校设置思想政治理论合法性的根据,是一种十分简约的说法。我们知道,从不同的问题域甚至不同的视角出发,人们可以对"合法性"给出并不相同的理解和解释。其中,对"合法

---

　　①　本文作者王习胜,原载《安徽师范大学学报》(人文社会科学版)2016 年第 4 期,教育部网络平台"思政学者"2016 年 9 月 28 日全文发布。

性"最为直观的和常识性的理解是"合乎法律性"。所谓合乎法律性主要是指国家机关及其公职人员的行为要有法律依据,其职权使用要符合法定的约束,否则就不具有合法性。有学者认为,这种对"合法性"的直观的和常识性的理解是将"合法性"理解为 Legality,即与法律的一致性,但这种理解并不符合发端于西方政治文化背景中的"合法性"(Legitimacy)之本义。Legitimacy 是来自与古代拉丁文的 Legitimus,其"基本涵义是对被统治者与统治者关系的一种内在评价,是对统治权力的尊严性和正当性的自愿认可"。① 现代西方政治文化领域中的思想家马克斯·韦伯、哈贝马斯、李普塞特、阿尔蒙德等人都是基于这种认识而讨论"合法性"和"合法性危机"的,也就是说,是基于 Legitimacy 而不是 Legality,是基于较为广义而非狭义的理解"合法性"的。在"合法性"广义的层面,马克斯·韦伯和哈贝马斯等人的理解也不尽相同,但却有明显的共通性——他们都强调在政治系统或政治秩序中讲"合法性",将合法性看作是一种被认可、被接受或愿意遵循的关系。② 西方学者在政治统治领域对"合法性"问题开展的讨论,虽对本文讨论高校设置思想政治理论课的合法性有启发意义,但两者之间毕竟存在着问题域和视角的根本性差异。因为本文要揭示的不是由"合法"而表现出"被认可、被接受或愿意遵循"的态度倾向,而是要揭示作为社会教化活动之一的思想政治理论课,它的存在究竟有什么令人信服的根据。

　　一般说来,判断一种社会活动是否具有令人信服的存在根据,主要有三个层面的标准③:其一,这种活动是否遵循了某种规律。规律是事物在发生发展过程中所表现出来的必然性联系,遵循规律而不是违背规律是人们开展社会活动并获得成功的基本前提,因此,大凡遵循事物发生发展基本规律的社会活动都具有存在的合法性;其二,这种活动是否符合某种规范。社会规范是在大量相关经验的基础上凝结而成的,是成败经验之积累,是参与者智慧的结晶,也是为了顺利实现社会活动目的的约束性要求,因此,大凡符合富有成效的规范而开展的社会活动也具有存在的合法性;其三,这种活动是否符合某种目的。任何社会活动都是为了某种目的而开展的,没有目的的社会活动谈不上存在的合法性。当然,这里的"目的"不是指个人随意的目的,而是代表着特定群体或集团利益的社会性的目的,因此,大凡符合社会有序运行和良性发展之目的社会活动也具有存在的合法性。

　　高校开展的教育教学活动显然是有目的的社会活动,依据人们评判社会活动

---

① 张毅翔:《系统论视阈下思想政治教育合法性研究》,《求实》2011 年第 1 期。

② 王小凤:《思想政治教育合法性刍议》,《思想教育研究》2012 年第 10 期。

③ 欧阳康:《合理性与当代人文社会科学》,《中国社会科学》2001 年第 4 期。

合法性的标准判断高校课程设置,合法与否也可以分为如下三个层面去考量:首先,设置的课程是否反映自然、社会、思维或思想生成发展的基本规律。在高校设置的课程中不乏这样的课程,也就是所谓的基础理论课程,是介绍和传授自然科学、社会科学和人文学科基本规律之基础理论的课程;其次,设置的课程是否符合某种学科规范。此类课程在高校课程设置中也占有较大比例,其中不仅有介绍工程技术规范和规程的,还有介绍和传授社会工作中的规范和规程的,诸如,经济学领域的会计课程,建筑学领域的土木工程课程,体育学领域的体操技能课程等;最后,设置的课程是否符合教育教学之社会教化的目的。换句话说,是否有介绍和培育某种价值或意义的导向性课程。这类课程主要是人文素养性的课程。其中,不仅有个人品行修养方面的课程,也有社会行为规范、国家价值观念、人生目的和价值等方面的课程。应该说,依据上述三个层面的标准设置的高校课程均具有存在的合法性。

也有学者把高校设置的课程按所授内容分为具有学科理论依据的知识论课程、具有开启思维智慧功能的方法论课程和具有使受教育者积极地融入社会生活的价值论课程;还有学者将高校传授的知识分为"实实在在"的知识、"奇奇怪怪"的知识和"坦坦荡荡"的知识等。所谓"实实在在"的知识就是学成之后就可藉此谋生的知识,比如,成为工程师、律师、机械师、会计师等;所谓"奇奇怪怪"的知识就是学习之后能够改善思维方式,能够不同凡"想"地看待问题、分析问题和解决问题;所谓"坦坦荡荡"的知识是指学习之后能够明明白白地做人,顶天立地地做事,"仰无愧于天,俯无愧于地",是一种能够使人成为"人"的知识。这些对高校所设课程及其所传授知识类型的划分,在一定程度上也是在说明高校课程设置的合法性问题。

因此,不论从评判社会活动的合法性根据还是从评判高校课程设置的合法性理据看,针对提升个人思想道德修养水平之成"人"的需要,针对说明和阐释国家命运与社会发展之价值导向的需要而设置的思想政治理论课,因为客观地存在着这样的需要,而且这类课程的确能够满足这样的需要,所以,它的存在具有价值上的"正当性"(validity),具有无可置疑的"应该存在"和"能够存在"的合法性。

如果说高校设置思想政治理论课具有其存在的合法性,它的合理性又体现在哪里?要回答这个问题,我们需要阐明这里的"合理性"究竟具有怎样的意涵。正如人们对"合法性"的理解那样,对"合理性"的理解也是见仁见智的。直观地理解,"合理性"就是"合乎理性",似乎是对"理性"的巩固或强化。其实,"合理性"与"理性"之间并不是这种简单的正相关的关系。首先,从词源的角度看,"合理性"(rationality)并不直接是由理性(reason)一词转化而来的,而是由作为形容词的

'合理的'(rational)一词名词化而来的";其次,从语义的角度看,"合理性"不仅包含"合乎理性"的意蕴,还具有比它更为丰富的内容,其中一个十分重要的语义就是"对于理性的反思和批判"①。在学界,有人曾经区分了20多种"合理性"的含义,诸如,"合理性是对从公认前提中得出的论据所做的逻辑分析"②等。也有学者以"正当性"为标准理解"合理性",将合理性分为情感方面的合理性、价值方面的合理性、习惯方面的合理性以及目的方面的合理性等。此外,人们还可以从逻辑方面理解合理性,从经验方面看待合理性,从行为方面验证合理性,从标准方面判断合理性……笔者认为,"合理与否"的问题总是具体的,学界不可能对"合理与否"给出普遍的、唯一的而且是绝对的标准,我们了解学界探索"合理性"语义的路径及其成果,有助于我们以更为开阔的视野理解高校设置思想政治理论课的合理性问题,但如同解决思想政治理论课的"合法性"问题一样,我们也不能直接将学界对"合理性"的宽泛解释作为判断高校课程设置"合理与否"的依据。

判断高校课程设置"是否合理"要依据的是它的合法性根据,而不是情感、价值、习惯或目的等某一方面的"正当性"。从上述高校课程设置合法性的三个层面的标准看,其合理性的评判依据应该是所设课程是否"合规律性"、"合规范性"和"合目的性"。这里的合规律性既要合乎学科理论所揭示的规律,也要合乎教育教学之"教"与"学"的规律;合规范性既要合乎特定学科的基本规范,也要合乎教育教学方面之"教"与"学"的规范;合目的性既要合乎特定学科的教育教学的目的,也要合乎国家和社会开办高等教育以实现其社会教化诉求的基本目的。以这几个层面的标准去衡量,高校设置思想政治理论课既是合规律、合规范也是合目的的,因为高校思想政治理论课既是遵循人的思想观念形成和发展的规律,也同时遵循思想政治之教育教学的基本规律;既是符合人的思想政治和法律道德素养的培养规范,也是符合思想政治与法律道德的教学规范;既是符合人的成长成才成人的目的,也符合国家和社会健康发展的目的,所以,思想政治理论课的设置具有充分的"合理性"。

当然,思想政治理论课毕竟是由国家主张开设而又需要大学生接受并必修的课程。它的设置除了具有高校课程设置的规律性、规范性和目的性等合法性要素之外,还具有知识性、方法性等学科内容之外的价值性特质。因此,它的合法性和合理性还需要我们从国家和大学生的不同角度予以更多的揭示和阐明。

---

① 欧阳康:《合理性与当代人文社会科学》,《中国社会科学》2001年第4期。
② [俄]и. и. 盖坚科:《20世纪末的合理性问题》,余青摘译,《哲学译丛》1992年第4期。

二、从国家的角度看高校设置思想政治理论课的合法性和合理性

作为一种建制性的社会教化活动,教育历来都是为社会发展服务、为国家发展服务的,这个"法"与"理",古今中外,概莫能外。在中国高校设置的思想政治理论课问题上,这个"法"与"理"也同样适用而无例外。

首先,在高校设置符合其社会和国家发展需要的课程是主权国家行使社会教化的基本权利。马克思和恩格斯曾经说过,"统治阶级的思想在每一个时代都是占统治地位的思想。这就是说,一个阶级是社会上占统治地位的物质力量,同时也是社会上占统治地位的精神力量。支配着物质生产资料的阶级,同时也支配着精神生产的资料……"①主权独立的国家在其管辖的领土上开办高等学校,正是其合法地行使支配精神生产资料的方式之一。这是因为在主权国家管辖的领土上开设的所有高等学校,要么是由其直接投资开办,要么是由其批准开办,凡是通过合法程序开办的高等学校都要为这个国家发展服务,为它的社会发展服务。因此,我国高校设置反映人们思想观念形成和发展规律,引导受教育者形成正确的世界观、人生观和价值观,传播社会主义中国核心价值观念的思想政治理论课,也是我国合法合理地行使的社会教化的基本权利。同理,在外国高校即便没有开设"思想政治理论"名称的课程,但类似的课程或教育教学内容却同样存在,比如,西方国家开设的"公民与宗教"、"公民与道德"、"政治社会化理论"及其相关历史等内容的课程,实质上就是在进行其价值观的教育。由此,我们也就不难理解,为什么在资本主义国家的高等学校不会设置满足社会主义国家发展需要的价值导向性课程,在社会主义国家也不可能设置满足资本主义国家发展需要的价值导向性课程。因为这种社会教化的权利需要有国家主权的合法性支撑,它关涉到"为谁培养人"和"培养什么人"的大是大非的问题。所以,我们理直气壮地讲授思想政治理论课程并不"输理"。相反,那些试图以所谓的"普世价值"或"价值中立"、"价值无涉"为标榜设置高校所有课程的,不过是一种不切实际的幻想。

其次,以思想政治理论课的方式明确告知未来的建设者和接班人,我们国家在核心价值观方面主张什么、反对什么是其在社会教化中应该而且必须履行的基本义务。接受高等教育的大学生学成之后必然要成长为国家的建设者和接班人,但在他们真正踏入社会、走上工作岗位之前,国家理应告知他们,他们所在的国家究竟有怎样的价值追求,包括国家发展的价值追求、社会发展的价值追求,乃至作为这个国家成员的个人应该具有怎样的价值追求。这些价值追求是国家奋斗的目标和前进的动力。国家、社会和个人的价值追求凝结在一起就是这个国家所主

---

① 《马克思恩格斯文集》第 1 卷,北京:人民出版社,2009 年,第 550 页。

张和秉承的核心价值观。在高校设置并讲授其核心价值观内容的课程是现代国家通行的做法。比如,新加坡就曾以国家的身份颁布《新加坡共同价值观白皮书》,明确提出了"国家至上,社会为先;家庭为根,社会为本;关怀扶植,尊重个人;求同存异,协商共识;种族和谐,宗教宽容"等内容的共同价值观,新加坡的学校则要根据这样的共同价值观调整学校道德教育的目标,修订公民与道德教育大纲等教育教学的内容。① 出于同样的道理,社会主义的中国也必须把自己的价值主张通过课堂教育教学的渠道,明明白白地告知给它的接班人和建设者。如果我们的高等教育不做这种价值主张的明确"告知",却又指责未来的建设者和接班在人生价值取向上出现这样或那样的偏颇,那是有失公允的。

相应地,国家也有责任明确地告知它的建设者和接班人,它为什么不赞同那些异质的价值主张。不同性质的国家在价值主张方面是有差异的,有的甚至是根本对立的,而这些差异和对立的现象的背后是其基本信念和终极信仰的区别,这种区别反映到现实生活层面则是社会制度的差异和国家利益的斗争。现代社会是经济全球化的社会,也是世界各民族"你中有我、我中有你"的大交往、大融合的社会,是所谓的"地球村"的社会。从表象上看,现代社会似乎是共同发展的"大同世界",实际上,不同性质的社会制度仍然存在着"谁更有合理性"的竞争,存在着国家利益之间的防卫与争夺,存在着不同信念和信仰之间的反驳与辩护,甚至时常还会出现极端信仰者对其他无辜者的残酷杀戮。因此,作为一个现代主权国家、一个发展中的国家、一个要走自己特色道路的国家,在我们的大学课堂上应该也必须要向大学生说明和阐释,哪些价值观念是腐朽的和落后的,哪些错误的信念和信仰会侵蚀我们的思想世界,迷惑我们的头脑,阻碍我们国家和社会的健康发展。

最后,国家有义务告知它的未来的建设者和接班人,它所持有的价值主张的理由是什么,是最为符合教育常识的"合理"做法——讲道理。每个国家所持有和秉承的价值主张都不是凭空捏造的,都有其历史根据和现实条件的,只不过有的饱含科学真理,有的却在强词夺理。高等教育不仅要明确告知受教育者国家的价值主张是什么,还应该清清楚楚地向大学生阐明国家为什么要持有这样的价值主张,它的理据何在。为此,思想政治理论课不能是简单地讲授价值观是什么的知识性课程,还要讲清楚这种价值观产生的学理问题、讲清楚这种价值观生成的历史原因、讲清楚践行这种价值观的现实条件,讲清楚在这种价值观指导下国家的

---

① 参见王俊华:《新加坡共同价值观的建设及启示》,《上海社会主义学院学报》2011 年第 2 期。

命运及其发展的道路、政策和路线问题。所以，思想政治理论教育既要开设基础理论性质的《马克思主义基本原理概论》课程，也要开设关涉中国道路之历史与现实的《中国近现代史纲要》、《毛泽东思想和中国特色社会主义理论体系概论》的课程，还要开设关于理想信念和品行修养方面的《思想道德修养与法律基础》课程，此外，还会开设介绍当前时局状况的《形势与政策》课程。这些课程是与我们的国情、世情和党情密切地联系在一起的，目的就是要清清楚楚地告诉大学生，社会主义中国的核心价值观是在其特定的国情、世情和党情的历史条件和时代任务下生成的，使之能够更好理解和认同我们的国家为什么要持这样的价值主张。

在高校设置思想政治理论课既是国家为了实现其有序运行和健康发展而施行的社会教化的基本权利，也是国家应该清楚地告知其未来的接班人和建设者它的价值观念的基本义务，这种权利和义务就是国家在高校开设思想政治理论课的合法性和合理性的理据之所在。

三、从大学生角度看高校设置思想政治理论课的合法性与合理性

如果我们真正能够从国家的角度理解了高校设置思想政治理论课的合法性和合理性，我们就会"同情地接受"或"理解后接受"思想政治理论课，就不会产生拒斥心理，但仍然难以激发"我要学"的主体热情，因为它没有充分地解答大学生为何要接受思想政治理论课教育的合法性和合理性问题。概括地说，大学生之所以应该接受并且必须研修思想政治理论课，因为这是大学生在成才的同时能够成长"成人"的必由之路。

首先，思想政治理论素养是大学生进入社会必须取得的"实用证书"。从高等学校毕业的大学生终究是要进入社会，参与到国家的政治、经济和文化等生活和建设之中。而要真正能够参与国家政治、经济和文化等生活与建设，首先必须能够满足国家对建设者基本素养的需要，其中既包括工作技能方面的素养，也必然地包括思想政治等价值观念方面的素养。因此，从高等学校毕业的大学生如果其所持有的思想政治等价值观念不能与国家倡导的价值观念相吻合，就不能被国家也不能为社会所接纳，也就不能真正地融入社会生活，参与国家建设。借用俞吾金先生关于意识形态教育的话语来说，思想政治理论教育"并不是闲来无事的诗词，并不是一经掌握就可以束之高阁的东西，而是人们进入社会、在社会中维持自己生存和各种实际活动的实用证书"[①]。不难想象，从咿呀学语就开始筑梦大学的人，在读完大学之后却不能拥有进入社会的"实用证书"，又如何去实现其攻读大

---

① 俞吾金:《意识形态论》,上海:上海人民出版社,1993 年,第 130 页。

学的社会价值,如何在其生存和生活的国家和社会中实现其人生价值? 所以,接受思想政治理论课教育是每个大学生自身发展的必然需要。

其次,思想政治理论素养是大学生成就事业的必备要件。大学生成就事业,一方面要掌握必要的专业技能,另一方面也必须具备思想政治理论素养。这种素养之于事业成败的必要意义至少有两点:其一,具有成就事业的底线意义。不论我们从事何种类型、何种性质的工作,遵守国家法律和社会道德都是绕不开的底线,而要遵守国家法律和社会道德,首先必须要知道国家究竟有什么样的法律,如何遵守这些法律,以及为什么要制定这样的法律;社会有什么样的道德,如何遵守这些道德,以及为什么会生成这些道德规范。这些知识性乃至学理性的问题正是思想政治理论课讲授的重要内容。思想政治理论课好比在帮助大学生扣人生的第一粒扣子,"如果第一粒扣子扣错了,剩余的扣子都会扣错"①。"第一粒扣子"包含世界观、人生观和价值观等丰富内容,但遵守国家法律和社会道德则是其中最为基础的内容,必然也是大学生将来就业创业必须要拥有的"底线"性素养;其二,具有成就大业或伟业的可能意义。众所周知,仅仅靠知识和技能并不能使得人获得快乐而又有尊严的生活,快乐而又有尊严的生活来自于对美和良好的道德的深切感受。先人们说,大学之道"在明明德,在亲民,在止于至善",说明大学学习的较高境界不是掌握技能性的"术"而是在于悟"道"。所谓"道",首先是一套价值系统,是对人类存亡的关注,对国家和民族赋予的历史责任的自觉担当,对崇高的价值体系的执着追求。如果我们缺少这样一个积极而又严肃的价值系统,在价值多元的时代我们难免就会迷失自我,而自我迷失者又何谈成就事关国家命运和民族复兴之宏图大业呢?

最后,思想政治理论素养是大学生提升人生幸福感的重要的思想资源。社会生活丰富而又芜杂,幸福的人生需要大学生能够透过复杂的社会现象去看生存、生活和生命的本质,有正确的认识问题和分析问题的方法。这里的"问题"不是指专业技术方面的问题,而是特指人生意义和价值方面的问题,是关于人为什么活着、怎样活着才有意义和价值的问题,简单地说,就是人生价值观的问题。在日常生活中我们经常会见到这样的现象:有的人物质上很富有但精神上却很贫穷,活得很"纠结";有的人在物质财富方面虽不富有但他的精神世界却很丰富,不仅自己每天生活得很幸福,还能够将生活和生命的正能量不断地传递给别人;有的人没有高智商、高技能但生活得踏踏实实,备受他人尊敬;有的人虽有高智商、高技

---

① 习近平:《在北京大学师生座谈会上的讲话》,http://www.china.com.cn/news/2014-05/05/。

能却不能为社会做贡献,反而成为害群之马、为千夫所指。这些情况说明,人虽有职业类型之别、智商高低之分、财富多寡之异,但在如何过有价值、有意义的幸福生活方面却并不一定受职业、智商或财富的影响,其中关键的因素则在其人生价值观的"总开关"上,而解决人生价值观问题恰恰是思想政治理论课的重心所在,所以,研修思想政治理论课是提升我们生活幸福指数的重要的思想资源。

人是有思想的动物,是需要寻求生活意义的动物。没有了思想,人就成了行尸走肉;没有了意义,人就会空虚,就会无聊,就不能积极地生活下去。思想和意义有很多内容,也有许多层次。作为一个生活在现代社会中的大学生,作为一个现代国家的公民,作为一个国家未来的建设者和接班人,从价值观方面了解自己,了解社会,了解国家,了解世界,是其思想和意义不能或缺、不能回避的内容,而这样的"了解"离不开教育、启发和引导……这是大学生应该而且必须认真研修思想政治理论课的合法合理性的理据之所在。

四、以有效性和实效性巩固高校思想政治理论课的合法性与合理性

不论从高校课程设置还是从国家和大学生的需要角度看,开设思想政治理论课都具有无可争议的合法性和合理性,那么,为什么在有的大学生那里会产生"没有什么用"的误读、发出"洗脑"的牢骚呢? 这就需要我们进一步剖析"有用"的含义和"洗脑"的怪论。

首先,高校课程的"有用"与否是怎么判定的。就在高校学习的知识而言,学生们对课程"有用"与否的评判主要是看所学知识能否立即、直接、有获得感地"用"。一般而言,带有操作特征的技术性知识在习得之后即可使用,是被有些学生认为"最有用"的课程,而那些基础理论性的知识不便于当下立即使用,而是在以后深入发展中才会产生间接的作用,在有的学生看来这类知识"用处不大"。至于思想政治理论课,旨在提升思想素养,树立正确的世界观、人生观和价值观,更是在漫漫人生中才能逐渐显现其作用的,很难在当下通过操作的方式被直接运用,而且,这类课程还涉及国家意识形态的宣传和教育,涉及社会发展之价值取向的"应然"规约等宏大主题,较少涉及个人的情感需求、心理困惑、思想疑虑等具体性、特殊性的问题,所以才被有的大学生认为是"与生活毫无关系""没有什么用"的课程。这是受所学知识运用的直接性与间接性、显在性与潜在性影响而作出的不正确的判断。其实,所学知识的收获大小或者说有用与否与学习者所要解决的问题及其领悟的程度密切相关。有的同学有强烈的问题意识,"听君一席话"就有"胜读十年书"的收获,可能因为思想政治理论课教师的一句话而根本性地改变了消极的人生态度,精神面貌和思想状况发生了重大转变,这样的作用则是任何技

能性课程都无法比拟的。这是"成才"课程与"成人"课程的根本区别。

其次,"洗脑"的怪论是怎么得出的。"洗脑"怪论与异质意识形态的宣传和诋毁相关,也与有的大学生的个体情绪相关。思想政治理论课程肯定要载负主流意识形态宣传与教育的任务,这与要"打一场没有硝烟的战争"的异质意识形态诉求是相冲突的,"颜色革命"、"文化冷战"和"政治转基因"工程的实施者,"妖魔化"思想政治理论课是其必出的诋毁招数。受此影响,有的大学生戴上了有色眼镜,对社会主义道路的合法性及其辉煌成就视而不见,对马克思主义的真理性不屑一顾,把马克思主义世界观、人生观和价值观的教育不分青红皂白地斥之为"洗脑",似乎那些歪曲事实、丑化中国特色社会主义的宣传才是"真经";由于思想政治理论课教育是关涉人生"总开关"问题的教育,必然地是一种价值规范性的特质,这与一些大学生本能欲求的"任性"相冲突,难免有抵触情绪,讲一些牢骚的话语,"洗脑"便成为他们宣泄情绪的牢骚怪话。

从"洗脑"怪论的两种成因看,前者恰恰说明在高校设置思想政治理论课,讲清、讲透我们的价值主张不是多余而是十分必要和重要的;后者则要求我们改进思想政治理论课的教育教学方式,要摸清学生的思想心理状况,不仅要因材施教,还应该因人施教,要探索大学生愿意接受的教育教学方式,将思想政治理论课变成他们喜欢而不是厌烦的课程,真正实现"要我学"向"我要学"的转变,"洗脑"的怪论就不难被破解了。

总之,不论是对思想政治理论课"无用"的质疑还是"洗脑"的怪论,都是需要我们切实提升思想政治理论课教育教学的有效性和实效性。虽然不能以有效性和实效性之效果的好坏为依据评判该课程的合法性和合理性,也不能以该课程的合法性和合理性而替代教育教学效果的有效性与实效性,但较好的教育教学效果肯定有助于大学生认同和接受思想政治理论课,也有助于加强大学生对高校设置这类课程的合法性和合理性的认同度和接受度。因此,在思想政治理论课已经开设多年的基础上,在广大思想政治理论课教师能够阐释设置这类课程之合法性和合理性道理的基础上,改善教育教学方式,切中大学生的思想问题,增强该课程教育教学的有效性和实效性,应该是值得所有思想政治理论课教师认真思考、努力探索的课题。

后　记

书稿付梓之际,虽有许多遗憾,却也有几分欣慰。

欣慰之一,对我们的"基础"课教学研究团队的骨干成员有了一个交代。这本小册子是安徽师范大学马克思主义学院"基础"课程组教学研究系列成果的一部分。早在2013年,我们团队在积数十年教学实践经验的基础上,针对大学生思想中存在的实际问题,包括思想问题、学习问题、交往问题、情感问题和生活问题等,研发了《让青春不再纠结:思想咨商的示例与理路》(中央编译出版社,2014年版);2014年团队在"基础"课课堂教学经验的基础上,凝练了十三个专题的《"思想道德修养与法律基础"课大学讲演录》(安徽师范大学出版社,2014年版);与此同时,团队的领军人物路丙辉教授又召集地处芜湖的高校专业从事"基础"课教育教学的骨干教师,制作了《名师访谈录:告别成长的迷茫》(安徽师范大学出版社,2016年版)。现在呈现给读者的这本小册子是在2013年策划的,团队主要成员在2015年就写出了初稿,后因多种情况,导致书稿的修改和出版工作被耽搁下来。现在能够如愿付梓,面世在即,总算对参与这项工作并付出了辛勤劳动的同仁们有一个交代了。

欣慰之二,对支持这项工作的学院领导们有了一个交代。起意研发此书的时间是2013年上半年,时任安徽师范大学政治学院分管教学工作的副院长戴兆国教授非常支持这项工作,并要求"马克思主义基本原理概论"等其他三门高校思想政治理论课也同时开展这样的工作。2015年姚宏志教授担任政治学院分管教学的副院长,他特地召开了写作四门课程之"重点难点专题研究"的工作会议,并在会议上确认了每本书的主编人选,后因各课程的研究工作进展不一,此事被耽搁下来。现任马克思主义学院(政治学院)分管教学的副院长汪盛玉教授对我们的工作非常认可,再次积极推动。现在,本书作为四本"重点难点专题研究"中的第一本率先出版,不能不说是一种欣慰。

　　遗憾的是这本书最后所呈现的状态没有完全实现我最初的构想。书中所解析的问题是经过多次遴选的,由最初征集的上百个选题,精简到80个选题,再到最后敲定58个选题,但现在呈现出来的并没有58个。一是因为有些选题仍然没有切中大学生思想问题的症结;二是团队成员写作的部分选题质量没有达到应有的深度、高度和厚度,不得不舍弃,他们的劳动成果也没有能够得到应有而且较好的体现。在此对这些参与人员表示歉意。

　　借此书出版之际,我要对所有为本书的写作和出版贡献了力量的专家和领导致以崇高的敬意和真诚的感谢。首先要感谢本团队主要成员路丙辉教授。丙辉教授数十年耕耘于"基础"课教育教学领域,积累了丰富了经验,取得了优良的教育教学效果,在本书写作的前期做了大量的组织工作,却不计任何个人名分,是当之无愧的中央文明办授予的"敬业爱岗好人";其次要感谢朱平教授、赵平教授、吴先伍教授等各位专家,他们多次参与本书选题的遴选和论证工作,对问题的解析思路和方法等贡献了极为珍贵的智慧;再次要感谢安徽师范大学马克思主义学院以高正礼院长和傅绪中书记为首的领导班子团队。马克思主义学院领导班子对教师的教学和科研工作十分支持,对广大教师的教学科研创意从不轻易否定,从不设障掣肘,而是多方鼓励,积极支持。他们不仅在精神上给予鼓励,在物质上更是给予力所能及的支持。他们营造的宽松而又严谨的教学科研氛围是值得我们珍惜的。同时,我们也要感谢安徽省教育厅思政处的领导。这些年来,安徽省思政处为提高安徽省高校思想政治理论课的教育教学质量想了很多办法,给了很多经费支持,本书就是安徽省思政质量工程给予经费支持的"'基础'课教学体系研究工作室"的成果之一。

　　参与本书写作的有路丙辉、王艳、牛菲、赵冰、孔德萍、陈勇、刘桂荣、王振钰、戴家芳、高艳杰、葛为群、李靖、杨希、褚丽、张筱荣、袁诚坤、程海云、陈健、郑春燕等。毫无疑问,全国高校有很多"基础"课教师的教育教学水平比我们高得多,他们所在教育教学平台比我们好得多,但据我们所知所闻,很少有哪所高校的"基础"课教育教学团队愿意花如此多的精力和时间从事课程的研究。当然,我们团队愿意花时间、付精力从事"基础"课程的研究工作,这并不能说明我们的研究成果水平是高的,我们所做的工作仅仅是供全国从事"基础"课教育教学的同道者,乃至所有关心高校思想政治理论课教育教学质量的方家们批评和指正的,我们真诚期待着大家高屋建瓴的指导和诚心实意的帮助。

王习胜　王艳

2017 年 9 月 6 日于江城芜湖